浙江财经大學東方學院
ZHEJIANG UNIVERSITY OF FINANCE & ECONOMICS DONGFANG COLLEGE

仰山論叢

2020 年卷

◎ 叶东惠 主编

中国财经出版传媒集团
经济科学出版社
Economic Science Press

图书在版编目（CIP）数据

仰山论丛．2020年卷/叶东惠主编．—北京：经济科学出版社，2021.4

ISBN 978－7－5218－2522－0

Ⅰ.①仰…　Ⅱ.①叶…　Ⅲ.①高等学校－教育改革－中国－文集②高等学校－教学改革－中国－文集　Ⅳ.①G649.21－53 ②G642.0－53

中国版本图书馆CIP数据核字（2021）第079144号

责任编辑：李　雪　高　波
责任校对：李　建
责任印制：王世伟

仰山论丛（2020年卷）
叶东惠　主编
经济科学出版社出版、发行　新华书店经销
社址：北京市海淀区阜成路甲28号　邮编：100142
总编部电话：010－88191217　发行部电话：010－88191522
网址：www.esp.com.cn
电子邮件：esp@esp.com.cn
天猫网店：经济科学出版社旗舰店
网址：http：//jjkxcbs.tmall.com
固安华明印业有限公司印装
787×1092　16开　15.75印张　360000字
2021年5月第1版　2021年5月第1次印刷
ISBN 978－7－5218－2522－0　定价：88.00元
（图书出现印装问题，本社负责调换。电话：010－88191510）

《仰山论丛》（2020 年卷）
编委会成员

前　言

《仰山论丛》是浙江财经大学东方学院主办的财经类综合性学术读物，仰山出自《诗经·小雅·车辖》中的“高山仰止”，反向取其仰山，与东方学院校区所在的仰山路之名相对。本丛书为东方学院教职员工在教学改革、专业理论、社会服务等相关领域的研究成果提供展示平台，也为地方企事业单位对地方经济、行业等领域的调研或研究成果创设展示阵地，本丛书自 2010 年创办以来，每年出版一卷。

本丛书设有理论研究与建言献策、教学改革与创新创业、区域经济与历史文化栏目，突出学院在财经社科类的研究成果以及服务地方、行业和企业的智库成果。本丛书注重基础理论研究与实践应用相结合，以学术研究服务于学科建设、应用型人才培养以及地方经济与社会发展为目标，为教学改革、学术研究、服务地方等提供有力的理论指导和咨询决策。

2021 年 3 月

目　录

理论研究与建言献策

教学改革与创新创业

区域经济与历史文化

理论研究与建言献策

“互联网+”背景下的社区居家养老建设问题探析

夏　磊*

（浙江财经大学东方学院，嘉兴 海宁 314408）

摘　要：伴随着人口老龄化程度的不断加深，无论是传统的家庭养老，还是时下正在大力推行的社区居家养老模式，都面临着无法回避的挑战，问题也越来越凸显。随着社会经济的发展，越来越不能适应新时期老年人养老需求的新变化。随着互联网产业的飞速发展和创新活力的不断涌现，利用“互联网+”与社区居家养老服务深度融合，为社区居家养老建设的提升和发展提供新的理念和切入点。将互联网、移动互联网、物联网、大数据等一系列技术应用到居家养老中，有效地整合现有资源，实现养老服务需求和养老服务供给主体相关数据能够互相实时共享，构建与互联网时代发展趋势相适应的“互联网+社区居家养老”新模式。

关键词：互联网+；社区；居家养老

据联合国发布的统计数据显示，截至2018年世界人口的总数量介于75亿～76亿人，60岁及以上人口约有9.62亿人，约占全世界人口的12.8%，人口老龄趋势日趋明显。其中，中国作为最大的发展中国家和人口最多的国家，截至2017年底，60岁及以上老年人约有2.41亿人，约占中国总人口比例的17.3%①。根据世卫组织预测，预计到21世纪50年代，中国60岁以上的人口将达到中国总人口的35%，可能会成为世界上老龄化最严重的国家②。随着我国人口老龄化趋势日趋明显，养老服务需求和供给之间矛盾凸显，社区居家养老的出现，在缓解矛盾问题的过程中起到了非常重要的作用，虽然社区居家养老与传统家庭养老之间有很多相似的地方，但两者间的具体内容和组织形式还是有较大差别。社区居家养老不同于传统的家庭养老简单的“在宅养老，回到家中去”，而是让大多数老年人居住在自己的家中，由政府、非政府组织（NGO）、市场等多元化地供给主体为他们提供多种养老服务，满足他们晚年的养老需求。社区居家养老是社会发展到了一定阶段的一个更高层面的养老模式。

---

* 作者简介：夏磊（1986—），男，安徽合肥人，讲师，研究方向：养老保障。

① 潘俊强．中国老年人口已达2.41亿人　占总人口的17.3%［N］．人民日报，2018-5-14.

② 彭庆超．“互联网+”背景下我国城市社区智慧居家养老服务模式的构建［J］．新疆师范大学学报，2018（5）.

但新时代的老年群体养老需求呈现出多样、及时、灵活、便捷等方面的特点，传统社区居家养老模式面临同样巨大的挑战。随着互联网领域的快速发展和创新驱动，在社区居家养老服务中融入“互联网＋”智慧养老理念思维，有助于打破现有养老资源分散、滞后、单一等方面的缺陷，如通过“互联网＋”平台整合社区周边甚至更广范围内的养老资源、及时反馈老年人健康信息及基本需求、引入或培育更多的供给和服务主体等，利用互联网的优势，解决供需双方沟通不畅的问题，提高养老资源整合和利用效率。因此，“互联网＋”理念的引入，将为新时期的社区居家养老建设带来新的视角、思路、工具，具有重要的研究意义。

一、“互联网＋”社区居家养老建设的现状

（一）“互联网＋”社区居家养老模式的相关政策支持

目前，我国人口老龄化、高龄化趋势不断增长，而互联网科技的发展助推了居家智能养老模式的形成，并使其成为了时代新宠。同时，随着“互联网＋政务”在政府部门的应用，促使政府部门逐渐意识到，互联网新技术在养老领域的应用和尝试可能是未来社区居家养老发展提升的一个重要切入点和支撑点。因此，从中央到地方都在大量地调研学习基础上，先后发布了一些具有引导性、建设性的通知、意见、政策措施等，从这些政策的具体内容来看，主要集中体现在“互联网＋”智慧养老示范基地建设，鼓励智慧养老，创新智慧居家养老提供方式，建立智慧养老社区等方面（见表 1）。

表 1 国家“互联网＋养老”相关政策支持

时间	部门/文件	基本内容
2015 年 7 月	国务院《国务院关于积极推进“互联网＋”行动的指导意见》	依托现有互联网资源和社会力量，搭建养老信息服务网络平台，鼓励养老服务机构应用基于移动互联网的便携式体检、紧急呼叫监控等设备，提高养老服务水平
2016 年 12 月	国务院《国务院办公厅关于全面放开养老服务市场提升养老服务质量的若干意见》	推进“互联网＋”养老服务创新。发展智慧养老服务新业态，推动移动互联网、云计算、物联网、大数据等与养老服务业结合
2017 年 2 月	工业和信息化部、民政部、国家卫生和计划生育委员会《智慧健康养老产业发展行动计划（2017—2020 年）》	运用互联网、物联网、大数据等信息技术手段，推进智慧健康养老应用系统集成，建立老年健康动态监测机制，整合信息资源，为老年人提供智慧健康养老服务
2018 年 4 月	国务院《关于促进“互联网＋医疗健康”发展的意见》	推动智慧健康养老产业发展和应用推广，工业和信息化部、民政部、国家卫生健康委员会在第一批智慧健康养老应用试点示范建设工作的基础上，决定组织开展第二批智慧健康养老应用试点示范工作
2018 年 6 月	民政部《“互联网＋民政服务”行动计划》	推动互联网与养老服务深度融合，构建线上线下相结合、多主体参与、资源共享、公平普惠的互联网养老服务供给体系

续表

时间	部门/文件	基本内容
2018 年 9 月	工业和信息化部办公厅、民政部办公厅、国家卫生健康委员会《关于开展第二批智慧健康养老应用试点示范的通知》	推动智慧健康养老产业发展和应用推广，企业申请智慧养老示范点工作通知安排
2019 年 4 月	国务院《关于推进养老服务发展的意见》	明确要求实施“互联网＋养老”行动。持续推动智慧健康养老产业发展，拓展信息技术在养老领域的应用，制定智慧健康养老产品及服务推广目录，开展智慧健康养老应用试点示范

资料来源：笔者根据政府政策文件整理所得。

除了上述表格中的一些国家层面的“互联网＋养老”相关政策以外，全国多个省区市，根据自己的实际情况，也出台了相关的政策文件或措施，如 2017 年 7 月，天津市发布《天津市智慧健康养老产业发展实施意见（2018～2020 年）》；浙江省 2018 年 5 月印发的《浙江省富民惠民安民行动计划》中涉及了智慧养老服务的实施；2019 年 9 月，杭州市民政局印发《杭州市“互联网＋养老”服务工作实施方案》，提出养老服务要融入城市大脑整体规划，并持续深化“最多跑一次”改革；安徽省自 2019 年起，试点智慧养老产品租赁；2019 年 7 月，“构建居家社区机构‘三位一体’养老服务体系”协商会在广东省政协召开，力图打造“5G＋智慧养老”新模式示范省。可见无论是中央还是地方，互联网技术在养老服务领域带来了积极的变化，并越来越受到重视和认可，为未来互联网技术理念在社区居家养老领域的应用和发展打下良好的基础。

（二）目前“互联网＋”社区居家养老模式的类型

1. 以智能穿戴设备等为依托的社区居家养老服务平台模式

目前，在智能设备穿戴方面已经有相关的养老服务企业积极研发布局，主要是针对老年人研发定制专门的智能手机等穿戴设备，除此之外这些企业还积极地和国际上比较知名的穿戴设备企业进行合作，主要的目的是希望借助智能设备，为养老服务多元、高效、及时地提供支持。老年人日常的照料、定位、医护、急救等方面的服务可以通过智能的穿戴设备与人体的连接，做到高效精准的获取。智能穿戴设备的另一端连接到社区管理服务人员及老人的家属，其中，社区居家养老服务平台是对生活服务、家政服务、医疗服务、文化娱乐等线下资源进行有效的整合，在此基础上可以向社区的老年人提供有针对性的服务（见图 1）。

众多的养老服务需求通过网络服务平台把老年人的需求快捷有效地整合起来，形成了一个大型的养老服务需求市场。一些优质成熟的线下养老服务资源可以通过互联网社区养老服务平台进行整合，形成完整的供应链。因此，网络平台最重要的能力在于资源的整合，其中，养老服务资源的多少直接地影响智能穿戴设备的价值。关于整合养老资源方面，已经有专业的养老服务企业开始从老年旅游、医疗、体检等多个领域入手，提供一系列的居家养老服务解决方案。

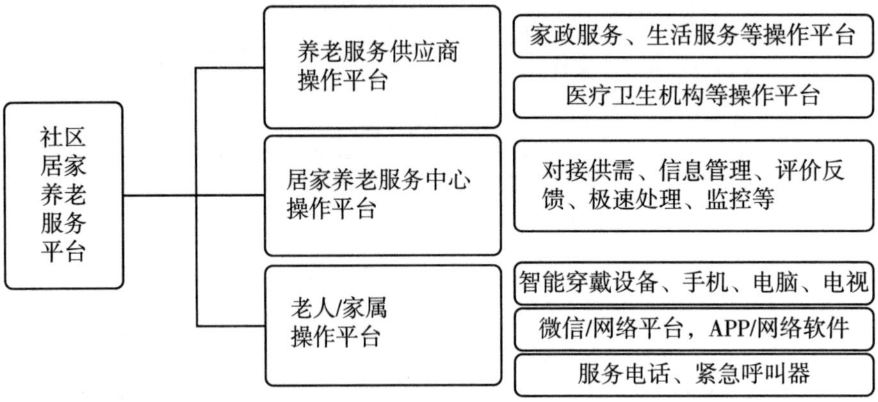

图 1　社区居家养老服务平台

资料来源：笔者根据社区居家养老服务平台信息整理所得。

2. 以老年消费品为基础的线上、线下服务模式

该模式主要根据对老年人日常生活服务和用品的需求进行调查，从老年人的日常生活需求消费的角度出发，对老年人的消费品线上销售和线下送货上门。这种模式的布局实现主要通过建立会员制的社区养老服务中心、布局线下社区的门店等，以社区中心为基础，为社区中心范围周边的老年人提供家政、休闲娱乐、医疗健康等方面的线下互动平台，使供需能够有效对接。以老年消费品为基础的线上、线下服务模式在社区的出现，有利于实现老年人消费品价格透明、效果透明、服务效率等方面的提升，能够推动老年人消费品市场的发展更加规范和完善，引导帮助进行线上、线下购物，使广大的老年消费者群体能够获得更好的服务和消费体验。

平台聚合力是决定该模式发展动力的核心所在。平台的聚合力的强弱，关系到供应商的支持力度大小，通过平台的整合可以在很大程度上省去中间环节的成本，社区中的老年消费群体可以获得更多的实惠。这种模式有很多企业做了有益且成功的尝试，例如，上海幸福九号投资集团有限公司、北京太上福品老年用品有限公司、青岛悦养社区服务中心等。以上的这些企业主要由针对老年群体的线上商城和线下体验店组成，在渠道的覆盖能力方面非常有优势，所以能够争取到很多供应商的支持，因此，平台上的部分日用消费品价格优势明显。如上海幸福九号，取自“幸福就好”的谐音，主要依托社区居家养老服务店、网上商城、老年人乐园 3 大平台，通过线上线下的结合（见图 2），提供包括衣、食、用、行、康、乐等方面的服务，构建基于互联网的养老产业链，通过线上、线下联动，较为全面地涵盖了老年人多方面的需求，使老年群体的晚年生活更加丰富充实。

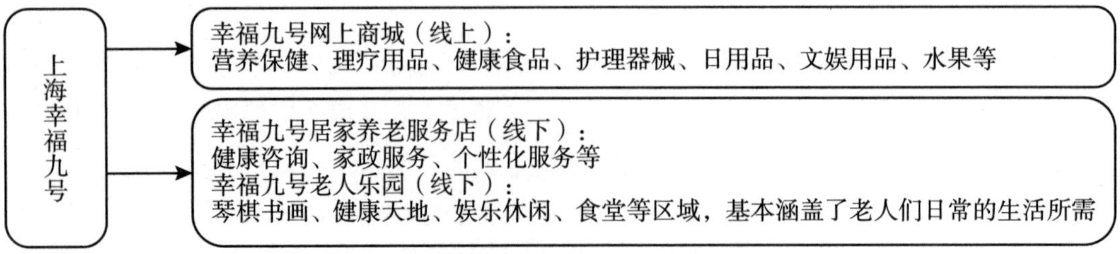

图 2　上海幸福 9 号线上线下服务构成

资料来源：笔者根据资料整理所得。

3. 个性化地产智能养老服务模式

房地产市场这些年的发展变得更加成熟饱和，对于很多房产企业来说，缺乏新的发展增长点，以万科企业股份有限公司、碧桂园集团、中国保利集团有限公司等为代表的房地产商和房产物业公司，敏锐地捕捉到未来养老市场的发展趋势，开始涉足布局养老产业（见表2），其中“互联网+社区养老”就是其关注的一个重要领域。面对未来的人口老龄化趋势及庞大的养老市场，建设适合老年人居住的个性化养老地产项目，配备医疗保健服务设施等配套产品，并且对于社区周边及内部的养老设施设备进行同步配置，这些都将成为企业布局建设的一个方向。以地产为基础的养老服务产业，将围绕老年人的各种需求展开服务，引入“互联网+”理念的智能养老服务项目将是企业长期收益的主要来源。与此同时，一些养老综合配套服务商也与各大地产公司建立了合作关系，一些养老服务公司与国内比较知名的地产企业如碧桂园集团、雨润地产等合作，联合开办多家老年人乐园。

表2　房地产企业布局社区养老项目

企业	项目名称	项目类型	运营方式	项目内容
万科	随园嘉树	复合型	全生命周期照护	为老年人提供自理、介护、介助一体化居住设施和服务
万科	“嘉园”系列	社区嵌入型	小型机构配套服务	老旧社区嵌入机构，新社区配套建设，提供24小时健康管理服务
保利	西塘越	综合型	居家、社区、机构“三位一体”	配套9 000平方米康复中心，“全链条”养老产业
保利	慧享福	嵌入式社区养老	长者照护之家	保利地产首个“嵌入式”社区养老机构
绿城	绿城蓝庭 绿城御苑	颐养公寓	护理型和酒店型公寓	护理型公寓以租为主，酒店式公寓以售为主，70年产权的颐养公寓

资料来源：立鼎产业研究网.2019年主要房地产企业（万科、保利、恒大等）布局养老地产现状分析［EB/OL］.(2019—12—4)［2020—3—2］. http：//www. leadingir. com/datacenter/view/4342. html.

以上几种模式，是“互联网+”社区居家养老涉及的主要几种类型，其中以第一种模式最为常见，运用的比较多；第二种模式在逐步发展成熟中，有巨大的发展潜力；第三种模式处于起步发展阶段，且比较具有针对性，目标人群较为狭窄。可见“互联网+”理念的引入，在信息的挖掘、交流、互通共享，以及养老资源的聚集配置方面，起到了非常重要的作用。

二、“互联网+”社区居家养老建设存在的障碍和问题

（一）从政府管理的角度：统一规划、政策支持、部门协调等方面存在不足

关于“互联网+”养老的政策规划早在2011年国务院的《社会养老服务体系建设

“十二五”规划》就有涉及，明确地提出了要加强养老服务领域的信息化建设，提升管理的效能，缓解人口老龄化带来的问题。国务院相关部门先后出台了一系列意见、计划和通知，如2015年《国务院关于积极推进“互联网＋”行动的指导意见》、2016年《国务院办公厅关于全面放开养老服务市场提升养老服务质量的若干意见》、2018年民政部印发的《“互联网＋民政服务”行动计划》等。虽然相关政策相继发布，且总体目标明确，但以宏观引导性的文件居多，关于行业内发展的具体方案和细则及扶持政策却很少。此后，相关省（区、市）也积极地进行了试点布局，但大多数还停留在试点层面，可见“互联网＋”社区居家养老模式很难在短时间内实现与产业的融合，很多具体的服务难以开展。

标准和监管方面存在缺失。从目前现有的居家养老信息化的标准来看，虽然有些地方摸索着建立了自己的标准，但总体来看没有统一可供参考的标准，政策层面基本没有关于行业内标准的规定。从本质上来看，社区居家养老服务是政府、社区、社会、市场及家庭等协作供给的过程，但在“互联网＋”社区居家养老模式这种新兴的概念和方向的推动下，相关主体陆续参与进来，如市场企业组织、社会公益组织和众多的小区物业公司、老年社团等开始参与养老服务供给，并发挥着越来越重要的作用①。但是缺乏良好的规范，准入方面规定模糊，退出方面的机制还未成型，政府缺乏管理层面的标准规范。因此，相关的各种规范标准繁杂，服务的质量参差不齐，缺乏比较有效的监督。

（二）从服务供给的角度：依赖政府，参与度低

我国社区居家养老的主导者和资金的支持者主要是政府，且社区居家养老资金中政府占了较大比重，导致社区居家养老不管是政策支持还是资金支持都非常依赖政府。在“互联网＋”社区居家养老布局的过程中，虽然很多主体通过“互联网＋”参与进来，但实际上不管是供给方还是需求方，对于政府的依赖程度远高于各自主动的供需沟通。一是服务供给的主体，特别是市场组织，缺乏对老年人真实需求的调查了解，需求和服务无法精准衔接，更多地考虑的是经济效益，而不能充分地考虑老年人的需求和经济状况，在剥离政府主导、引导、扶持的情况下，不能积极主动地去迎合老年人的真实需求。二是养老服务市场的培育发展还有很长的路要走，社区居家养老服务领域的企业或单位与养老服务需求者之间缺少互动互信，市场组织看重的是利润，对于加盟养老机构没有太大的积极性，即使是加盟的养老机构也缺乏和社区的衔接。虽然有诸如万科企业股份有限公司、绿城中国控股有限公司、中国保利集团有限公司等这样的大型企业主动布局社区养老，但是涉及的目标群体狭窄，只能解决部分老年群体的养老需求。

（三）从平台建设的角度：平台繁杂孤立、信息数据单一

一方面，为积极地响应中央的“互联网＋”的号召，当前“互联网＋”社区居家养

---

① 刘振山，赵祥瑞，张志强．基于“互联网＋”的社区居家养老服务体系构建［J］．山东科技大学学报，2017（6）．

老平台构建的过程中，相关的省（区、市）在开发应用平台的过程中，在各自对于新模式理解的基础上，组织开发建设自己的特色平台，平台在使用便捷度、功能、数据应用等方面都千差万别，如上海市徐汇区智慧养老信息平台是友康科技有限公司提供的技术方案主导创办的，是企业运用自身的先进信息技术优势整合各级养老服务资源与信息、提供服务乃至监督相关服务。徐州市鼓楼区"互联网+居家养老"服务项目由那塔利公司承接，主要是利用互联网技术开展的远程医疗、紧急救护类等特色服务。宁波市海曙区则是民政部门联合慈善总会，委托杭州益读网络科技有限公司、广安智慧养老服务中心等，利用互联网技术，共同推出"三位一体"的信息化养老服务体系，主要包括智能养老 App、电视机顶盒、热线电话①。可见以上平台建设功能特色不尽相同。另一方面，平台的建设和运行的过程中会产生大量的数据，如何收集数据、收集哪些数据、怎样分析运用数据等，成为一个非常重要的环节，但就目前平台运行的一些实践来看，在信息数据设计这一块无论是类型，还是数据的积累利用等方面还存在缺陷，呈现出被动单一的特点。

（四）专业方面：专业人才难满足，老年人难接受

目前，我国发展"互联网+社区居家养老"服务，还存在专业人员短缺，老年人对信息技术和工具不熟悉、难接受等问题。"互联网+社区居家养老"服务的开展对相关的从业人员提出了更高的要求，需要既懂医疗护理和健康养生等方面的知识，又需要会操作、懂数据处理和平台维护等复合型人才，但就目前传统的社区居家养老模式发展的现状来看，"互联网+社区居家养老"服务所需要的人才还远远达不到要求。与此同时，当下的老年人虽然都处于网络化、信息化、智能化发展迅速的年代，但对于大多数的老年人来说，对于电脑、手机、电视、智能穿戴设备等智能终端的操作都不是很熟悉，所以虽然发展"互联网+"趋势明显，但和老年人之间还是有一道"银色鸿沟"存在。

三、"互联网+"社区居家养老建设的对策建议

（一）明确政府职能，建立规范体系

明确政府的职能是养老服务体系、养老服务相关政策、养老模式等方面的规划、制定、建立和完善，协调和监管养老服务提供方，政府在社会化养老服务体系的建设中具有重要作用。与此同时，积极建立健全组织管理体制，明确各部门的职责分工，统一管理、沟通协商，实现各部门之间信息的互联互通。

目前，涉及社区居家养老相关的政策很多，出台的政策相对比较繁杂，有的只针对养老服务的某个或某些方面，缺乏部门之间的联动互通，政策性文件相对比较宽泛，针对"互联网+社区居家养老"的政策支持体系尚未建立，服务实践的标准规范也没有建立，因此，对实际的实践服务指导性不强。其中，服务信息平台的标准化建设，是"互

① 汪洋．武汉市"互联网+居家养老"模式研究［D］．武汉：武汉科技大学，2019，5.

联网＋社区居家养老”实施的保障，应在技术标准、数据标准、管理和业务规范标准等方面不断完善。

（二）政府政策支持，完善供需产业链

“互联网＋社区居家养老”除了政府支持推动以外，少不了相关企业和社会组织的参与建设。一方面，政府除了在法律法规、规范标准、网络建设等方面发挥主导作用外，还需要积极出台相关的资金扶持政策，如财税方面的优惠政策，来引导、扶持、培育和鼓励社会资本或民间组织进入养老服务领域，以此丰富“互联网＋社区居家养老”的内容和质量。另一方面，政府引导支持上游企业开发更多适合老年人的智能产品和管理服务平台，同时，整合下游社区周边的生活服务企业，主动地融入“互联网＋社区居家养老”的体系中来。

（三）统一平台建设，用好养老信息大数据

“互联网＋社区居家养老”的建设不是封闭的体系，在建设的过程中要打通政府、机构、社区等之间的壁垒，建立一个统一标准的居家养老服务平台。通过统一的规划布局，将供需双方及社区和政府相关机构集合在一起，平台建设和运行的过程中会形成大量的数据信息。充分地利用和分析这些大数据，能够智能分配供需，提高管理和服务的效率，降低运行成本。如果在平台的开放性上预留信息数据接口，就可以和其他养老服务平台或政府相关平台对接，解决老年人异地享受养老服务或其他服务信息的问题，有利于协调整合周边社区资源，实现资源优化配置。

（四）加快人才培养，消除老年人“银色鸿沟”

就目前来看，社区居家养老的工作人员，无论是管理人员，还是一线的服务人员，绝大多数都是非专业人员，一般只懂得护理老年人的基本生活，对信息技术的领悟和使用能力较弱，且从业人员的社会认同度低，人员的流动离职率较高。加快人才培养，应注意以下几个方面：首先，要加快复合人才的培养，鼓励大中专院校设置相关专业；其次，创新专业人才培养模式，可以进行院校间联合培养，也可以采取校企间合作订单培养；最后，提升从业人员的薪资水平和社会认同度，用市场化手段来吸引更多的人力资源。

对于老年人如何接受“互联网＋”信息技术和智能设备方面，首先，要通过老年人喜闻乐见的方式加以宣传引导，如观看文艺节目、小品等方式，定期开展多样化的、化繁为简的培训。其次，购买、引进或开发智能穿戴设备或软件的同时，着重考虑老年人的使用习惯和学习能力，做到简单、易学、有效，减少老年人使用过程中的障碍。最后，鼓励老年人的子女或亲属、邻里“传帮带”进行学习。

参考文献

［1］李光亚，张鹏嘉，孙景乐．大数据技术与应用：智慧城市大数据［M］．上海：上海科学技术出版社，2015.

[2] 李梅，张毅，杨奕.“互联网+”背景下社区居家养老服务转型问题研究 [J]. 中国房地产，2018 (6)：70—79.

[3] 刘振山，赵祥瑞，张志强. 基于“互联网+”的社区居家养老服务体系构建 [J]. 山东科技大学学报，2017 (6)：84—91.

[4] 彭庆超.“互联网+”背景下我国城市社区智慧居家养老服务模式的构建 [J]. 新疆师范大学学报，2018 (3)：119—128.

[5] 汪洋. 武汉市“互联网+居家养老”模式研究 [D]. 武汉：武汉科技大学，2019，5.

“社区治理”视域下社会工作介入城市社区生活垃圾分类问题研究

——以嘉兴市为例*

郭美晨　柳　迪**

（浙江财经大学东方学院，浙江 海宁 314408）

摘　要：在“社区治理”视域下，社会工作介入城市社区生活垃圾分类问题具有理念优势和路径创新等专业优势。嘉兴市城市社区生活垃圾分类治理存在社区居民参与不足、政策宣传效果有限、政策执行有所欠缺、社会组织力量不强的问题。凭借社会工作的专业优势介入城市社区生活垃圾分类，在“社区治理”理念指导下，实施相应社会工作介入方案，动员社区居民和社会力量参与源头治理，协调居民、社会、政府关系，赋权社区居民，提升其分类意识、强化社会组织参与，开展宣传教育、运用专业方法，实现多方合力、发挥志愿者功能，完善监督制度，将有助于改善嘉兴市城市社区生态环境。

关键词：社区治理；社会工作；城市社区；生活垃圾分类

一、引言

城市社区生活垃圾分类问题作为城市生态环境治理的源头环节，与社区居民的生活息息相关，同时，也是衡量嘉兴市生态文明建设的重要指标。党的十八大以来，嘉兴市全力推进环境综合治理，在生态环境治理方面取得了重大成就，嘉兴市于 2017 年便展开了全市的垃圾分类、扩容减量工作。据《嘉兴市统计年鉴 2019》数据，1990 年全市生活垃圾清运量为 52.47 万吨，2018 年达到 90.61 万吨，27 年的时间里清运量虽略有波动，但总体呈快速上升趋势，增加量约为 72.69%。面对如此沉重的垃圾处理压力，嘉兴市虽取得了一定成果，但从实际情况来看，嘉兴市仍需通过外运或应急填埋来处置，其生活垃圾处理问题仍然形势严峻。

在生活垃圾分类问题上，学者刘森等（2019）随机抽样嘉兴市八大社区进行调查，

---

* 基金项目：浙江财经大学东方学院一般课题资助项目（2020dfy024）。

** 作者简介：郭美晨（1993—），女，江西吉安人，助教，浙江大学硕士研究生，研究方向：社区工作实务研究等；柳迪（1987—），女，黑龙江鹤岗人，法政学院办公室主任，浙江师范大学硕士研究生，研究方向：公共事务管理。

数据显示，每个家庭的不可回收垃圾平均产生量为 7.57 公斤/天，占垃圾产生总量的 90%；产生可回收垃圾为 0.86 公斤/天，占垃圾总量的 10%。据浙江省住房和城乡建设厅网站数据显示，嘉兴市每天产生生活垃圾约 5400 吨，主要由 5 座垃圾焚烧厂处理①。同时，在城市生活垃圾中，约占一半比例的有机垃圾绝大部分是进行填埋处理或未经处理直接倾倒，对环境保护和居民生命健康安全造成极大威胁。作为生态环境建设的源头环节，结合当前城市社区生活垃圾产量及处置能力，关注嘉兴市城市社区生活垃圾分类问题显得尤为关键。

二、社会工作介入城市社区生活垃圾分类的专业优势

“社区治理”强调多元主体参与、整合社会资源、人人有责、人人尽责的治理理念。针对城市社区生活垃圾分类问题，社会工作作为联系政府与居民的重要纽带，凭借其较高的环境保护意识、强大的资源链接能力，以及完善的机构组织架构等优势，充分发挥支持者、教育者、监督者、合作者、倡导者等专业角色，从源头做好城市社区垃圾减量化、资源化、无害化，社会工作介入该问题具备一定优势。

（一）社会工作的理念优势

社会工作坚持“人在环境中”的理论，不仅从自身出发，还关注社会环境因素的影响，坚持“优势视角”，重视挖掘人本身的潜能，“用生命去影响生命”，帮助服务对象实现自我。目前，社会工作提出了“绿色社会工作”的新理念，“环境”一词的内涵丰富，不仅仅指社会环境，还包括自然、生态环境，同时，社会工作不仅关注社会正义，还提倡生态环境正义，强调人与自然和平共处。面对该问题，社会工作将在“优势视角”理论下重新审视城市社区的潜力，不仅可以实现政府职能，挖掘社区资源，还能促进居民和其他社会力量广泛参与。在这一过程中，城市社区将能得到参与式发展，居民和社区组织将更能充分表达意见，并参与社区决策，形成人人爱护的良好社区环境。

（二）社会工作的方法特色

关于城市社区生活垃圾分类问题的解决方法，学界已取得了较多研究成果，但更多地集中于源头减量、中间收运、末端处理等全过程的经验性探讨，局限于处理技术的研究，从而忽略了生活垃圾分类治理环节中涉及的多元主体的参与作用与治理责任。然而，随着“社区治理”不断走向规范化、法治化、现代化，主张打破传统的政府单一主导的环境治理模式，主张形成政府、社区、社会组织，以及居民协同参与的新型社区治理模式，充分利用不同主体的优势，增强治理模式的创造性，提供差异化的公共产品和服务，以便更好地满足居民不同的需求。同时，社会工作强调资源链接与增权赋能，更

① 嘉兴市城乡规划建设管理委员会 .2017 年嘉兴市全面开展垃圾分类扩容减量工作［DB/OL］.（2017－01－19）［2019－12－08］. http：//www. mohurd. gov. cn/dfxx/201701/t20170120_230400. html.

大程度发挥社区与居民的内在动力，在宣传教育、促进行动、保证监督等环节都能发挥社区志愿者或社区居民自身的力量去实现预定目标。

（三）社会工作的路径创新

城市社区生活垃圾分类问题的治理应该嵌入社区治理中，“互相借力，互相给力”。同时，社区层面应实现社区内外社会组织的自主联动，带动市场、社会力量和居民参与到社区生活垃圾分类治理中，借助项目化运作方式，实现政府、社会、居民等多方力量的有机融合。

目前，多地区加大垃圾分类的教育与宣传实践，提高社区居民的分类意识与参与程度，建立适当的收费体系或绿色账户积分制度，从构建多元治理机制及强化政府主导推动等方面进行路径创新。学界也普遍认可垃圾分类问题不能仅靠政府或市场的单一力量来推动，必须建立以政府为主导，社会、社区及居民共同协助参与的垃圾分类体系。而在此过程中，专业社会工作能链接政府部门，对接社区需求，动员居民和社会力量，实现政府引导、市场调节、行业支撑、公众参与的城市社区生活垃圾多元治理的路径创新。

三、社会工作介入城市社区生活垃圾分类存在的问题

嘉兴市于2017年先后制定了有关生活垃圾分类工作的政府文件与行动方案，明确到2019年底，全市30大类18万个分类单元和所有行政村，实现四分类全覆盖。在不断尝试中，嘉兴市各单位也立足实际、不断创新出独具特色的垃圾分类新模式，主要包括以下3种模式：一是发挥党员标杆带头作用，动员多方资源推动垃圾分类的“党员＋”模式。如武原街道枣园社区香樟雅苑小区动员在职党员、公职人员到社区报到，认领楼道长，深入居民家中，进行垃圾分类规范化宣传。南湖区东栅街道新南社区、当湖街道东湖社区，以及海宁市综合行政执法局等单位也是不断探索单位社区联动，志愿服务助力，以党建促进带动垃圾分类模式。二是加强设备支持，运用新科技促进垃圾分类的“科技＋”模式。作为桐乡市环保酵素培训基地，凤鸣街道中心幼儿园平时就会将食堂产生的蔬菜残叶、多余果皮制作成环保酵素。嘉兴经济技术开发区城南街道御香苑小区更是探索源头减量，增设减量设备的典型。三是明确责任主体，动员居民参与垃圾分类工作的“制度＋”模式。如海宁市出台的《海宁市物业服务企业监督考核办法》，明确了物业服务企业垃圾分类主体责任。嘉兴市政府在垃圾分类上突破了传统的宣传教育方式，还利用新媒体和现代科技，保障垃圾分类工作顺利推进。

虽然在不断尝试中，嘉兴市政府不断创新出垃圾分类新模式，但从“社区治理”角度看，仍存在改进空间，尤其在发挥社区居民和社会力量方面，目前关注较少。一方面，政府仍是行动主体，造成公职人员承担过多垃圾分类工作压力，专职人员配备成本高，配套政策衔接不畅，设备投入大收效却不甚明显。另一方面，社区居民参与较少，环境治理意识不强，社会组织力量薄弱等问题依然存在。究其根源，在于其工作方法未能贴合居民实际需求，缺乏居民、社会与政府之间的有效互动。因此，本研究希望能借

助多元化的研究手段，在"社区治理"视角下，对嘉兴市城市社区生活垃圾分类问题进行整体把握，从社会工作介入视角进行了探讨与反思。

（一）社区居民参与不足

据嘉兴市统计局调查显示：嘉兴市仅有25%的居民能按四分类进行垃圾投放；32.8%的人能按厨余垃圾和其他垃圾分类投放；可回收垃圾和有害垃圾单独投放，其他垃圾合并的人占25.1%；按可回收垃圾和不可回收垃圾两类进行投放的人占比约为6.0%。41.4%的居民是因为"不清楚分类标准，不知道怎么分"不参与垃圾分类，38.2%的居民则是因为"没有分类垃圾桶或相关设施"未进行垃圾分类，37.0%的人则是因为"没有硬性要求分类"所以未分类垃圾，24.5%的居民是选择"怕麻烦"所以未分类垃圾①。就笔者街头访谈结果来看，垃圾分类参与人群具有明显分化，老年人有较高热情，并十分支持"积分兑换"制度，而产生垃圾的主要群体——中青年，则持排斥态度，宁愿"花钱解决"，认为垃圾分类太麻烦了。

（二）政策宣传效果有限

2019年9月16日，嘉兴市政府公布了统计局在全市范围内开展的《垃圾分类公众感知度调查结果》，95.4%的公众普遍知晓垃圾分类活动，其中"知道"该活动的占比为83.0%，12.4%的居民"听说过但不太清楚"垃圾分类。从公众对基层垃圾分类宣传效果的反映来看，基层垃圾分类宣传工作效果各地差异较大，其宣传力度和有效性仍有待加强。27.8%的受访者表示所在村（社区）没有开展垃圾分类相关的宣传培训。调查对象比例来看，嘉善县和经开区没有开展垃圾分类相关宣传培训的比例分别高达37.7%和35.2%，分别比海宁市高20.5个和18.0个百分点。该反馈也具有年龄分化特点，18～29岁年龄段中，有34.9%的人认为所在村（社区）没有相关宣传培训②。

（三）政策执行有所欠缺

近年来，嘉兴市政府已出台了垃圾分类相关政策，明确了垃圾分类各环节的负责人，但是在政策执行中仍有所欠缺，尤其是监督处罚这一块。此外，政策配套设施也略显不足，嘉兴市已明确"四分类"的工作目标，但是在实地调查过程中，仍有部分小区未配备"四分类"垃圾桶，也有居民反映垃圾桶的数量不够，且设置的投放点不方便。从社会工作介入城市社区垃圾分类问题来看，虽然社会工作解决社会问题的功能已被政府所认可，党和政府也鼓励社会力量参与垃圾分类，比如，通过政府购买服务促进社会组织参与社区垃圾分类问题的治理。然而，现实生活中，社会组织专门进驻社区，解决垃圾分类问题的项目仍是少数，更多的是嵌入其他类别的社区治理工作中，仅是社区建

---

① 嘉兴市统计局．我市生活垃圾按四分类投放的比例不高［DB/OL］.（2019－09－16）［2019－12－08］. http：//www.jiaxing.gov.cn/art/2019/9/16/art_1580047_38097719.html.

② 嘉兴市统计局．我市垃圾分类宣传有效性仍需提升［DB/OL］.（2019－09－16）［2019－12－08］. http：//www.jiaxing.gov.cn/art/2019/9/16/art_1558625_38097748.html.

设项目中的小环节，无法充分发挥社会工作介入城市社区垃圾分类问题的作用。

（四）社会组织力量不强

社会工作依托于社会组织，据《2018年社会服务发展统计公报》数据显示：截至2018年底，卫生领域的社会团体有8707个，仅占全国社会组织的1%。不仅是数量少，还存在能力有限的问题。由于社会工作起步晚，社会组织的发展存在内生动力不足、资金资源缺乏、运行经验较少等问题，普遍呈现规模小，功能弱的状态。社会组织参与社区垃圾分类过程中，需要协调政府、机构、企事业单位等的关系，还需链接相关资源，而这种资源链接及项目运营管理的能力是现今大部分社会组织所欠缺的，亟待提高。如此，便无法准确关注社区居民需求。

四、对策建议

（一）赋权社区居民，提升分类意识

有研究表明，社区互动越多越能促进居民参与社区垃圾分类；社区关系越融洽，居民越愿意参与垃圾分类。因此，增强社区居民垃圾分类意识，并非宣传教育便可解决的问题，而应从群众自身出发，激发其内在改变动力，促进自身去投入到社区环境建设中，这是赋权增能的问题。学者付佳荣、高云娇（2008）以赋权理论为指导，通过增加垃圾分类教育，增强居民对其的认识，给予居民更多参与机会，强化垃圾分类的程序，强化居民环境保护意识。除此之外，提高宣传的有效性也是重要手段。嘉兴市统计局在调查“您认为哪些宣传手段和途径更有效”时，50%的调查对象认为互联网、手机、微信等新兴媒体能达到有效地宣传。不同年龄段的人群，选择差异较大，18～29岁及30～39岁人群更倾向于选择新媒体，40～59岁人群觉得社区公告栏、广告黑板报等的宣传手段更为便捷，60岁以上人群更喜欢如报纸、电视等的传统媒体。几乎所有访谈对象都认为有专职人员进行督导、劝导的工作机制可以有效促进垃圾分类工作的开展①。

（二）强化社会组织参与，开展宣传教育

社会组织介入城市社区垃圾分类的典型案例是闸北区宝山路街道杨波小区开创的“杨波模式”。其成功不仅在于由业主自主管理的业主委员会全票通过垃圾分类议题，还在于环保社团的志愿者们每天的监督与科普。由此可见，社会工作介入城市社区垃圾分类问题在动员居民、监督执行、教育宣传等方面都是潜移默化地发挥着作用。其中，“黑板报”的作用正如日本可以因为一户人家多次垃圾分类不规范而拒收整栋楼的垃圾

① 嘉兴市统计局．我市垃圾分类宣传有效性仍需提升［DB/OL］.（2019－09－16）［2019－12－08］. http：//www. jiaxing. gov. cn/art/2019/9/16/art_1558625_38097748. html.

的政策一样，充分运用公序良俗，以及社区居民之间的人情往来，形成一种无形的激励和督促。

（三）运用专业方法，实现多方合力

垃圾分类问题因其范围广、难溯源、种类多等特点，具有不同于其他生态治理问题的复杂性。就社会工作的专业方法而言，都是可以运用到该领域进行介入的。社区垃圾分类工作要求在进行社会工作介入时，加强各部门沟通，注重实效，探索精细化操作的工作方法，形成政府、社区、机构和居民的"多方合力"，实现资源互补、整合，促进社区居民自觉进行垃圾分类。学者温馨（2013）通过设置对比实验的方法，一组是实验组（垃圾分类成长小组），需进行小组工作的方法介入，而另一组是对照组，并无过多干预。该实验证明，垃圾分类成长小组是能有效促进居民环保意识的培养的。

（四）发挥志愿者功能，完善监督制度

据嘉兴市统计局近期开展的电话调查结果显示，居民能积极响应"美丽浙江"的号召，积极参与生活垃圾分类，但能严格按照"四分类"标准进行垃圾分类的比例并不高，关键环节就在于监督。大多数人认为，垃圾分类工作需要专职人员监督，有67.1%的人认为"建立社区志愿者督察机制"可以有效推动垃圾分类工作，50.8%的人建议"实行垃圾袋实名制"，推荐安装"电子监控系统"的人占36.9%①。由于垃圾分类问题范围广、涉及人群众多，要对其形成法律上的惩罚机制也相当困难。正如上海虽有对个人制定了处罚标准，但是由于执法的可操作性问题，其处罚终究无法实行。因此，需理顺相关法律依据、健全规章制度，更多地运用社会组织的力量，形成完善的监督制度。

参考文献

[1] 付佳荣，高云娇．社会工作增权理论视野中的环境保护意识 [J]. 社会工作下半月（理论），2008（10）：24—26.

[2] 高敬，王优玲．推进垃圾分类　推动绿色发展——写在世界环境日到来之际 [DB/OL].（2019－06－04）[2019－12－08]. http：//www.mohurd.gov.cn/xwfb/201906/t20190605_240753.html.

[3] 刘森，王舟，周亚琳，高小霞，马凯，索朗达杰．嘉兴市社区垃圾分类情况调查 [J]. 合作经济与科技，2019（6）：167—169.

[4] 温馨．环境保护中的社会工作介入——以呼和浩特市回民区环境污染的防治为例 [J]. 北方环境，2013，25（4）：127—128.

① 嘉兴市统计局．我市生活垃圾按四分类投放的比例不高 [DB/OL].（2019—09—16）[2019—12—08]. http：//www.jiaxing.gov.cn/art/2019/9/16/art_1580047_38097719.html.

高校图书馆阅读推广创意案例调研与启发

——以第二届浙江省图书馆阅读推广创意策划大赛为例

范慧碧

（浙江财经大学东方学院，浙江 海宁 314408）

摘　要：通过对“第二届浙江省图书馆阅读推广创意策划大赛”参赛优秀案例的分析，了解当前浙江省高校及公共图书馆阅读推广的工作现状，积累可供借鉴的经验。本次调查分析着重以参赛高校图书馆为主，他们采用了静态阅读、“互联网＋”与新媒体应用、多地联动共读史书、整合地方文化元素等多种创新类型案例，体现出形式新颖、读者参与度高，以及活动组织多样化等特征。同时，公共馆的优秀案例也体现出地方资源丰富、与地方文化单位合作紧密，以及受众多层次等特征。以上这些优点都是值得今后阅读推广工作开展值得借鉴的宝贵经验。

关键词：高校图书馆；公共图书馆；阅读推广；创意策划

一、引言

从功能上来说，图书馆在传播知识与传承文化过程中，一直都将阅读推广工作视为一个重要功能。尤其是最近十年来，公共图书馆与高校图书馆都非常重视这个工作，各出奇招，组织专门人才负责，积极策划，但是随着阅读推广方案的分享与传播，雷同的竞争方案开始出现，使得该工作碰到发展瓶颈。传统的图书馆阅读方式已经无法满足当前各类读者的需求，面对这一形势，如何谋求发展、推出高质量的阅读推广产品，就成为图书馆面临的严峻挑战（何大炜、蔡时连，2015）。因此，我们应当站在全民阅读的视角下考虑各类问题，制定出多元化的阅读推广方案，从粗放型到精准型的演变过程中提升策划水平，从而不断提升阅读服务与激发读者参与的积极性，从而整体上促使图书馆的服务深入适应时代的发展。

二、阅读推广案例大赛概况

（一）案例大赛背景

第二届浙江省图书馆阅读推广活动创意策划大赛决赛在宁波市举行。此次大赛旨在为深入推进高校及公共图书馆阅读推广的创新工作，充分挖掘和发挥图书馆管理员的创新、创意、创作能力。案例以现场展演的方式详细介绍了阅读推广活动的思路、理念、特色、创新和成效。笔者在现场观摩的同时，结合对参赛方的资料研究，以及广泛浏览各图书馆网站和微信公众号，得到更全面信息的基础上，对决赛的 33 个案例进行了梳理，归纳总结，汲取优秀案例精华，运用到工作实质，从而进一步针对高校图书馆应该如何有效地策划阅读推广方案，激发相关人员的工作积极性与创造性，促使图书馆的服务实行信息化与现代化的转型，更好地引导师生亲近与热爱图书资源，从而实现图书馆阅读推广功能的最大化（李睿，2016）。

此次活动主题为“阅读，丰润生活，丰盈生命”，大赛分创意策划征集、初选、决赛三个阶段，进入决赛的高校及公共图书馆共有 33 家。从评分要求和计分标准可以看出，主办方对案例有以下几项要求：一是主题鲜明；二是结合本地区文化特色和地域特点；三是具有创新性。

（二）参赛案例概况分析

阅读推广“创意”大赛，应先考虑什么是“创意”。好的创意来源于灵感，但创意也不是凭空产生的。“创意就像一扇不断打开的门。每打开一扇门，就会发现一个新的房间，房间又有很多不同的门，每个门又通向不同房间。如果不停推开眼前的新门，最终就可以走进一座宫殿”，有人如是比喻。创意为先，实效为王，阅读推广的创意，最终是为阅读而服务的。阅读推广的创意，不仅要有使人眼前一亮的创意主题，更要有打动人心的活动细节和形式上的新意。

此次各大图书馆案例内容和活动形式不尽相同，各具特色，有静态的阅读、书展，动态的知识竞答，阅读游戏、手工技艺、民族戏曲，以及角色扮演，可谓精彩纷呈。就技术手段而言，多数高校图书馆和公共图书馆利用了互联网和新媒体应用技术。公共图书馆在“互联网+”背景下不但应用新媒体技术，在宣传推广中也是借助传统媒介的力量来达到全城阅读的效果和目的。

三、高校图书馆案例分析与解读

笔者调研分析的这几所优秀案例高校图书馆，能充分挖掘本馆的特色资源，有效调动馆内职员和学生社团进行方案策划创意，开展形式多样、内容丰富的阅读推广活动，契合了“倡导全民阅读，构建书香校园”的宗旨。经过调查分析与研读，将这些案例按照其创新点进行归类介绍。

（一）静态阅读

浙江海洋大学图书馆在此次“阅读是一场与生命等长的罗曼史”的案例中借用了阮冈纳赞“图书馆学五定律”第三定律——每本书有其读者。对于书籍的推广，往往忽视了对冷门和小众书的推广，更多的是推广一些热门经典图书和专业图书，大量的经典书和畅销书的故事和情节都烂熟于心，但我们相信总有一些高分冷门好书，是你没看过，甚至没听过的，当你读了这些冷门书的时候，会有意外的收获。此前就有上海图书馆开展的推荐冷门榜“发现暂时被遗忘的好书”活动。案例中首先抛出了一个从阅读到思考的问题，为什么有些书销量和借阅量居高不下？他们认为解决这个问题的可以通过街头采访，圆桌会议讨论等方法，并深入开展系列活动：留言板推荐经典冷门图书；关注和分享“你读过哪些好看的冷门书”的话题；举办冷门书主题书展，别出心裁地在书中插入明信片，鼓励读者打破固有社交格局，打开读书圈子，以书会友，在书中留下阅读的痕迹。通过以上活动，将经典冷门书流动起来。

浙江中医药大学图书馆的“书中自有百草香”的案例是对不同年级的学生，开展了不同阅读活动，打造了精准化阅读模式。浙江中医药大学由于专业性强，学科特色分明，更适合开展精准化的阅读模式。这种专业性强的高校图书馆与东方学院这类财经院校的图书馆有相似之处，尤其值得借鉴。

（二）“互联网＋”与新媒体应用

当今互联网快速发展与新媒体的多元应用，催生国民阅读模式的数字化空间，从电脑阅读进化到手机与平板电脑的阅读，从文字阅读发展到声音阅读与视频阅读，从而建构这个时代的人们阅读与学习的崭新途径。根据 2017 年 7 月份湖北大学高等人文研究院与中华文化发展湖北省协同创新中心联合发布的文化建设蓝皮书《中国文化发展报告（2017）》指出：“近年来，信息化改变了人们获取知识、传递信息、鉴赏文化的渠道和方式；数字化阅读接触率首次明显超过纸质阅读。”21 世纪诞生了众多互联网时代下的产物，已不局限于手机微信、手机应用程序（APP）等，更有增强实现技术（AR）、全球定位系统（GPS）等技术运用到阅读推广活动中，而大学生是新媒体受众中最活跃的群体，接受能力强。因此，数字化阅读成为较为重要的阅读方式之一。

浙江师范大学图书馆的“21 天经典阅读之旅”方案是借助有阅读功能的平台每天打卡读书＋书评，并在微信朋友圈分享，除此还开展了线下的阅读沙龙。该活动的初衷是如何养成好的阅读习惯，并达到深入解读经典著作的效果。

浙江机电职业技术学院图书馆的“我为阅读代言”方案也是利用微信朋友圈开展活动，将阅读心得加以“我为阅读代言”的照片发朋友圈集点赞，体现的是一种榜样的力量，这样的创意主题和带有趣味性的活动形式也是深受当今学生喜欢的。

湖州师范学院图书馆更是将先进的 AR 和 GPS 技术嵌入图书馆微信平台，并开展校园阅读游戏，让每一个读者进入角色，获取过程体验，从游戏中体会阅读的乐趣，也提倡将数字化阅读变成阅读的重要途径。同时，也是利用大数据对读者阅读历程、阅读习惯及阅读推广效果进行有效监测和评估，为阅读推广的分析和策略改进提供数据依据。

嘉兴学院图书馆运用了手机 APP 开展活动，巧妙地利用了《那三届》的书名，用作主题“那三届不孤独”，活动内容是党员教职工“两学一做”的活动品牌化，通过品牌活动带动学生读书，这样的主题活动，也许在活动的表现形式上略有欠缺，但也不乏为好的创意。

（三）多地联动共读

浙江大学宁波理工学院的“二十四史明月夜”方案在世界读书日当天，联合宁波市高校、书店、文艺空间等单位共同开展主题活动，并进行同步网络直播。以此大型读者联欢的活动为阅读壮大声势，激发全民读书热情。各单位围绕“二十四史明月夜，甬上一家亲”这一主题，分别选择中国二十四史中的一个朝代为主题，根据该朝代文化特质策划主题沙龙，深入体悟中华传统文化。

（四）整合地域文化元素

在阅读推广中融入地方文化元素，彰显地方文化特色，在此次大赛考量中会占据一定优势。所谓地域文化元素，既是指以实物存在的遗迹、遗物等，也是指地方名人的学术思想、风俗习惯、典章节庆、民间艺术等（王宇、刘偲偲，2017）。所以地方高校图书馆应注重策划与开展具有地域文化元素的阅读推广活动。

浙江纺织服装职业技术学院图书馆将宁波裁缝工匠流传的文化——“敢为人先、精于技艺、诚信重诺、勤奋敬业”的“红帮精神”和“红帮文化”纳入阅读推广当中，旨在“弘扬红帮精神，培育红帮新人”为育人目标。邀请学院服装方面的资深教授，紧密结合馆藏特色，分别针对日常生活、职业面试、外出约会、健身运动等场所中所要遵循的着装搭配，通过现场穿着演示，现场操作与讲解并行。同时，指导学生利用图书馆所采购的英国在线时尚预测和潮流分析（WGSN）、POP163、蝶讯等时尚类资源，通过观摩时装模特的着装来提升自己的时尚素养。

（五）案例经验总结

以上高校图书馆参赛案例，主题鲜明，活动多样化，通过分析可以归纳出一些成功的特点：第一，在创意与策划上注意学习先进的理念和创意，以读者的兴趣和需求作为开展活动的切入点，善于发现身边的资源；第二，在活动组织上突出主题文化的活动内容，提倡多部门参与共同协作，注重打造校园文化品牌，体现人工智能的加入，构建创新的阅读空间；第三，在活动外延上加强新媒体的宣传和新技术的加载，联合推广实现效益最大化，建立阅读推广长效机制，打造阅读推广的专属文化品牌（杨木容，2017）。

表 1　第二届浙江省阅读推广创意策划决赛获奖案例（部分高校馆）

序号	学校名称	案名（主题）	特点	奖项
1	浙江海洋大学图书馆	《阅读是一场与生命等长的罗曼史》	打破冷门书的借阅流动	一等奖
2	浙江师范大学图书馆	《21 天经典阅读之旅》	线上＋线下	二等奖
3	浙江中医药大学图书馆	《书中自有百草香》	精准化的分阶阅读模式	二等奖
4	湖州师范学院图书馆	《阅动校园　跃燃激情》	利用 AR 和 GPS 的定位技术开展阅读	二等奖

续表

序号	学校名称	案名（主题）	特点	奖项
5	浙江机电职业技术学院图书馆	《我为阅读代言》	利用微信公众号的传播特性	二等奖
6	浙江大学宁波理工学院	《二十四史明月夜》	体悟中华传统文化	三等奖
7	浙江水利水电学院图书馆	《文泽书院读书分享会》	打造品牌阅读	三等奖
8	浙江纺织服装职业技术学院	《“学穿衣搭配做时尚达人”》	地方文化精神——红帮文化	三等奖

四、他山之石：借鉴和启示

相比高校图书馆，公共图书馆在服务对象方面有着巨大的差异，公共馆承担着社会服务的重要职责，提供社会化服务，因此，他们的地方资源丰富，与地方文化合作单位联系紧密（李华，2018）。而海宁图书馆和杭州市图书馆正是利用这样的资源优势，以全城联动的方式开展世界读书日主题活动，将公共馆的优势体现得淋漓尽致。海宁图书馆的“趣解国风”以《诗经》作为吟诵内容，以小学及以下儿童为主诵读，全城联动，促进城乡共享阅读乐，体现了中国人的启蒙教育的文化血脉。杭州市图书馆的“为地球朗读”则抓住了地球保护日的契机，将世界地球日和世界读书日有机结合，开展全城线上、线下共同的模式阅读环保名著。

作为本次比赛的首次参与者，浙江财经大学东方学院图书馆结合大赛的要求推出具备地域文化视角的阅读推广策划方案，弘扬海宁地方特色的优秀传统文化，开展了立体阅读活动，“阅读”“听读”“走读”“演读”等活动，通过立体阅读活动增加大学生对传统文化的认知度和自信度，促进校园文化和地方文化的融合发展。

首先，拓展阅读方式，引导读者深入理解“海宁文化”，即“阅”读海宁文化。其次，变平面阅读为立体阅读，必须借助深挖地方文化资源的内涵建设，即“听”读海宁文化。再次，创设知行结合的专题活动，即“走”读海宁历史文化。最后，变阅读实践为表演实践，激发学生对于地方文化的艺术再创作热情，即“演”读海宁文化。本次阅读推广的本土化实践，既引导读者深入理解海宁文化，变平面阅读为立体阅读，又借助深挖地方文化资源的内涵建设，创设知行结合的专题活动，变阅读实践为表演实践，激发学生对于地方文化的艺术再创作热情。

东方学院图书馆策划活动方案立意高、接地气，获得了阅读推广委员会副主任徐雁教授及专家们的高度肯定，也指出了不足之处。赛后，参赛人员也正视了自身的不足，既然立足点是地方文化，那么应该更多地结合海宁市各文化单位，借助或联合这些文化单位深入开展接地气的活动。因此，本次阅读推广的本土化实践表明，阅读推广活动应该在探索如何结合地方文化优势的时候，需要寻找多元化的策划方案与操作方法，使得整个阅读推广既能真正接地气，又能将地方文化进行升华。

根据东方学院图书馆一直以来的经验，高校图书馆阅读推广传统方式主要有读书征文、读书分享会、知识竞赛、书法比赛、诗词大会、线下沙龙、经典名篇古诗词诵读、经典影视展播、图书推介等。而此次案例中无一是开展单一的传统文化活动，而是巧妙地进行了组合，在活动形式上开展了"互联网+"背景下的新技术新媒体应用，利用微信平台、APP、GPS等新媒体技术，从传统的线下活动升华为线上、线下组合活动。活动内容上，增加了手工技艺、民族戏曲、角色扮演，文化内涵上跨越到融入地方文化，发扬和传承地方文化。

五、未来思路拓展

阅读推广要以点成线，以线带面，在保证阅读本质的基础上，依据自身的特色，充分发挥自主能动性，做好公共领域的垂直延伸，软性组织活动推广。中国图书馆学会学术委员暨阅读推广委员会副主任徐雁教授就此次策划比赛做了总结性发言："'全民阅读'应做好'分地阅读推广，分种阅读推广，分层阅读推广'，实现活动的'不幼稚化'，不娱乐化，不主观化，不作秀。"（张巧娜，2019）所以，在借鉴众多高校及公共图书馆的宝贵经验的基础上，总结出有助于未来思路拓展的工作思考方向。

第一，在如何提高阅读推广效率方面，首先，要增强服务意识，寻求理论学习与指导，要确保阅读推广活动的独特性和持续性；其次，关注读者需求，利用特色资源，打造阅读推广特色化和品牌化活动；再次，要组建稳定而有活力的工作团队，阅读推广活动与图书馆各项业务紧密联系，涉及流通、采编、参考咨询、外宣与信息技术等工作领域，所以需要有专门策划与开展活动的常态化团队；最后，保障充足的经费，多部门协作开展活动，以及完善工作评价机制，不断调研与自我完善，才能激励下一步的工作。

第二，基于已有的地域文化视角的阅读推广策划经验，东方学院图书馆可以继续探索与完善整合海宁市地域文化元素的阅读推广活动，一是继续完善和提升特色文献资源建设，充分实现良性循环；二是通过地域文化与校园阅读的融合，增强读者对地域文化的亲近与地域文化传承；三是整合地域文化元素的阅读推广，也是服务地方发展的正面建设，同时是海宁市地方全民阅读活动的一部分，与海宁市图书馆等公共馆活动相互契合，从而可以得到更多的地方支持与帮助；四是通过多元创新的模式整合地域元素，有助于探索出本馆特色鲜明的地域阅读推广品牌，打造彰显海宁市的地域文化标签；五是东方学院图书馆这种阅读推广模式探索，可以更好地宣传和保护海宁市地方文化，将这种文化资源转化为旅游与文创的生产力，最终进一步实现图书馆在阅读推广方面对于地方发展的应用价值。

参考文献

[1] 何大炜，蔡时连．首届全国高校图书馆阅读推广案例大赛带来的思考 [J]. 学园，2015 (3).

[2] 湖北大学高等人文研究院，中华文化发展湖北省协同创新中心．中国文化发展

报告（2017）[M]. 北京：社会科学文献出版社，2017.

[3] 李华. 倡导全民阅读　构建书香校园——以江苏省高职院校图书馆第二届阅读推广大赛为例 [J]. 内蒙古科技与经济，2018（19）.

[4] 李睿. 国内高校图书馆阅读推广研究综述 [J]. 图书馆学刊，2016（7）.

[5] 帕提曼. 对高校图书馆阅读推广活动的思考 [J]. 图书情报，2019（9）.

[6] 王宇，刘偲偲. 地域文化视角的图书馆阅读推广创新——以沈阳师范大学图书馆为例 [J]. 大学图书馆学报，2017（5）.

[7] 杨木容. 高校图书馆阅读推广成功经验分析与启示——以首届全国高校图书馆阅读推广案例大赛为例 [J]. 图书馆理论与实践，2017（5）.

[8] 张巧娜. 国内高校图书馆阅读推广的经验与启示——基于两届全国高校图书馆阅读推广大赛的比较分析 [J]. 新世界图书馆，2019（9）.

船舶用燃油不达标类案件的处罚困境与解决路径

查苏生*

（浙江省海宁市交通运输综合行政执法队，浙江 海宁 314400）

摘　要：为督促船员使用合格燃油，倒逼油品质量提升，改善空气质量，《中华人民共和国大气污染防治法》第106条指出，船舶使用不符合标准或者要求的船舶用燃油的行为将给予行政处罚，但该类案件在地方海事行政执法中却遭遇了事实与规范上的双重困境。基于此，本文结合一线实务操作，通过分析、归纳的方法，梳理实践中出现的困境、提出解决困境的路径思考。

关键词：船舶用燃油不达标类案件；处罚困境；解决路径；合理性

船舶用燃油不达标类案件是指内河和江海直达船舶、远洋船舶违反《中华人民共和国大气污染防治法》（以下简称《大气污染防治法》），使用不符合标准或者要求的船舶用燃油时，应依据该法第106条进行处罚类案件。近些年，国家对于环保日益重视，落实在内河水运行业举措也越来越具体、越来越严格，这其中以船舶用燃油达标检测为典型。2018年7月生态环境部机动车排污监控中心高工马冬指出："2018年7月1日前建造船舶都是'零标准'排放，船舶没有任何污染控制措施，船舶和港口用的都是柴油机，主要排放污染物为氮氧化物和颗粒物，其中氮氧化物是雾霾的重要前体物，颗粒物则是雾霾的直接来源，而国际癌症研究机构（IARC）将柴油机尾气列为一类致癌物。"① 可见，船舶及所用燃油标准的建立、现用燃油抽检促达标工作的重要性。然而，由于当前水运经济不景气、处罚金额较高、船员证据保存意识低、不问主观过错的客观归责原则等原因，造成燃油案行政处罚出现一定困境。

---

* 作者简介：查苏生（1985—），男，安徽怀宁人，硕士研究生，浙江省海宁市交通运输综合行政执法队职员，研究方向：行政法学。

① 李禾．船用油硫含量可达车用柴油的三千五百倍——保卫蓝天，船舶港口不能缺位［N］．科技日报，2018－7－6（3）．

一、处罚困境的由来

（一）处罚依据及参考

《大气污染防治法》第 63 条规定：“内河和江海直达船舶应当使用符合标准的普通柴油。”该条文直接用义务性规范规定了内河船舶使用燃油方面应当尽到的义务：符合标准的普通柴油。同时，该法第 106 条规定了违背 63 条的不利后果（法律责任）：“由海事管理机构、渔业主管部门按照职责处一万元以上十万元以下的罚款。”

2019 年 9 月 30 日，浙江省交通运输厅印发了最新版《浙江省交通运输行政处罚裁量基准》，依据违法程度对船舶用燃油不达标类案件划分了三档：①违法程度轻微，积极配合查处供应不符合标准或者要求的船舶用燃油违法行为，有立功表现的，处 1 000 元罚款；②违法程度一般，未造成污染事故的，处 1 万元罚款；③违法程度严重：造成污染事故的，处 1 万元以上 10 万元以下罚款。相比于 2017 年印发的《浙江省交通运输行政处罚裁量基准》，2019 年新增了违法程度轻微这一处罚档次。

（二）实务操作

以浙江省 J 市地方海事机构为例，自 2018 年下半年开始，定期（一般为每季度 1 次）下达船舶用燃油抽检任务给下级地方海事机构，再由该下级地方海事机构海事科将抽检任务分配到各个基层海事所。

海事所工作人员带着领取的燃油储存罐及密封材料到辖区码头抽检，抽检时除日常检查程序外，会额外告知相关事项，包括国家对于船用普通柴油合格标准，以及对不合格油品将进行行政处罚等。每船抽取两罐，燃油抽取到储存罐后进行密封，然后由两名工作人员签字，一罐上交检测，另一罐留存备核。上交 J 市地方海事机构后，由其委托第三方进行硫含量检测，再由受托方将《检测报告》层转所属基层海事所。整个流程耗时由 2018 年的将近 3 个月，已缩短到 2019 年底的 15 天左右。

根据 GB17411—2015《船用燃料油》国家标准第 1 号修改单，内河船用燃料油硫含量合格标准为≤10mg/kg，一旦超过这个标准就将面临行政处罚，海事所工作人员会告知行政相对人检测结果，如有异议，可在报告签发之日起 7 天内向受委托第三方提出，没有异议或 7 天内未提出异议的，到抽样检测的海事所接受处罚，同时告知享有陈述、申辩权。

（三）处罚困境的由来

浙江省 J 市地方海事机构自 2018 年下半年开始对到港船舶油品进行抽样检测。然而，由于当前水运经济不景气，地方海事（港航管理）机构执法手段不强硬，不问主观过错的客观归责原则，监管模式已转向事中、事后监管等原因，造成船舶用燃油不达标类案件行政处罚出现一定困境。囿于笔者工作内容范围，本文将以浙江省 J 市内河船舶用燃油不达标类案件为样本，分析提炼当前该类案件中遇到的处罚困境，并提出自己的思考。

二、处罚困境的类型化分析

根据笔者的经验观察，由于从燃油抽检到收到《检测报告》需要一定期限，而船舶货运流动性大，海事工作人员经常无法在法定期限内联系上船员，甚至根本联系不上。即使联系上了，船员对于最低罚款1万元难以承受，并表示自己加油的是正规加油站，根本不知道硫含量超标，自己是受害者。基于此，可以将问题分为两类：一类是客观事实上存在的困境，另一类是基于法律规范所带来的困境。

（一）事实困境

1. 无法在法定期限内告知并完成行政处罚

内河航运以货运为主，流动性大，经常出现无法联系上船员的情形，这直接导致接下来的程序无法进行。即使联系上，也不能保证都能在规定期限内完成相应工作，如对《检测报告》有异议，可在报告签发之日起7天内向受委托第三方提出，而实践中海事所工作人员拿到《检测报告》电子版可能已经超过“签发之日起7天内”的要求，因为船舶流动性大、船员信息无法即时掌控，就算拿到《检测报告》7天内也不一定能够并提出异议。

2. 无力承担较大数额罚款

在内河水运相对衰落的大背景下，行业利润日益摊薄，大量从业者“弃船上岸”，年轻从业人员越来越少，该行业实质上已进入准夕阳产业[①]。根据《大气污染防治法》第106条的规定，一旦船舶用燃油被检测出硫含量超标，将面临最低1万元的罚款。对于很多内河船员而言，1万元可能是一两个月的运费收入，因此很多船员在认可《检测报告》的前提下依然拒绝接受罚款。他们艰辛地从事与陆地相分离、与家人相分离的水运业，就是为了“讨生活”，他们在正规加油站加的燃油，一下子被罚款1万元，他们在认知上、情感上都无法接受。于是，他们从原本接受规则的群体逐步走向了逃避行政处罚的机会主义者。

3. 发票、收据等证据缺失

近些年，内河船员素质呈现不断下降趋势，他们安全意识差、规则意识不足（桓兆平，2017），船舶加注燃油后，很少有船员主动索要发票、收据等凭证，一旦燃油被检测不合格，因为缺乏证据而无法维护合法权益的不在少数。笔者曾遇到一位年轻船员加注燃油后直接用现金支付，又不索取发票、收据等任何凭证，只收了一张加油站单方主

---

① 2000年3月1日，广东省珠江航运公司宣布下属内河客运停航后，引起业界和社会的严重关注，诸多业界人士纷纷为内河航运业非“夕阳产业”而辩护。现在20多年过去了，水运行业并未完全复兴，这里使用“准夕阳产业”可能更为精确。

动出具的《燃油检测报告》，然而浙江省 J 市地方海事机构并不认可该《燃油检测报告》具有证明其燃油硫含量达标的证据资格，而且其检测数据与受托第三方检测的结果也相差较大。这直接导致地方海事机构进行行政处罚时证据材料的不足，同时，也导致船员自身无法向加油站主张违约赔偿责任。

（二）规范困境

1. 处罚对象欠精准

从商事主体关系分析，船员加注燃油行为中，船员属于消费者，而加油站属于商事主体中的经营者。当双方分别为消费者和经营者时，适用保护消费者权益的规则，也就是说，私法主体中只有是经营者（商事主体）才承担对消费者的特殊责任。而根据《大气污染防治法》第 103 条第 3 项的规定，生产、销售不符合标准的船用燃料，由县级以上地方人民政府市场监督管理部门责令改正，没收原材料、产品和违法所得，并处货值金额一倍以上三倍以下的罚款。此时，针对作为消费者身份的船员进行行政处罚是否违背消费者权益保护规则？从民事合同关系来看，船员到加油站加注燃油的行为，在船员与加油站之间构成买卖合同关系，加油站作为卖方主体有义务提供符合国家标准的燃油。船员只要按照约定给付对价就完成合同的履行，而加油站提供的燃油不达标，则构成违约，应当依法承担违约责任。此时，针对完全履行合同义务的守约方进行处罚是否有失公平？

当然，这并不是否认消费者的环境责任，消费者应该积极主动地参与到大气污染防治中去，约束好自身行为，推动大气环境可持续发展。但是，这应当在消费者认知清晰、非必需品、虽是必需品但具有替代品的前提下才具有实现的可能性。燃油对于船员而言属于必需品，在无法认识燃油不达标的前提下不具有期待可能性（杨晓敏，2019）。《大气污染防治法》第 106 条立法目的在于，通过公权力的介入，促使私法主体——船员，认真对待自己的权利，向加油站主张自己的权利，从而通过多方“合力”倒逼加油站提供达标燃油。然而，对于长期不在陆地，且文化水平整体偏低的船员群体而言，是否提出了过高的期待？

2. 客观归责原则的适用，有悖法理、道德

根据笔者在执法实践中的观察：虽然不乏少数船员为了省钱，通过不正规的小型加油站、加油车、趸船加注劣质燃油，但是大多数船员确实是在正规加油站加注的燃油，甚至不乏国有大型加油站。然而，即使是正规大型加油站，检测结果也会出现硫含量超标的情形。此时，他们在陈述、申辩时会认为，自己根本没办法认识到那是不达标的燃油，主观上没有过错。

然而，由于我国《中华人民共和国行政处罚法》（以下简称《行政处罚法》）未明确规定行政处罚必须以行为人主观上存在过错为条件，故行政实务界一般主张客观归责原则，即对行政违法行为以不考虑行为人的主观状态（故意与过失）为基本原则（孙百昌，2006）。只要行为人的行为客观上构成行政违法行为，不问行为人主观上有无过错，一律予以处罚。《大气污染防治法》第 106 条的逻辑结构中的假定条件为：“违反本法规

定，使用不符合标准或者要求的船舶用燃油的"，它并未规定行为人的主观过错。立法上对环境侵权案件适用无过错责任原则的合理性，虽然中外学者做过反复的论证，但是实践本身无法说明自身的合理性，学者们的论证也没有对这种理论给出无懈可击的论证（陈祥民，2004）。因此，执法实践中一般都不考虑船员加注不达标燃油主观是否具有故意或过失，这不仅与"无过错即无责任"的基本法理相悖，而且在道德上具有极大的恶劣性，亦不符合现代文明的发展趋势（李孝猛，2007）。

3.《大气污染防治法》第106条最低罚款额度较高

内河海事执法实践中，船员对于违法事实一般都是供认不讳，因为证据摆在面前不得不认，但是他们绝大多数都会对于罚款的额度进行请求，希望从轻、减轻实体上的罚款数额，最佳结果是不予处罚。在水运经济不景气的当下，1万元对于很多内河船员而言，其实是笔不小的数目。何况，内河水运的运费结算方式往往不是一航次一结，导致很多时候船员身上的可支配资金并不充裕。所以，他们反复陈情"能否少罚一点"，只要能够从轻、减轻处罚，一般都非常愿意积极配合海事管理机构调查、主动交代违法情况。然而，《大气污染防治法》第106条将罚款额度提的较高，对个人罚款1万元在国内很多省级区域都属于"较大数额"罚款，因此，2019年印发的《浙江省交通运输行政处罚裁量基准》也只能在1万元以上10万元以下细化为若干裁量格次，每个格次规定一定的量罚标准，即使违法行为轻微、社会危害程度小、悔过态度好都不得超越数字所设定的边界（陈婴红，2010）。法律的数字化限制了自由裁量权的行使空间，体现了工具理性，但是法律的主要内涵应该是人性，是价值理性、人文精神和对人类的终极关怀（曲笑飞，2019）。如果缺乏对水运行业的洞悉、对船员生存生活现状的关怀，法定最低罚款额度提的较高，不仅损害了规则自身的弹性，裁量基准的解释、细化无计可施，而且也丧失了对人性、价值的考量。

4. 不论检测结果中硫含量超标多少，均处以同等额度罚款，显失公平

2019年印发的《浙江省交通运输行政处罚裁量基准》[①] 虽然划分了3档，但是都没有将硫含量超标额度纳入划分标准，这就使得不论硫含量超标多少，都处于同等额度的罚款，显示公平。

三、解决困境的路径思考

法律适用从形式上看是逻辑三段论，但从实质上看则是对推理的大小前提进行评价（王泽鉴，2001）。法律的适用过程就是法律解释过程。因此，在"事实与规范双重困境"之下，建议从以下几个方面入手解决：

（一）引导合法维权，增强规则意识

在化解事实困境方面主要方法为宣传、告诫船员到正规大型加油站加油，切记索要

① 笔者查阅了江苏省、安徽省、山东省、河北省、上海市的《交通运输行政处罚裁量基准》，未发现对船舶用燃油检测不达标类案件。

发票、收据等，并保存留证。在化解规范困境方面主要方法为耐心解释法律规范的目的、宗旨、规范与事实之间的映射关系、消费者的环保责任等，在接受行政处罚后告知船员维权追偿（权利救济）的渠道，如向加油站所在地消费者协会进行投诉、向加油站所在地市场监督等部门进行举报、向有关部门申请仲裁，或直接向法院提起诉讼等。

（二）通过法律解释，实现多档处罚

法律解释的目标是要根据法律（但并不把法律当成僵化的教条）和事实，在法律方法和价值原则的指导下，针对个案构建裁判规范（陈金钊等，2006）。2019年印发的《浙江省交通运输行政处罚裁量基准》相较上一版，新增了违法程度轻微这一处罚档次，便是通过解释性应用《行政处罚法》第27条“应当从轻或者减轻行政处罚条款”之规定，实现罚款额度1万元降为1 000元。据此，浙江省T市等多地开始根据这一处罚档次进行实务操作。如，违法程度轻微这一处罚档次要求当事人具有“立功表现”，而这一般要求当事人检举未发现违法行为并经查证属实。以浙江省H市该类案件处罚为例，2020年3月之前一直是坚持罚款1万元法定额度，导致当事人拒绝接受处罚、大量案件积压，而在《浙江省生态环境保护督查反馈意见“具体问题第27项”问题》等多重压力之下对往年积压案件据此集中处罚。另外，根据浙江政务服务网“行政处罚结果信息公开”查询发现：浙江省J市①该类案件行政处罚决定书摘要②显示，处罚依据只有《大气污染防治法》第106条，但是仅仅依据该条是无法获得“罚款1 000元整”的处罚结果，可见背后的规范与现实之间依然存在张力。

（三）通过法律论证，寻求主体间合意

根据法律论证理论，法在内容与形式上最终都体现为一种合意：在内容上，它体现为规范与事实的合意，在形式上体现为主体间的合意。行政执法人员通过在规范与事实之间来回穿梭，阐明规范意旨，分析事实要素，弥合二者之间的缝隙，最终实现双方达成共识。简而言之，它是法律规范与案件事实之间互相调和的一个过程，这个过程需要行政执法人员与案件当事人之间的互动，通过法律、事实的解释，弥合差异，达成相互理解下的共识。

（四）环保治理方式多元化，避免单一的行政管制

在水污染领域，排污权有偿使用和交易的试点已经在一些地区开展，并取得了很好的效果。因此，燃油的含硫量标准也可以引入市场手段，通过燃油企业、加油站等购买排污指标等予以控制。同时，实践表明，单一化依赖政府行政管制来实施的法律，其效果往往都不好。以行政责任为主，缺少民事责任的规定不符合我国环境状况的特点，以

---

① 浙江省T市、H市为J市所辖的县级市。

② 浙江省行政处罚决定书基本只公布了摘要，完整的行政处罚决定书几乎查询不到，对本文的相关研究有局限性。

及当前环境法的发展趋势，应当在燃油不达标类案件法律责任中特别强化民事责任的相关规定。作为环保单行法的《大气污染防治法》在下次修订时应当借鉴相关经验（胡苑、郑少华，2010）。

四、结语

日本行政法学者南博方教授（2020）认为，在价值观和社会各种利益急速呈现出多样化的现代国家，行政机关需要理解并掌握“限度的感觉”，使大家都能够认为妥当而接受。船舶用燃油不达标类案件要求执法者严格依法处罚，这是形式合理性的要求，但是也应当考虑内河水运行业现状、船员生计等人性要求。在条文与事实遭遇之际，法律的模糊性显现，唯一不需要解释，也根本不能解释的只有数字概念（阿图尔，2011）。然而，《大气污染防治法》对船舶用燃油不达标类案件设置了最低“1 万元”的处罚起点，它事实上成为处罚困境中的一个“梗”，而且在处罚对象、处罚幅度上都存在合理性疑问。虽然立法目的在于“重罚治污”，但是“法律不外乎人情”，缺乏对人性的关注，缺乏对水运行业的洞察，缺乏对船员群体的关注，诚如孟子所言“徒法不足以自行”，效果往往不佳。

法律适用并非单纯地仅是消极涵摄动作，而是一种创设行为（阿图尔，2011）。法律解释的目的不仅在于说清法律条文（文本）的意义，重要的是要解释清楚待处理案件中法律意义是什么（陈金钊，2006）。因此，可以通过方法论解释学中的方法，如利用体系解释方法，将 1 万元的确定性概念置于《行政处罚法》《大气污染防治法》等法律法规之下，结合法律法规对于违法情节、悔过表现、立功表现等相关规范，在整个法律体系中进行解释，并予以综合衡量、判断，实现双方相互的理解、达成双方满意的共识。本文详细梳理了船舶用燃油不达标类案件的处罚困境，但是如何解决困境依然没有给出合理、可行的方案，权当抛砖引玉，望有识之家指明方向。

参考文献

[1] [德] 阿图尔．考夫曼．法律哲学（第二版）[M]. 刘幸义等译，北京：法律出版社，2011（8）：51＋71.

[2] 查苏生．查处分离机制在港航执法中的困境及其解决路径 [J]. 交通运输部管理干部学院学报，2017（3）：19.

[3] 苏冬，陈德华．内河客运无奈退出市场 [J]. 广东交通，2000（2）：37－38.

[4] 陈金钊等．法律解释学 [M]. 北京：中国政法大学出版社，2006（1）：2＋6－225.

[5] 陈立祥．关于简政放权对海事执法的影响及对策研究 [J]. 交通运输部管理干部学院学报，2014（4）.

[6] 陈婴虹．行政处罚自由裁量基准设定的适当性——以近年浙江省行政处罚自由裁量基准为观察点 [J]. 行政论坛，2010，17（3）：64.

[7] 高桂林，陈云俊．大气污染防治公众参与的法经济学分析 [J]. 广西社会科学，2014 (11)：82.

[8] 胡苑，郑少华．从威权管制到社会治理——关于修订《大气污染防治法》的几点思考 [J]. 现代法学，2010 (6)：122—125.

[9] 桓兆平．内河船员素质下降原因分析与对策建议 [J]. 中国水运，2017 (8)：14—16.

[10] 李禾．船用油硫含量可达车用柴油的三千五百倍——保卫蓝天，船舶港口不能缺位 [N]. 科技日报，2018—7—6 (3).

[11] 李孝猛．主观过错与行政处罚归责原则：学说与实践 [J]. 华东政法大学学报，2007 (6)：30—36.

[12] 吕来明．论我国商事主体范围的界定 [J]. 北方法学，2008 (4)：7.

[13] [日] 南博方（第六版·中文修订版）[M]. 杨建顺译，北京：商务印书馆，2020 (6)：译后记．

[14] 曲笑飞．法律·数字 [M]. 北京：法律出版社，2019 (1)：174—175.

[15] 孙百昌．再论行政处罚适用“不问主观状态”原则 [J]. 工商行政管理，2006 (8)：51—52.

[16] 王泽鉴．法律思维与民法实例 [M]. 北京：中国政法大学出版社，2001：207.

[17] 徐祥民．环境责任“原罪”说——关于环境无过错归责原则合理性的再思考 [J]. 法学论坛，2004 (6)：16.

[18] 杨晓敏．大气污染防治中的消费者责任研究——基于环渤海地区的实证分析 [D]. 青岛：青岛大学，2019：27.

[19] 原国锋．内河航运是“夕阳产业”吗？[N] 人民日报，2000—9—25 (9).

地方性本科高校的财政支持研究

——以杭州市下沙高教园区为例

郑彬博　俞苏凌

（浙江财经大学东方学院，浙江 海宁 314408）

摘　要：地方本科院校承担着促进地方经济繁荣和科技发展，为我国现代化建设培养人才的重大使命。浙江省虽然属于我国的经济发达地区，但是其高等教育水平与经济实力不相匹配，同教育强省相比有明显短板。作为浙江省最大的高教园区，下沙高教园区的本科院校有较强的基础实力。本文选取下沙高教园区的七所本科院校为研究对象，分析财政支持的规模和结构，并与省内唯一一所部属大学——浙江大学进行对比，发现财政支出和科研经费在总规模和人均数据上仍有较大差距。

关键词：财政支持；下沙高教园区；地方性本科高校

一、引言

随着高等教育大众化进程的不断推进，地方高校在该进程中承担的任务和作用逐渐突显。作为培育高等人才的高地，地方本科院校以其独有的区域性特点和较为完善的教学体系，可以为区域经济发展培养大批高素质人才，尤其是高层次技术人才。地方本科院校承担着促进地方经济繁荣和科技发展，为我国现代化建设做出伟大贡献的重大使命。然而，我国高等教育的大众化也加大了国内高校之间的竞争。当前，地方高校所处的位置介于重点大学与高等职业院校之间，其所承受的压力不仅来自高等职业院校这种不同类型的高校，更来源于中央部署高校的冲击。重点大学是国务院相关部门或直属机构直接管理，其财政收入直接由中央下达，教学资源、师资力量、建设水平也是地方本科院校所不能及的。部分地方高校的办学条件有待改善，学生的实践能力和创新精神亟待加强，教师队伍整体素质需要提高。因此，需要进一步加大对地方高等院校的财政投入，探索和建立有力保障地方高等教育投入的新机制，以促进高等教育事业区域协调发展、提高地方高等教育质量。

二、各院校财政支持概况

浙江省对高等院校的财政拨款 2015～2018 年分别为 81.36 亿元、85.91 亿元、105.65 亿元、121.06 亿元，涨幅为 48.8%，整体呈上升态势。具体以下沙高教园区七所地方性本科院校为例，分析如下：

1. 各院校财政支持规模分析

为反映下沙高教园区各本科院校的财政支持力度，本文整理获取 2015～2018 年下沙本科院校财政拨款收入的情况（见表 1）。全文所有数据均来源于浙江省教育厅部门决算、相关高校财政决算和本科教育质量报告。

表 1　2015～2018 年下沙各本科院校财政拨款收入情况　　单位：万元

年份	浙江理工大学	浙江工商大学	浙江财经大学	浙江传媒学院	中国计量大学	杭州电子科技大学	杭州师范大学
2015	43 036.06	42 625.14	29 272.91	21 119.03	30 646.12	62 215.89	81 641.42
2016	50 153.51	44 078.07	31 690.75	25 260.58	35 685.50	58 262.15	86 157.32
2017	56 174.53	49 123.91	49 666.68	25 339.39	35 308.95	73 440.89	100 777.45
2018	64 140.01	53 814.78	69 011.61	28 914.29	41 553.31	74 180.99	160 566.19

资料来源：笔者根据资料整理所得。

从表 1 可以看出各本科院校的财政拨款均呈整体上涨趋势。从纵向角度比较，2015～2018 年下沙高教园区各本科院校财政拨款收入逐年上升。其中，涨幅较大的是浙江财经大学从 2015 年的 29 272.91 万元增长至 2018 年的 69 011.61 万元，涨幅为 135.8%，杭州师范大学从 81 641.42 万元增长至 160 566.19 万元，涨幅为 96.7%。浙江理工大学、浙江传媒学院、中国计量大学、杭州电子科技大学、浙江工商大学的涨幅依次为 49%、36.9%、35.6%、19.2%、26.3%，整体涨幅相对较小。横向来看，杭州师范大学的财政拨款数额各年均较大程度高于其他 6 所本科高校。尤其是 2018 年杭州师范大学财政拨款数额出现大幅上涨，当年增长近 60%，从而与其他 6 所高校拉开差距。一方面，杭州师范大学与其他 6 所本科院校不同，由杭州市人民政府创办，浙江省与杭州市政府共同建设，根据院校级别隶属于市级部门，人事财务都由省内直接调度，其财政拨款直接来源于杭州市人民政府，而其余 6 所院校则由浙江省教育厅下达拨款；另一方面，基础教育一直是国家重点关注的主题，杭州师范大学是一所以教师教育为特色的地方综合性大学，是我国基础教育培养人才的重要输出途径之一。

2. 各院校财政支持结构分析

当前，我国高校的财政收入是以财政拨款为主、多途径筹措的格局，多种途径一般包括专户资金、事业收入、经营收入和其他收入。

如表 2 可见，浙江传媒学院财政拨款收入份额占比在 2016 年和 2017 年有所提高，2018 年回落至 47%；浙江理工大学财政拨款收入份额占比从 2015 年的 49.5%波动上升到 2018 年的 54.8%，中国计量大学财政拨款收入份额占比呈小幅度波动上涨，4 年上涨了 4 个百分点；杭州师范大学财政拨款收入份额占比从 61.7%逐步上升到 71.1%；浙江财经大学、杭州电子科技大学和浙江工商大学财政拨款收入份额占比较其他几所学校高，其他成分收入占比相对较小。此外，专户资金在高校收入的占比也是不能忽略的。专户资金是在社会主义市场经济的背景下，为了缓解高校迅速发展所需的财政拨款的压力而设立。但是，随着该项资金推行实施，管理制度不健全、滥用现象肆意的问题也逐渐显现。为了高校规范使用专户资金，制定了上缴专户资金的管理办法，约束了资金的使用和影响。根据表2可以看出，除杭州师范大学以外，2015～2018年其余6所本科院校的专户资金比例不断下降。杭州师范大学的专户资金比例较小，最高的是在2016年，也仅15.4%。由此看来，财政拨款收入在高校收入的权重一直保持在较高的水平，且在当年收入中的占比呈上升趋向。即使高校存在其他形式的收入，例如，浙江财经大学2016年出现2026.36万元的经营收入，也不能很好缓解本科院校发展的资金需求。

表2 2015～2018年下沙各本科院校的收入结构 单位：%

年份	收入类别	浙江理工大学	浙江工商大学	浙江财经大学	浙江传媒学院	中国计量大学	杭州电子科技大学	杭州师范大学
2015	财政拨款	49.50	48.70	52.30	47.00	45.70	55.60	61.70
	专户资金	31.50	30.60	25.30	28.90	36.00	29.20	0.00
	事业收入	0.00	10.40	13.80	2.00	15.10	10.70	13.60
	其他收入	19.00	10.30	8.60	22.10	3.20	4.50	24.70
2016	财政拨款	54.80	50.50	53.90	54.90	48.70	63.10	63.90
	专户资金	26.00	26.70	25.10	29.90	33.50	19.50	15.40
	事业收入	0.00	11.70	14.50	2.90	11.50	14.70	0.00
	其他收入	19.30	11.20	6.40	12.30	6.30	2.70	20.60
2017	财政拨款	48.10	55.40	64.70	48.60	46.00	61.70	73.60
	专户资金	26.20	20.70	19.90	28.40	32.70	17.50	5.30
	事业收入	14.20	18.80	10.80	2.00	14.10	17.90	0.00
	其他收入	11.40	5.10	4.60	21.00	7.10	3.00	21.00
2018	财政拨款	54.80	52.90	67.90	47.00	49.70	57.60	71.10
	专户资金	17.90	18.20	14.60	24.70	29.00	12.00	8.10
	事业收入	0.00	18.90	9.10	2.90	16.90	22.50	0.00
	其他收入	27.30	10.00	8.40	25.30	4.30	7.90	20.80

资料来源：笔者根据资料整理所得。

3. 各院校财政支持效果

财政对高校的资金支持体现在财政拨款收入或指定高校的专项资金等财政支出上，用以保障高校的日常运营，开展教学科研活动。随着浙江省对地方性本科院校的财政投入不断增长，各本科院校的教学经费和师资力量也有所提高。本文选取了2017～2018年下沙高教园区各本科院校本科实验室经费支出和生均本科实验经费支出、教学支出和生均教学支出作为教学经费的参考指标来衡量财政支持的效果。如图1～图4所示，可以看出7所本科院校日常运行支出都有了较大改善，高校财政收入的增加使日常教学运行的支出和实验经费不仅在总数量上有了增加，而且在生均水平上也有了量的提高。这都有利于提高高校教学质量，让每位学生都能享受到优质的高等教育，从而向社会输出高素质人才，推动地方高等教育事业的发展。

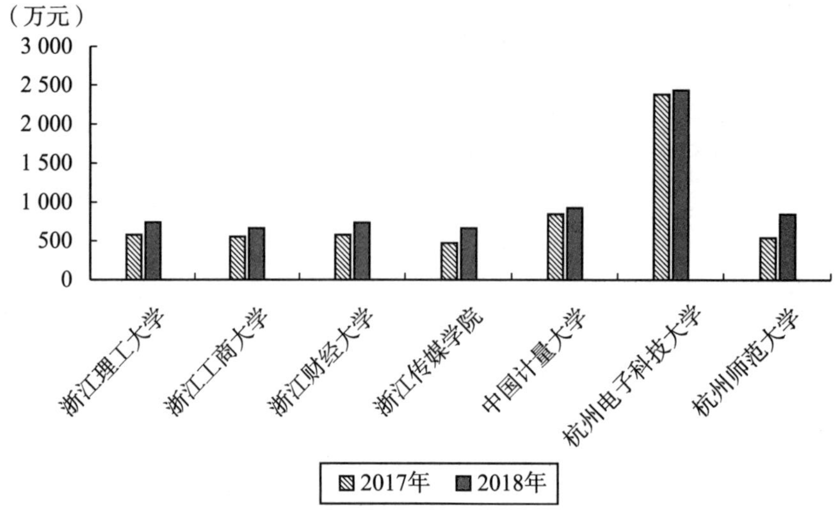

图1　各校本科实验室经费支出

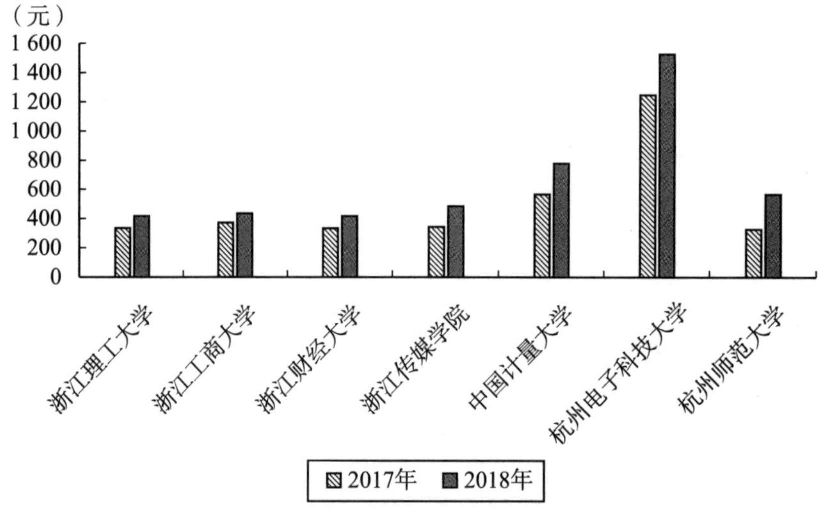

图2　各校生均本科实验经费支出

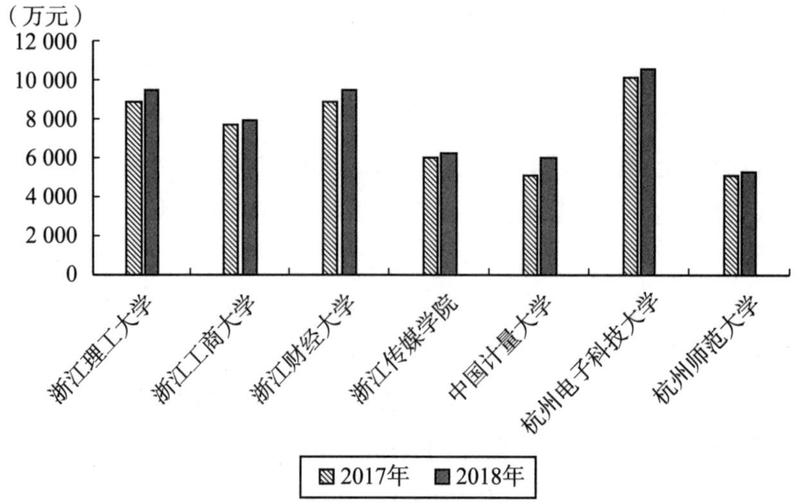

图3　各校教学支出

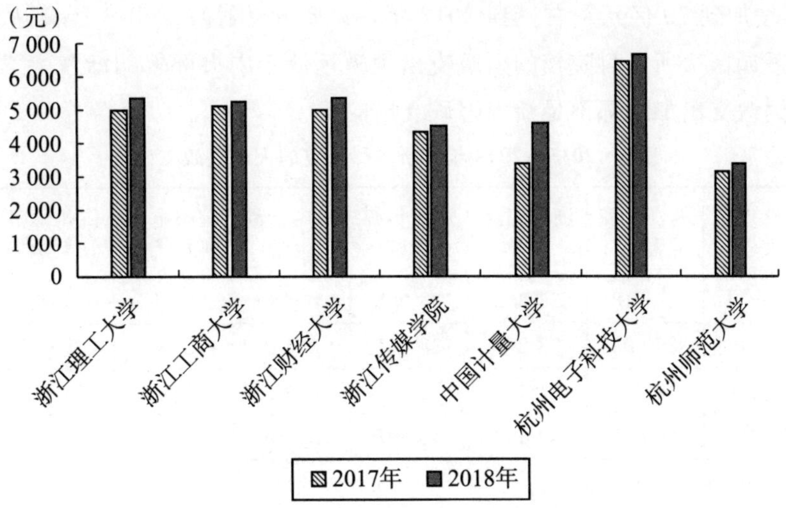

图 4　各校生均教学支出

资料来源：图 1～图 4 数据为笔者根据资料整理所得。

三、现存问题

下沙高教园区 7 所地方本科院校与浙江大学在财政投入规模和科研经费上有较大差距。造成差异的原因主要有以下两点：第一，财政支持模式不同。浙江大学的财政收入是由中央直接下达财政拨款；下沙高教园区本科院校的财政资金则是由当地的地方政府支持。第二，学校基础实力悬殊。除去财政拨款数量外，在人才素质、科研水平及师资力量等方面，下沙高教园区本科院校的水平都是逊色于浙江大学。然而这些方面在一定程度上又会影响财政支持力度。

1. 财政投入规模不足

根据 2015～2018 年下沙高教园区各本科院校不同收入的占比总结出，财政拨款收入是财政支持最重要的组成要素，在一定程度上能代表财政支持的力度。通过查阅 2015～2018 年浙江教育厅分单位的支出决算和各院校的部门决算的数据，归纳了以下的表格：

表 3　2015～2018 年 8 所各本科院校的财政支出　　单位：万元

年份	浙江理工大学	浙江工商大学	浙江财经大学	浙江传媒学院	中国计量大学	杭州电子科技大学	杭州师范大学	浙江大学
2015	87 300.52	90 145.87	54 924.20	45 002.66	71 936.02	103 372.68	141 532.49	987 085.67
2016	94 182.85	89 047.70	58 241.73	45 743.14	75 054.45	103 675.48	134 012.24	1 080 505.26
2017	116 681.57	89 712.59	83 765.89	54 453.29	73 663.99	119 540.64	156 033.95	1 139 782.83
2018	120 386.84	100 344.42	96 084.43	61 758.48	80 204.89	136 700.41	231 119.31	1 276 908.34

资料来源：笔者根据资料整理所得。

根据表 3 可以看出，2015～2018 年各校的财政支出不断增加，但地方院校与部属院校财政规模完全不在一个量级。2015～2016 年 7 所院校的财政支出总和约为 60 亿元，2017 年增加到 70 亿元左右，到 2018 年，7 所高校财政支出合计高达 82.9 亿元。但是下沙高教园区 7 所本科院校的财政支出规模远低于中央部署的浙江大学，即使将 7 所地方高校财政支出加总都不足浙大财政支出的 70%。

表 4　2015～2018 年 8 所本科院校的人均财政支出　　单位：元

年份	浙江理工大学	浙江工商大学	浙江财经大学	浙江传媒学院	中国计量大学	杭州电子科技大学	杭州师范大学	浙江大学
2015	43 650	39 218	36 386	33 908	44 960	52 317	75 698	213 093
2016	44 849	37 008	38 277	38 811	45 815	52 361	67 937	230 042
2017	53 037	45 449	54 475	34 314	44 221	60 374	93 272	233 744
2018	53 413	50 836	60 663	43 897	45 756	64 336	115 519	224 129

资料来源：笔者根据资料整理所得。

如表 4 所示，从人均来看，7 所地方本科院校的人均财政支出远远小于浙江大学，其中相差最大的是，2015 年浙江大学的人均财政支出是浙江传媒学院的 6.28 倍。但是各地方院校人均财政支出与浙江大学的相对差距有一定幅度的缩小。

2. 科研经费支持力度不够

高校的科研水平已经成为高校发展水平的重要因素之一，高校在科技创新体系中也成为重要的组成部分。科研经费是高校进行科研活动的基础保证。

从表 5 可以看出，下沙高教园区 7 所本科院校的科研经费在 2015～2017 年只是略微上涨，到 2018 年，科研支出才有了明显的提升，但相较于浙江大学的量级仍然难以望其项背。2015～2017 年 7 校科研经费总和甚至只有浙江大学的 30%多，2018 年相对差距有所缩小，但 7 校科研经费总和也仅仅只有浙江大学的 50%。较前文所述财政总规模相对差距更大。

表 5　2015～2018 年各本科院校科研经费　　单位：万元

年份	浙江理工大学	浙江工商大学	浙江财经大学	浙江传媒学院	中国计量大学	杭州电子科技大学	杭州师范大学	浙江大学
2015	937.40	1 171.75	234.35	66.96	903.92	1 004.36	1 037.83	16 069.68
2016	1 375.03	1 245.65	314.29	117.86	1 257.17	1 257.17	1 375.03	21 214.76
2017	1 493.10	1 398.21	390.29	158.69	1 335.15	1 389.91	1 595.50	21 766.50
2018	3 094.19	1 588.70	489.68	222.36	2 950.68	3 956.40	1 881.52	25 929.52

资料来源：笔者根据资料整理所得。

从表 6 可知，每位教师科研费用总体逐渐提高，且 2017～2018 年的上涨幅度最大。与浙江大学相比，各院校的人均科研经费较少。由此可以看出下沙高教园区本科院校科研拨款的总规模和人均科研经费都较少，这在一定程度上会阻碍下沙高教园区高校科研水平的提高，影响高校与周边企业的科技交流，滞缓杭州市经济开发区科研人才的优化和科研成果的产出，不利于浙江省创建高水平的研究型高校。

表6 2015～2018年各本科院校人均科研经费 单位：元

年份	浙江理工大学	浙江工商大学	浙江财经大学	浙江传媒学院	中国计量大学	杭州电子科技大学	杭州师范大学	浙江大学
2015	6 249	9 013	2 323	937	10 044	6 994	7 172	46 755
2016	9 046	8 962	2 993	1 473	12 776	8 381	8 871	58 914
2017	9 759	9 428	3 594	1 935	13 115	9 266	11 784	62 154
2018	19 924	12 036	4 472	2 433	24 548	26 201	13 241	69 367

资料来源：笔者根据资料整理所得。

四、结论及对策建议

1. 加大对地方院校的财政投入

由各个院校的经费构成可见，大学发展经费主要来源于财政拨款，所以财政投入规模直接影响学校发展。所以要重视地方本科院校的人才培养就需提高财政收入规模，然而地方财政与中央财政毕竟不在一个量级，地方院校无法在财政绝对规模上与部属大学相抗衡，但是又不适合引入中央资金，过少无济于事，过多中央财政资金也不堪其重，而且因为地方政府重视地方高校的理由便是其吸纳当地生源的能力，以及毕业生对当地企事业单位输送人才的能力，若是引入中央资金就会使招生指标趋向全国招生，从而使毕业生留在本地建设当地经济的比重大大降低。所以，地方性高等院校归根到底只能自救。富裕省份如浙江省应充分利用本省相对富余的财政与活跃的民营经济，压缩行政上不必要的经费，再穷不能穷教育，积极提高财政支出在高等教育方面的比重，以及考虑适当引入少量社会资本，丰富高校收入构成，缓解财政压力，引入市场活力。另外也可适当创新高校经费支持模式，借鉴国外高校资金筹集经验，成立地方专项教育基金管理机构，该机构所得到的教育基金专门用于地方高校的教育事业发展；或者由于教育有较大正外部性和回报率，可以适当推行教育债券。

2. 增加地方院校科研支出的权重

科研经费是高校财政支出最重要的一块。地方院校要想发展，获得更好成绩，从而获得更好的资源，就要大力发展科研。刚经历过高考进入高校的学生就是一块璞玉，后来的发展很大程度是受高校教师的科研氛围与教学水平的影响。提高科研经费一方面，可以有更好的设备和开展科研活动来提高高校科研教学水平；另一方面，通过吸引社会上的优秀人才进入高等教育领域，从而提高教师素质。如近年一些中小学花重金吸引清华北大毕业生来任教，以求高投入获得高回报；又如高校教师们的“孔雀东南飞”现象，中西部地区高校人才流失到东部沿海经济发达地区的高校。但是，虽然有一些中西部地区高校人才流动到东部地方高校，但也会有一部分地方高校教师流动到“双一流”高校，他们都是为了获得更高的平台和更好的收入。且地方高校为了吸引高层次人才，会在经费上有大幅度倾向性，一定程度上也导致普通的高校教师收入较低，在社会上的收入水平属中等甚至中等偏下水平，国内高校教师待遇与国外多数国家差距明显。这对提升教学科研积极性，以及吸引社会上优秀人才进入高等教育界是个直接的阻碍，还会造成一些高校教师科研的功利性，仅求好写、快发、高发，而缺少有趣、有意义的研究。所以，在加大财政投入高等教育的同时，还应该加大科研经费比重，适当提高高校教师待遇。

参考文献

［1］付八军，汪辉．地方本科院校如何实现应用转向——基于两校经费收支结构的比较［J］．教育发展研究，2018（21）：6—11，31．

［2］黄快林．国内外高校财政经费投入模式比较分析及启示［J］．湖南人文科技学院学报，2016（3）：50—55．

［3］李秀春．内涵式发展视角下高等学校拨款制度研究［J］．中国集体经济，2017（24）：53—54．

［4］李永宁．中美高等教育拨款制度比较及其启示［J］．国家教育行政学院学报，2015（12）．

［5］刘琦．中国高等教育公平问题研究——基于公共财政视角［J］．山东财经大学学报，2012（5）．

［6］汪明义．对地方本科院校转型发展的思考［J］．中国高等教育，2016（4）．

［7］张蕾，黄永芬，邱世凤．我国绩效型高等教育财政拨款研究趋势演进［J］．成都大学学报（社会科学版），2018（2）．

［8］章翔．安徽省高等院校财政支出绩效评价体系与财政拨款方式研究［J］．安庆师范大学学报，2018（6）．

［9］郑彬博，张雷宝，曾潞潞．我国优质高等教育机会省际不均等的成因及对策研究——基于省际面板数据的经验证据［J］．高等教育评论，2019，7（1）：159—169．

构建科学合理的县乡财政体制研究

——以县级财政海宁市为例

蒋雪标　周益超　陈　兰

（浙江省海宁市财政局，浙江 海宁 314400）

摘　要：镇财政作为我国公共财政体系中的基础环节，是实现全市高质量发展的重要保障。目前，县乡财政体制中还存在一些与社会管理需求不相适应的情况，制约了镇职能的有效发挥。从推动事权财权统一、加强乡镇预算管理、防范乡镇财政运行风险等方面着手，分析目前县乡财政体制运行中存在的问题，并提出改善建议。

关键词：财政体制；事权财权；预算管理；监督

一、海宁市乡镇财政管理体制现状

镇财政作为我国公共财政体系中的基础环节，是实现全市高质量发展的重要保障。浙江省委十四届六次全会明确高水平推进省域治理现代化有关要求，将激发乡镇发展经济的内生动力和活力，更好地发挥乡镇财政在基层治理中的基础和重要支撑作用作为重要内容。构建科学合理的县乡财政体制，有助于进一步统筹推进城乡协同发展，共同推进海宁市社会经济的和谐稳定发展。

海宁市近年来不断优化市与镇财政管理机制。一是坚持收入和财力向乡镇倾斜原则，不断加强对镇级一般性转移支付力度，保障基层运行和基本民生托底。二是明确“财政事权与支出责任相统一、保基本与促发展相兼顾”，规定不同类型事权对应的市镇分级承担比例，有效助推镇级提升基本公共服务水平。三是按照分类指导要求，在综合考虑基层税源、财政收支规模等因素基础上，因地制宜、分类管理。

（一）近一轮制度建设情况

1. 制定市镇财政管理体制总体文件

海宁市人民政府于 2017 年 7 月制定出台了《海宁市人民政府关于进一步完善镇（街道、发展平台）财政管理体制意见的通知》。按照“保运行、促发展”的原则，确定了“划分收支范围、核定收支基数、超收超率累进分成、欠收相应赔补、自求财力平衡”的管理模式，实行时间 5 年，其中，街道比照镇级财政进行管理。

2. 配套出台小城市试点单位重点扶持政策

针对嘉兴市和省级小城市试点单位单独出台财政管理体制，以照试点镇上 1 年地方财政收入为基数，将增量地方留成部分全额返还，并明确试点镇经济发展、社会管理、社会事业等各类财政奖励、补助政策，由试点镇全额承担。

3. 新增政府派出机构体制文件

2017 年，海宁市新设立海宁鹃湖国际科技城管理委员会，作为海宁市政府派出机构，主管科技城区域科研发展等。2018 年，出台专门体制政策，确立了“划分范围、全额分成、封闭运行、自求平衡”的财政管理体制。

（二）财政体制设置情况

1. 按照财政管理体制文件，以事权和财权相统一原则划分收支范围

（1）按照预算级次和属地原则划分收入范围。

按照预算级次和属地等原则进行划分，按属地除规定为市级及以上的收入，包括各镇（街道、发展平台）行政区域内所属单位（其中，两个街道企业仅列入第三产业企业）和个人缴纳的增值税 50％部分（含免抵调）、企业所得税 40％部分、个人所得税 40％部分、城市维护建设税、房产税、印花税、城镇土地使用税等收入。

（2）根据财权事权对等原则确定财政支出范围。

根据财权事权对等原则，镇（街道、发展平台）应承担本级机关运行，以及辖区内经济、社会事业发展和社会稳定所需的支出。同时，根据海宁市统一部署，对确需出台政策进行专项补助的，按照市镇（街道）两级不同的财政事权，实施分类分级承担，具体为：公共基础设施建设、社会事业发展设施建设按 30％左右的比例进行补助；社会管理按 50％左右的比例进行补助；社会保障按 70％比例（城镇居民除外）进行补助；其他按不超过 50％的比例进行补助。

2. 大幅提升基层财力保障水平

按行政区域面积、户籍人数和新居民人数、社保经费、行政事业机构人员等多项指标，综合计算并设立镇（街道）基本财力保障基数，按 5％逐年递增，确保在经济缓行期，基层有充足财力保运行。

3. 设立激励分成机制

对镇（街道、平台）当年度一般公共预算收入超基数部分，按镇 80％、街道 55％、发展平台 70％进行增量分成，在此基础上增设激励分成，对超市均及增幅 10 个百分点以上部分，分成比例再增加 10％（最高不超 100％），以此促进基层加快发展。

4. 设置分类专项奖励

对房地产业、建筑业等易流动税源，以及基层上缴市财政的罚没款收入，采取年末专项奖励的方式，结算返还镇（街道、平台），其中，房地产业、建筑业按当年度缴纳增值税地方留存部分的 10％结算奖励、罚没款收入按地方留存部分的 80％结算奖励。

5. 完善扶持企业资金承担机制

海宁市委、市政府出台对企业的各类财政扶持、奖励政策兑现的资金，由镇（街道、平台）按上年基本增量分成比例进行承担，最多承担至基本财力保障基数或上年固定财力。

（三）体制运行情况

本轮体制实行初期，运行成效显著，不仅实现了“保运转、保民生、促发展”的总体目标，而且有效调动了市镇两级发展积极性，保障了全市经济社会平稳、健康的可持续发展。2017 年镇（街道、发展平台）一般公共预算收入呈现快速上升态势，同比增长 22%，其中乡镇涨幅达到了 38.7%。2018 年虽然增速放缓，但是仍保持了增长势头，同比增长 4.4%，其中，平台经济持续发力增长 13.4%。乡镇财力也保持同步稳定增长（见表 1、表 2）。

表 1　镇（街道、平台）一般公共预算收支情况表

单位	一般公共预算收入						一般公共预算支出					
	2017 年（亿元）	同比增速（%）	2018 年（亿元）	同比增速（%）	2019 年（亿元）	同比增速（%）	2017 年（亿元）	同比增速（%）	2018 年（亿元）	同比增速（%）	2019 年（亿元）	同比增速（%）
合计	43.8	22.0	45.7	4.4	42.8	−6.4	22.8	5.4	22.2	−2.8	25.9	16.7
镇	22.3	38.7	21.4	−4.0	18.9	−11.7	11.1	26.4	10.1	−9.3	12.8	27.2
街道	2.0	12.6	2.2	10.8	2.2	−1.3	1.5	−8.4	1.7	14.4	1.8	5.7
平台	19.5	8.0	22.1	13.4	21.7	−1.8	10.2	−9.1	10.4	1.6	11.3	8.4

注：2018 年因机构改革，海昌街道和海宁经济开发区合并，计入平台统计，2017 年已同口径调整（下同）。

资料来源：笔者根据工作资料整理所得。

表 2　镇（街道、平台）乡镇财力和一般公共预算收入分析表

单位	2017 年财力（亿元）	其中一般转移支付（亿元）	专项支付（亿元）	占一般公共预算收入（%）	2018 年财力（亿元）	其中一般转移支付（亿元）	专项支付（亿元）	占一般公共预算收入（%）	2019 年财力（亿元）	其中一般转移支付（亿元）	专项支付（亿元）	占一般公共预算收入（%）
合计	23.1	14.8	8.3	52.7	22.6	15.1	7.5	49.5	26	12.7	13.3	60.7
镇	11	6.9	4.1	49.3	10.4	6.6	3.7	48.6	12.7	5	7.6	67.2
街道	1.6	1.3	0.4	80	1.7	1	0.7	77.3	2	1.1	0.9	90.9
平台	10.5	6.6	3.8	53.8	10.5	7.5	3.1	47.5	11.3	6.6	4.8	52.1

注：财力计算未包含政府性基金。

资料来源：笔者根据工作资料整理所得。

2019 年开始，受减税降费等内部政策性因素和国际贸易摩擦等外部因素影响，镇（街道、发展平台）一般公共预算收入增速开始回落，2019 年同比增速下降到−6.4%，特别是乡镇收入降幅较大，2019 年下降 11.7%。但是 2019 年乡镇财力同比增长 15.0%，主要是因为市级财政按照不低于基本财力保障基数，向乡镇大幅倾斜财力，保障乡镇发展。2020 年，受新冠肺炎疫情，以及复杂多变的国内外环境变化、减税降费等因素叠加影响，预计镇（街道、发展平台）一般公共预算收入下降 10.0%。而一般公共预算支出受人员薪酬、机构运行、民生保障等刚性支出增长影响，呈逐年递增趋势，特别是2019年同比增幅高达16.7%，其中，乡镇增幅达到了27.2%，收支矛盾不断加剧。

从收支整体情况来看，虽然本轮体制在设立时发挥了很好的作用，调动了基层发展经济、增值财源的积极性，保障基层经济社会的持续稳定发展。但是随着外部环境变化、内部减税降费政策的不断深入和民生保障、基本建设投资需求，以及机构人员的不断增多，单靠财政体制收入保障已无法满足急剧增长的资金需求，体制的激励作用难以显现。

二、现行财政体制存在的主要问题

随着经济社会的不断发展和政府职能的变化，体制运行中也暴露出以下问题：

（一）事权随意扩大，导致财权与事权的划分脱节

乡镇事权被随意扩大，导致资金支出需求也不断增加，与财权发生脱节。乡镇作为基层单位，除了做好辖区内的工作，同时要完成“五水共治”“拆迁拆违”等工作。随着经济社会发展，财政支出逐步由“保基本”向“提质量”转变，财政收支矛盾愈发明显，部分乡镇还自我加压，随意提高支出标准，甚至建设形象工程，进一步加剧矛盾。为完成“扩大”的事权，在人员编制有限的情况下，各镇（街道、发展平台）在编制外招聘了大量岗位合同人员，辅警、协管员、社区专职工作者、专职消防员及各种名目繁多的合同人员，数量已经远远超过正式行政编制和事业编制人员，对镇级财政支出带来较大影响。例如，A镇有行政事业编制304人，合同人员1 010人，2019年度人员支出16 677万元，占当年财政体制分成收入（23 008万元）的72.48%（部分人员经费包含在项目支出中，如社区人员经费支出）。且海宁市未对乡镇招聘的岗位合同人员薪酬标准进行统一，例如，B镇镇聘人员约7万元/人/年，A类部门聘用人员约10万元/人/、C类部门聘用人员（劳务派遣）约5万元/人/年；C镇自聘人员约10万/人/年、部门聘人员约5万/人/年，标准各不相同。事权的随意扩大，导致实际财政供养责任不断扩大，财政负担较重，大部分镇级财政的体制结算收入只能满足机构运行、人员经费及基本社保等支出。

（二）脱离财力搞建设，上项目缺乏科学论证

乡镇脱离财力搞整治、建设，造成债务余额较大，还本付息压力较大。近年来，基层着力于改善农村基础设施和人居环境，在美丽乡村建设、基础设施建设等方面大量投入资金，远超财政可承受能力。同时，为加快建设发展，乡镇还存在政企不分、违规举债等问题，通过国资公司大规模举债，脱离自身实际偿债能力，造成债务规模急剧增加；为推动区域经济发展，迎合各类产值考核等指标，乡镇在上项目时也没有立足实际进行科学系统的论证，决策程序不够严密，导致出现了重政绩不重经济效益、重数量不重质量、重复建设浪费资金和资源等问题。乡镇在招商引资时，为吸引企业落户，还在市级已有政策基础上层层加码，自行出台各类涉企扶持政策，企业扶持资金规模远远超

出基层经济发展能力和现有财力水平，造成基层财政运行非常紧张。例如，有些乡镇原计划将新建的工业园区标准厂房出租作为还债来源，但是为了完成乡镇重点工作，如为了完成招商引资任务，直接出台政策规定减免 3 年房租，这也意味着 3 年内的还债来源缺失，进一步增加了镇级财政压力。

（三）财政体制测算不确定因素较多，镇级财政可持续性较差

乡镇体制收入测算准确度不高，主要是受外部政策影响较大。如政策环境上，2019 年实施的留抵税退税政策，对乡镇体制结算带来较大冲击，特别是部分重资产企业在注册地享受大额留抵税退税，对所在乡镇体制收入影响很大，而且这些企业还享受各种招商引资政策，未来几年的地方贡献也微乎其微。如经济环境上，受 2020 年的新型冠状病毒肺炎疫情影响，对乡镇经济特别是外向型经济占比较大的乡镇影响很大，在年初测算收入时无法考虑到该因素。小城市试点单位体制和面上体制两套体制同步运行，各类奖补、扣减事项繁多，结算复杂，较难及时准确测算镇级财力，且在体制施行期间，陆续新增大企业“一企一策”企业奖励政策，为确保镇级财力平衡，对“一企一策”企业不列入体制结算，对基层财力测算带来较大影响。镇（街道）财政运行基本财力保障制度的实施，虽然保障了镇级的财力和基本运转，但这种“包盈不包亏”的做法，当乡镇出现收支缺口时，要求市级财政给予补助或者伸手找市级财政临时借款，导致财力下移、缺口上移，甚至托底政策还可能变成“甩锅”政策，乡镇对项目的落实和企业的补助过度依赖市级帮助承担，使得本该由乡镇承担的项目费用由市级承担后无法扣回。同时，乡镇过多倚重企业资金，对体制资金越来越忽视，加之缺少严格有效的考核激励机制，导致乡镇自求平衡能力较弱，不利于提高乡镇谋求发展的主动性和创造力。例如，2019 年度 C 镇应分得体制收入 2 276 万元，按照最低基本财力保障基数加困难补助实际分得 5 416 万元，体制收入远远大于实际贡献，镇级收入明显动力不足，也加重了市级财政压力。

（四）转移支付制度有待完善

虽然在新一轮体制中，海宁市财政已进一步规范了转移支付分配机制，将全市专项资金进行有效整合，并对农村公共基础设施、社会管理和社会事业、社会保障等各种项目类型明确了市补比例。但在体制基调确定的前提下，市镇两级还是存在“特事特办”的情况，如通过“一事一议”、会议纪要等方式开口子。同时，现行转移支付项目仍较为繁多，且专项转移支付比重过高，转移支付方式不够完整、规范，基层财政对许多专项资金控制能力不足，使得资金使用效率不高。

（五）问责追责机制不全

建立健全政府问责机制，是提高乡镇政府公信力的重要举措，而实践中，问责追责机制尚不健全。例如部分乡镇未建立健全预算管理、资产管理、合同管理等内控制度和财政财务制度，存在预算编制不够科学细致、内控制度未落到实处、资产管理不完善、

资金支出不合规、财务处理不规范、建设项目不规范等问题，不仅影响了资金使用效率，也存在资金安全风险，但是未纳入对领导干部考核评价范畴，未落实对相关责任人员的追责问责。

三、构建科学合理的县乡财政体制的建议

（一）建立事权法定制度，合理确定事权

科学界定财政事权范围和支出范围。在新一轮体制改革中，结合乡镇政府职能、管理权限和本轮体制实施情况，对现行市、镇两级财政事权做进一步全面清理，按照财权事权和支出责任相适应、适度上移支出责任原则，合理确定县乡政府财权事权和支出责任。县级及以上政府（部门）出台政策时，应加强调研，以不影响基层原有财政体制的运行为前提，出台扩面提标政策增加乡镇支出责任的，要加强事前评估论证，对属于乡镇的支出责任，在保证乡镇基本运转的基础上，由乡镇自主保障。考虑大额留抵退税等政策对地方的巨大影响，乡镇应当及时同步调整招商引资相关政策，确保地方经济的可持续发展。财政体制一旦制定后，不得随意出台影响体制结算的文件。

（二）建立科学决策机制，防止脱离财力搞建设

乡镇政府应当立足实际，建立科学合理的决策机制，加强对建设项目的论证和监管，不断完善考核机制，将考核目标与可持续发展、政府债务风险防控等挂钩，推动基层政府树立正确的政绩观，做到建设发展与经济社会发展水平相适应；合理安排政府投资和建设项目，严控投资规模，严禁搞“高负债”建设，建立健全项目终身负责制，确保基层财政可持续发展。同时，树立发展的思想，加快“低散乱”腾退进度，加大招商选资力度，瞄准世界500强、高质量外资、行业龙头企业等，主攻“大好高”项目来海宁市投资兴业，同时，做大本地企业，兼顾“小精快”行业，大力发展实体经济，企业扶持政策兑现不允许突破企业地方财政贡献，积极培植财源，做大财政蛋糕。盘活存量资产，合理把握土地出让节奏，将所有收入纳入预算管理。完善项目储备，优化支出台账，对上年度预算执行过慢单位或项目，采取压缩下年预算等方式加快预算执行进度。建立促进乡镇财政收支平衡的长效约束激励机制，调整困难补助举措，探索以奖代补机制和临时救助机制，对调整完善后的基层财政管理体制适时开展阶段性评估，对实施效果进行评价，多措并举充分调动乡镇加快经济社会事业发展的积极性。

（三）进一步完善转移支付制度

建立科学的转移支付制度，完善一般性转移支付增长机制，加大一般性转移支付力度，减少专项转移支付。继续大力清理、整合、规范专项转移支付，明确责任主体，按照事权和财权相配套的原则，认真清理现行配套政策，修订完善资金管理办法，提高资金使用效率。严格执行2020年8月海宁市人民政府办公室印发的《海宁市市级财政专

项资金管理办法（2020年修订）》。市财政已经联合相关部门及时修订完善了32个专项资金管理办法，加强了专项资金预算分析和综合性评估，强化了绩效评估结果应用和竞争性分配，并指导和监督部门及乡镇严格按照上级部门和海宁市出台的各资金管理办法使用资金，特别是针对涉农惠民、扶贫资金，要跟进督导落实，对分配到人（户）的惠农民生补助资金，全部纳入乡镇公共财政服务平台，通过一卡通发放，提升资金管理使用效率和安全。

（四）不断加大监督检查力度

要加强镇级财政管理，坚持“无预算不支出”原则。严格执行预算法等法律法规，坚持量入为出、有保有压地编制支出预算体系，自求平衡，不得列赤字预算。规范资金支出和集中支付管理，切实提升预算执行的约束力。加强村级财务管理，协助建立健全财务公开、村级财务管理等制度，并对财政资金使用情况实施监管。建立健全内控管理机制，有效防控乡镇财政运行风险，开展镇（街道）级财政运行综合绩效评价，做到“支出必问效，无效必问责”，提高基层政府的公共服务水平和财政资金使用绩效。严格落实政务公开制度，及时公开预决算公开、财政收支情况等重要内容，主动接受社会公众监督。充分发挥乡镇财政机构就近就地监管职能作用，认真负责做好日常监督管理工作，例如，预决算公开检查、资金安全抽查巡查、资金公开公示等，并及时向上级有关部门反馈相关资金监管问题。充分发挥人大、监察（纪委）、审计等部门的监督作用，依法加强对乡镇财政预算安排、预算执行和决算的审核审计，加强对乡镇党委政府负责人任期和离任经济责任审计，形成有效的监督制衡机制。对监督检查中发现的违纪违规行为，严格按照有关规定进行处理，严厉追究有关单位和个人的责任。

参考文献

[1] 李威，史钰清，严中柱．关于乡镇扩权的实践和思考——以江苏省淮安市乡镇行政管理体制改革为例 [J]．机构与行政，2020（1）．

[2] 王伟同，徐溶壑，周佳音．县乡财政体制改革：逻辑、现状与改革方向 [J]．地方财政研究，2019（11）．

[3] 王跃锋．做好乡镇财政工作的几点思考 [N]．山西经济日报，2019－06－04（7）．

[4] 武京建．深化县乡财政体制改革的实践与探索 [J]．中国乡镇企业会计，2018（1）．

[5] 周少来．乡镇政府体制性困局及其应对 [J]．甘肃社会科学，2019（6）．

海宁市“互联网＋税务”背景下深化税务营商环境的研究

郁　晓　黄　韬

（浙江财经大学东方学院，浙江 海宁 314408；浙江财经大学，浙江 杭州 310018）

摘　要：在信息化时代，互联网技术与各个行业息息相关，自2015年印发《“互联网＋税务”行动计划》后，制定的各项相关税收政策，有效降低了纳税人、缴费人交易成本，确保减税降费政策落地生根，优化了营商环境。《2019年营商环境报告》显示，我国营商环境世界排名第46位，较之前提升了50位。这主要受益于最近几年“互联网＋税务”行动计划所带来的政策红利。本文基于海宁市税务局的案例实体，通过了解海宁市税务局纳税现状，同时结合相关问卷调查，发现“互联网＋税务”优化营商环境建设中的问题，为更好地推进海宁市纳税工作提供帮助。

关键词：“互联网＋税务”；营商环境；税收征管；纳税服务

一、相关概念

（一）“互联网＋税务”

“互联网＋”是伴随互联网的高速发展诞生的，是将互联网和具体的产业相结合，使得传统行业迈入全新的发展模式。用互联网这一工具及其相关智能基础设施，融入相关产业，使得产业发展将会变得更加便捷、高效和充满创新性，并提升国民经济的水平和效率，经济的未来发展形势也将因“互联网＋”出现翻天覆地的变化，“互联网＋”的建设包括大数据、云计算、区块链、智慧城市等的建设，这是信息革命的必然结果，也是适应未来的选择。

税务改革结合“互联网＋”这一工具，获得了更为广阔的发展前途，在2015年印发的《“互联网＋税务”行动计划》中提出，把互联网的创新成果与税收工作深度融合，拓展信息化应用领域，推动效率提升和管理变革，这是在互联网高速发展背景下的，实现税收现代化的必由之路。

（二）“互联网＋税务”与营商环境关系

良好的营商环境有利于吸引高端资本投入，利于提升国家综合实力；不但主推经济的稳定增长，还有利于中小企业的自主创新。党中央国务院高度重视营商环境，自2013年以来，就开始在税收领域推出"放管服"改革措施，激发市场活力，自此，我国营商环境逐渐开始改善。

优化营商环境当中，税务营商环境的重要性也愈加突出。由于税负轻重与企业利润直接挂钩，使得投资流向发生改变，一个国家的税收管理水平决定了企业纳税成本的高低，因此，良好的税务营商环境就是好的生产力。

"互联网+税务"的结合，诞生了电子税局、电子发票等新兴产物。这些服务的升级，有效降低了纳税人交易成本，确保减税降费政策落地生根，激发市场主体活力，优化营商环境。2018年3月30日，在"优化税收营商环境，助力经济高质量发展"主题座谈会中提出，国家税务总局加快推进"互联网+税务"行动计划，在全国范围内推出统一规范的电子税务局，在2019年，"互联网+税务"进一步发展，电子发票使用范围扩大，缴纳税费渠道多元化发展，支付宝、微信等第三方为纳税人、缴费人提供便利。"互联网+税务"的发展通过减少市场主体的纳税成本，优化营商环境。

二、海宁市"互联网+税务"对于营商环境的贡献

（一）多角度分析海宁市税务局出台的相关政策

自从2015年中央印发了《"互联网+税务"行动计划》，海宁市税务局也出台多项政策，致力于通过"互联网+税务"的模式优化税务营商环境。2019年，是嘉兴"营商环境建设年"，因此，海宁市针对企业开办、纳税申报、财产登记等领域创新出台了16个营商环境专项方案。另外，海宁市税务局也推出了《海宁市优化营商环境纳税便利化行动方案》。本文将从以下四个角度分析相关税收政策对于海宁税收营商环境的贡献。

第一，办税服务方面，海宁市税务局自2015年以来，大力推广网上办税服务厅，即浙江省电子税务局一体化互联网办税服务平台，纳税人可完成95%以上的零上门涉税业务，力图打造"互联网+税务"的新型纳税服务模式，使得纳税人可以足不出户地在网上查询涉税信息，在线办理纳税申报、税款缴纳等多项涉税业务，极大地方便了纳税人，同时有效缓解了大厅的人流压力，分流了办税前台的部分涉税业务，减轻窗口工作人员的工作量，提高了办税服务效率，有利于从根本上提升办税水平。

在企业纳税这方面，海宁市税务局积极延伸了办税服务厅的服务点，入驻各区的行政服务中心，打通了"最后1公里"，使得纳税人可以在家门口办理涉税事项。另外，24小时的自助办税区，实现涉税事项办理、政策宣传、税务咨询，纳税人意见建议收集"一站式"服务。自延伸服务点设立以来，纳税人办税时间缩短一半以上。2019年，海宁市税务局通过与海宁市农商银行合作，设立税银合作服务站，实行无税务分局网点全覆盖，打造"15分钟办税圈"，实现不动产交易申报、纳税"一网通办"。而"互联网+税务"、在与金融机构的"最后1公里"也逐渐被打通，使得纳税人可以更加方便快捷地办理涉税业务。

在企业退税这一方面，海宁市局成立减税降费退税专项工作组，建立退税办理前后台一体化联动机制。对内梳理退税流程，缩短审批时限；对外推出“无纸化”退税办法，实现纳税人“一次不用跑”，对于符合条件的纳税人，引导纳税人通过电子税务局在线办理误收多缴、入库减免、汇算清缴、结算多缴等一般退抵税服务，各流转环节均实行无纸化操作。

第二，发票服务方面，纳税人申领、开具、流转、查验电子发票等都可以通过税务机关统一的电子发票管理系统在网上进行，其法律效力、基本用途、基本使用规定等与税务机关监制的纸质发票完全相同。使用电子发票还具有有利于降低开票成本，开票更快、储存更便利，减轻企业财务工作负担等优势。目前，海宁市税务局大力推行电子发票，并在所属街道开始全面推广使用电子发票。

2018 年 7 月 9 日起，自然人代开普通发票新功能将在浙江省全省范围内上线，个人通过手机支付宝就可以快速完成代开增值税普通发票业务。在互联网快速发展、高度联网的今天，手机代开普通发票更加便捷。一是全程在线开票，系统会自动进行检验，缩短了纳税人的等待时间。二是纳税人可以通过多个渠道取得代开的纸质发票，例如，快递、前台打印或者自助终端取票等，很好地满足纳税人的需求。在海宁市，正在逐步实现申购发票快递政府购买服务。三是在发票类型上增加电子发票的选择，开具成功后将会通过邮件形式发送给纳税人，这使得纳税人甚至可以足不出户就办理好涉税业务。

第三，智能应用方面，智能应用在税务局包括智能咨询，涉税大数据，以及税务学堂等多个功能，这些功能可以满足纳税者对于税收政策的及时了解，以及正确的办税流程。在 2020 年疫情期间，海宁市税务局积极推行“非接触式”办税模式，在盐官镇税务所打造了嘉兴市首个“云上服务厅”，率先实现涉税事项全面网上办理，“云上服务厅”使得纳税人通过身份验证、视频通话、资料收集实现线上受理、审核、答疑、处理等全流程业务办理。另外，还搭建税企“云上会客厅”，云端连线开展税企共建活动、“一对一”精准帮扶，使得企业面对的复杂涉税问题可以得到很好的解决。海宁市税务部门通过“云上”智能应用的协助，使得纳税人享受到网上办税和及时了解税收政策的便利。

第四，信息服务方面，信息服务包括多方面，例如，信息公开，数据共享等。海宁市税务局信息公开的渠道，以税务局网站、办税大厅公告、宣传册子、微信公众号等来提供信息，这些信息包括税收政策，办税指南，部门组织结构和制度等。线下依靠企业与税务部门的座谈会，举办相关讲座等来实现信息公开。现如今，在这个大数据时代，海宁市税务局开始使用微博、微信等工具，扩大了信息的覆盖面，建立税企交流群进行沟通交流，另外，还通过直播间的在线讲授税务网课，对最新政策等内容进行详细宣传与解读。

（二）“互联网＋税务”对于海宁市税务营商环境的改善

一般来说，税收营商环境通常通过纳税人或者缴费人从开办初期到注销登记的整个过程，包括征税效率、纳税服务质量、征管体制、纳税成本、信息化建设、税收的满意程度等，评价指标也是由这几个方面衍生开，例如，征税体制可以从纳税时间、纳税次数等来评判，办税效率可以从缴纳税费时间、开办企业时间等进行评价，税收满意度可以根据政策宣传、办税环境、办税服务等进行调查，税费负担可从纳税人直接和间接承担的费用来统计。

在过去的1年当中，“互联网＋税务”使海宁市营商环境得到极大的改善，2019年全年，累计办理完成出口退（免）税61.71亿元，同比降低12.96%，总量继续位居嘉兴县（市、区）局首位。全市累计新增减税降费30.68亿元，其中，税费减免22.68亿元，实现了10个大项、140个子项100%网上办理，95%事项“零上门”。通过全面推广征纳沟通平台，已经有3.3万户企业纳税人已经激活征纳沟通平台，共建立26个税企交流群，以及5个特色交流群。“压缩办税时长，无纸化”退税方式，将退税时间缩短至2个工作日，成立“税银合作服务站”，签约银行已向224户小微企业提供信用贷款1.72亿元，使得企业纳税成本大幅降低①。

（三）纳税人对于海宁市税收营商环境满意度

对于满意度的调查采用了问卷的形式，本次的问卷由两大块内容构成。第一块是问卷受访者的纳税身份个人资料填写；第二块是对于本次调查问题的具体内容，包含纳税人对于电子税局办税、实体办税的体验，以及纳税人对于办税人员辅导互联网办税的满意度等，“互联网＋税务”下的涉税工作整体评价，纳税人对于纳税成本和效率的满意度等。

本次问卷共设置了4个选项，分别是“满意”“基本满意”“不满意”和“不了解”。每道题按照满分50分计算，“满意”设为50分，“基本满意”设为40分，“不满意”设为30分，“不了解”不进行计分，总分采用加权平均计算的方式得出每项的最终分数。

在海宁市的纳税人员中共计发放了300份，收回279份，问卷收回率达到93%，问卷有效率达到92.7%，从中选取了10道比较具有代表性的题目进行分析，其统计结果如表1所示。

表1　纳税者对于海宁市税收营商环境满意度

序号	问卷题目	得分
1	日常工作中，您是否经常选择互联网途径办税？	42
2	请您对市税务局网上办税系统进行评价？	43
3	您认为目前海宁市电子税务局所涵盖功能是否齐全？	42
4	当遇到互联网办税问题时，相关人员的回答您是否满意？	41
5	目前使用电子税务局办理相关税收业务您是否感到便捷？	44
6	请您对税务局办税服务厅服务进行评价：（等候时间、业务水平、服务态度）？	41
7	请您对税务局涉税审批工作进行评价：（审批的透明度、审批的及时性、报送资料的简化程度）？	42

① 海宁市税务局．国家税务总局海宁市税务局2019年工作总结和2020年工作思路［Z］．海宁市人民政府信息公开，2020－02－14．

续表

序号	问卷题目	得分
8	您认为互联网下的 24 小时自助服务办税厅数量和选址是否满意？	42
9	在“互联网＋”下，您的纳税成本是否有所降低？	43
10	您对“互联网＋”下的纳税服务整体印象是否满意？	43

资料来源：笔者根据调查问卷整理所得。

从表 1 的调查结果来看，海宁市税务局对“互联网＋税务”的推行以及实施获得了一定的成效。近些年来一直推行的网上办理税收业务、移动办税和自助办税，使得海宁市的税务营商环境得到了极大的改善，以“互联网＋税务”的方式进行机构改革，使得纳税人的用户体验及其满意度得到了很大提升，在纳税业务办理上节省了大量时间。多元化的纳税方式，以及征税服务和效率的提升，使得税务局走向创新型和智慧型相结合的征管模式。

从表 1 中的得分可以看出，纳税者对于“互联网＋”下的纳税服务以及营商环境还是比较满意的。从得分较低的项目情况来看，纳税者认为电子税务局的功能并不能完全满足他们的日常需要，对于线上不存在的业务，仍需去办税服务厅现场办理，而对于服务厅现场的征税业务办理，也是亟待升级，要将智能化融入现场业务的办理。

三、目前海宁市税务营商环境建设存在的问题

（一）涉税业务仍有提升空间

在申报、缴税等业务流程中，电子系统的自动化有待提升，税务系统内部对于这些业务并未形成一个完整的闭环，各部门对于电子系统的熟悉程度仍缺乏，导致业务流程之间具备一定的时间差。在退税流程当中，无论是出口退税还是留抵退税流程，都有待实现实时性和自动化。不少被调查者反映，由于网上办税页面操作复杂、流程烦琐，导致填写申报表及相关附表遇到困难，希望能够简化流程，实现一键申报。另外电子发票的申领也存在流程复杂等问题，导致纳税人与征税机关的交流成本增加。

（二）信息化建设存在不足

在信息化建设这方面，浙江省走在全国前沿。浙江省一直提倡“最多跑一次”的办事理念，海宁市税务局也秉持这一理念，积极进行信息化建设。但是，大数据却未在“互联网＋”时代中得到很好的运用。目前，大数据建设处于一个刚开始的阶段，税收分析包括税收风险管控和数据指标等的研究。目前，浙江省省一级致力于数据库的建设，而市县却仍然专注于风险控制，对于大数据的分析利用较少。

在逐步跨入 5G 的时代，互联网将会为税务建设提供丰富的资源，信息化平台建设将会更趋向于大数据、云计算，而与税务的合作不仅仅局限于银行，更应该建立与多个

部门间的信息交流。在“互联网＋”时代，海量的涉税信息与纳税人的隐私相关，信息建设技术的不足，极易导致涉税信息的流露。目前，信息平台的安全防护能力存在与海量涉税信息需求的相违背。例如，在2019年，保加利亚爆出史上最大涉税信息泄露案，一位神秘黑客入侵了保加利亚国家税务局税收征管信息系统，下载了其数据库，窃取了纳税人的信息，然后在黑客论坛上公布了下载链接，该事件引发全球关注，随后多个国家立即开展了税务数据安全性的排查工作。因此，信息化平台在带来便利的同时，也对其隐私性和安全性的建设带来挑战。

2019年12月2日，海宁市长安镇的杭海新区政务服务中心设立了“杭州办事服务”综合自助机，可办理杭州市232个政务服务和证明事项。同时，杭州市钱塘新区行政服务中心下沙分中心增设了海宁市民之窗自助服务终端，可办理海宁市472个政务服务事项，实现28类证明自助打印。就税务服务而言，涵盖了办税指南、A级纳税人、增值税普通电子发票代开等多个办税事项，为杭州市、海宁市两地纳税人提供了实实在在的办税便利。一位曾在杭州市下沙区工作的海宁人曾接受采访时讲道，以前，为了给单位办税，她常常需要开车赶到下沙，而现如今，她在自家楼下的综合自助机上就能办理多项税收业务，体会到了实实在在的便利。现如今，长三角一体化发展上升为国家战略以后，海宁市作为一个具有优势区域位置的城市，将会积极参与跨区域间的税收合作，要立足于“融杭接沪”的布局，如何继续深化与长三角地区的税务合作，扩大异地通办服务范围，缩短办税服务半径，助力打造长三角最优营商环境，除了引入其他地区的自助服务端，更应该做好区域间的数据共享利用，积极参与政府间的平台建设。

（三）缺乏高质量便民纳税服务

纳税机关在“互联网＋”的纳税管理思想下，运用了微博、微信、12366平台、手机短信等技术手段，但是这些平台的统一程度比较低，功能并不齐全，缺乏针对纳税用户的专门性，导致这些设施的开发和运用并不能很好地节省纳税者的时间和成本，要想用好互联网所带来的平台便利性仍需要进一步的升级。另外，网上电子税务局的功能需要进一步地完善，其包含的业务不够全面，类似税务注销、认证等操作流程复杂的业务还是需要纳税人去办税大厅办理。

网上办税、自助办税应用率仍需要提升，由于一部分纳税人不能很好地适应网上办税，这给税务机关带来了一定的工作量，导致效率并不高，这也需要税务机关重视纳税人对于服务的反馈。此外，自助网点的布局并不完善，对于处于县乡的纳税人，仍需将时间花费在路上，合理完善办税网点空间布局也是亟待解决的问题。

（四）相关复合型人才缺失

一是由于税务局人员属于国家公务员，只能通过国家公务员考试进行挑选，会导致一些专业人才的缺乏，尤其是在“互联网＋”时代，可能会将一个既熟悉税收相关政策，还能够精通IT技术的人置之门外。二是由于人员编制有限，税务局服务大厅有许多编外人员来补充人才的不足，但是福利待遇存在极大差异，导致这部分人员流动性极强，离职率高，因此，无法将这批人塑造成专业人才。三是税务政策变动很大，一些热点、疑难点问题出现时，税务工作人员可能无法进行专业的回答，尤其是互联网相关、涉及比较技术性的问题。当纳税人出现关于智能化、创新化、个性化的纳税需求时，税务工作人员的专业及个人素质将会尤为重要。

四、优化海宁市税收营商环境建议

优化营商环境不仅有利于宏观经济的稳定，还能体现地区间的税收竞争力与吸引投资的能力，做到降低企业经营额外成本、降低经营负担，增强创新实力，更利于构建更加包容的企业发展环境，优化税收营商可以从税收业务、信息化建设、纳税服务，以及人才培养这几个方面来进行。

（一）改进涉税业务

税收业务要以标准化为核心，对于烦琐的业务流程进行精简，对于整个税务部门的业务进行梳理，对电子税务局的流程进行合理规划，将各种资源进行再次整合，保证纳税人能够享受到一站式服务。信息技术的使用，使得一些传统的涉税业务不再有存在的必要性，征税机关要重新考虑哪一些业务可以得到进一步完善，例如，对于纳税人登记税种，可以进行自我评定，生成相关税目信息，而不是像以往一样需要跑到税务机关进行评定。通过设置合理的涉税业务，降低征税成本，从而获得更高的征税效率。精简相关涉税业务需要的资料，对于重复的税收资料进行减少，实现资料递交的电子化，提升涉税业务办理的便捷度、高效性。海宁市税务局可适时取消个人房屋出租发票现场代开业务，开放个人房屋出租发票电子税务局线上代开功能。

（二）提高科技水平，进行信息化建设

目前，处于大数据时代，信息是重要的资源，我国也正在实施国家大数据发展战略。作为地方政府，海宁市税务部门要开始转向风险管理和业务技术创新的现代化管理模式发展，建立以大数据为中心的机制，通过相关数据分析，提出适合的税收建议，税务干部学会用大数据思维来提升处理问题的能力，提高税收治理能力和水平。例如，在深圳市龙华区税务局第一税务所办税大厅里，有税务部门为纳税人量身定制的税务“体检报告”和基于纳税人信息形成的纳税人画像，使得企业负责人可通过人脸识别或身份证验证方式，打印纳税人“体检报告”，查询企业涉税指标的健康状况，自动识别“应享未享”的纳税人，主动推送税收优惠提示，自动计算减免金额，优惠政策自动享受等服务。另外，当大厅的窗口叫号时，窗口人员会收到简易的纳税人画像，包括纳税人与办税人基础信息、办税行为习惯、身份识别、历史办税记录等数据，窗口人员可基于画像迅速判断纳税人需求，提供更精准的服务，深圳市通过纳税人的大数据收集与分析，进一步优化了营商环境的建设。

完善信息共享之间的服务，除了税银之间的相互合作，还要与公安、司法等部门之间

建立数据共享平台，使得数据能够在部门内外传递，利用互联网技术使得资料一次性流转，避免重复提交。信息平台的建设，大数据的建设，使得税务机关获得纳税人包括资金流、交易等涉及个人隐私的信息，税务机关应该保护好纳税人的隐私，对于网络数据的安全性建设要不断加强。通过安全认证，分部门与业务设置密码，只能在自己的权限内进行操作相关程序，各单位要制定专门的人员适用平台，责任到人并签署相关保密协议，使得纳税人能够安全使用信息化平台。在技术上，要定期更新防护技术，避免出现信息漏洞。

（三）进一步优化纳税服务

互联网本身只是一种载体，需要实体的税务服务进行配套，才能更好地发挥“互联网＋税务”的新模式，满足纳税人需求，改善税务营商环境。目前，纳税服务主要依靠实体方面和电子税务局，要充分适应互联网思维，进一步优化纳税服务，打造出“移动＋自助＋网上＋实体”的模式。

第一，提供个性化服务。对于不同的纳税人提供不同服务，可以通过每月开展线下培训来解决那些普遍存在的问题，针对纳税者的个性化问题，可以通过网络平台和微信后台给予解决，对于后台普遍提出的问题，再通过直播等向纳税人进行宣讲。

第二，搭建自助办税服务平台。根据不同地区的税务需求和业务量，合理进行布局，并配置数量合适的自助办税终端机等设备，进行 24 小时的服务，可配备专门的人员，对于出现故障的机器进行定期维修和保养，避免因机器故障耽搁纳税人的时间。

第三，拓宽电子税务局业务。电子税务局虽然涵盖了大部分的常见业务，但仍然不够完整，对于仍未纳入的业务，应该积极利用网络技术探索网络化的可能性和可行性，使得税务事项能够全覆盖，对于网上递交过电子资料的业务，仍需向税务局提交纸质资料的，可以精简资料数量，减轻纳税人的纳税负担。

第四，对于长三角区域一体化的国家方针，海宁市局立足“融杭接沪”的战略布局和特有的区位优势，积极推进长三角一体化框架下跨区域税收协作，进一步优化营商环境，优化横跨地区间的纳税人的纳税体验感，在当地和其他省市区域，布局海宁市民之窗自助服务终端，可办理海宁政务服务事项、实现证明自助打印。扩大异地通办服务范围，在海宁当地设置其他地区的服务端，为杭州市、海宁市两地纳税人提供实实在在的办税便利。

（四）培养复合型人才

从目前海宁市税务局的情况来看，税务局并不缺乏精通税务知识的工作人员，但是能将互联网知识和税务知识有机结合的却很少，因此，培养一批符合互联网时代的复合型人才极为重要。

第一，引进高素质的人才，对于税收领域的创新性人才、税务领军人才等给予住房、医疗、子女教育等福利，使他们没有后顾之忧地加入人才团队，建设互联网时代下的税收新模式，建设符合海宁当地特色的税务人才团队，对于科研人才的突出表现给予一定的奖励和日常津贴。

第二，建设相应的人才培养机制，税务系统可以考虑和一些教育机构合作，定期对单位人员进行相关培训，例如，海宁市税务局与浙江财经大学东方学院合作，让学生参加海宁市税务局组织的导税活动，截至目前，累计已有334名学生参加，累计服务时数超过2 000个小时，通过实践教学环节，锻炼了学生理论联系实际的能力，为税务局未来人才的输入打下基础。

提升互联网纳税思维，鼓励税务人员自主学习，税务优秀骨干可以自主选择加入具体的部门，最大限度地提高人才的使用效率。与地区内的高等教育院校开展合作，在税收专业课程当中融入互联网技术课程，为将来吸纳优秀的税务人员做好储备。

第三，加强人员交流，确保信息技术人员和普通业务人员之间的交流，使得所有的税务人员都能熟悉业务流程，部门间可以更好地进行协作，提高部门的办事效率，并能通过闭环式的工作流程，及时发现税务平台中存在的风险性。

参考文献

［1］储德银，左芯．“互联网＋”背景下加强税收征管面临的挑战及应对［J］．税务研究，2018（7）：120—124．

［2］高琼．兰州市税收营商环境评价研究［D］．兰州：兰州大学，2020．

［3］郭昕玥．“互联网＋”时代内蒙古赤峰市税收征管信息化问题研究［D］．呼和浩特：内蒙古大学，2020．

［4］胡文秦．“互联网＋税务”发展的思考［J］．中国税务，2016（11）：76—77．

［5］李彬彬．“互联网＋”背景下苍南县税务局纳税服务优化研究［D］．西安：西北农林科技大学，2019．

［6］李昊源．我国互联网交易的税收征管问题研究［D］．北京：中央财经大学，2017．

［7］李林木，宛江，潘颖．我国税务营商环境的国际比较与优化对策［J］．税务研究，2018（4）：3—9．

［8］马敏．“互联网＋税务”背景下税收征管现代化问题研究［J］．税务研究，2019（2）：109—113．

［9］孙玉山，刘新利．推进纳税服务现代化　营造良好营商环境——基于优化营商环境的纳税服务现代化思考［J］．税务研究，2018（1）：5—12．

［10］王千贻．“互联网”＋背景下税务管理模式转型与发展思考［J］．纳税，2019，13（15）：44．

［11］袁娇，陈彦廷，王敏．“互联网＋”背景下我国税收征管的挑战与应对［J］．税务研究，2018（9）：82—88．

［12］张云华，商永亮．大数据时代税收管理的机遇与挑战探析［J］．税务研究，2018（9）：76—81．

［13］郑开如．关于税务部门“放管服”改革与税收营商环境建设的若干思考［J］．税收经济研究，2018，23（1）：34—38．

互联网企业社会责任信息披露状况研究

许铭原

（浙江财经大学东方学院，浙江 海宁 314408）

摘　要：本文以 2015～2019 年互联网企业发布的企业社会责任报告为分析对象，调查近 5 年互联网企业社会责任信息披露的状况。研究发现互联网企业发布社会责任报告的数量不断增加，报告形式多样，内容丰富，但存在未形成每年报告机制，未加入第三方审验等问题。最后，本文从健全资本市场竞争机制、加强企业内部治理和监督、制定社会标准并加强第三方审验等角度，提出完善互联网企业社会责任信息披露的对策。

关键词：互联网企业；社会责任；信息披露

一、引言

企业社会责任（CSR）一词源于美国，安德鲁·卡内基（1889）最先提出“公司社会责任”的概念，其认为富人应把所有的剩余收入看成是社会委托自己管理的信托基金，承担起管理职责，将钱财用于对社会最有益的事业。本文从互联网企业角度出发，认为企业社会责任是指企业在实现利润最大化的同时，还需要保护消费者权益、参与社会公益事业、保持环境友好发展等。企业社会责任报告是企业对外披露社会责任信息的重要组成部分，是利益相关方了解企业发展的重要方式。2016 年 4 月习近平主席在网络安全和信息化工作座谈会上指出，互联网企业是建设网络精神家园的重要主体，既要讲发展，也要讲责任①。根据《中国互联网发展报告》披露，2019 年，全国数字经济增加值规模达 35.8 万亿元，已稳居世界第二位。互联网经济迅速发展，互联网企业社会责任信息的披露成为关注的焦点。本文结合现阶段我国互联网企业社会责任信息披露的实际情况，从数量和质量两方面分析互联网企业社会责任信息，并提出完善互联网企业社会责任信息披露的对策。

二、理论依据

利益相关者理论认为所有影响企业经营的相关者，不论是直接影响还是间接影响，

① 新华社．习近平在网络安全和信息化工作座谈会上的讲话［N/OL］（2016－4－25）［2020－1－20］. http：//www. cac. gov. cn/2016－04/25/C＿1118731366. htm.

都需要充分考虑。利益相关者包括企业的投资人、债务人、员工，还包括政府机构、社区、环境等。因此，企业的日常经营活动必须受到他们的监督。最初把利益相关者理论引入管理的是弗里曼（1984），他认为利益相关者是受企业影响，以及对企业产生影响的所有人或团体。基于利益相关者理论，企业需要对利益关系人关心的所有内容都尽可能地进行披露，包括企业财务信息和非财务信息。“股东至上”逻辑是企业社会责任缺失的根源。而利益相关者理论打破了企业只关注股东利益的逻辑。企业社会责任报告的使用者就是各个利益关系人，报告是企业与利益关系人交流的重要方式。因此，企业社会责任信息披露需要以利益相关者的需求为导向，并且通过一定的经营管理方式满足利益相关者对企业社会责任的期望。

社会契约论者认为，国家与公民的关系应是一种社会契约关系。罗纳德·科斯（Ronald Coase，1937）在其论文《企业的性质》中提出了企业契约理论，他认为，生产要素的交易确切地说是劳动和资本长期的权威性契约关系。社会契约理论为理解企业的社会责任提供了一个分析框架。基于社会契约理论，发布社会责任报告披露社会责任信息的企业，就是在遵循与社会的契约。这种主动披露企业社会责任信息的行为，体现了企业的责任感和契约精神。有责任感的企业更容易受到投资者和消费者的信任，进而提高企业效益。因此，企业为了占据市场份额，会主动发布社会责任报告传递社会契约信息。

三、互联网企业社会责任信息披露的数量分析

（一）社会责任报告发布的数量

1. 报告发布数量持续增长

本研究样本选自国泰安数据库披露的 2015～2019 年发布社会责任报告的互联网企业。本文对国泰安数据库披露的信息进一步筛选整理出互联网企业发布社会责任报告的情况（见图 1）。从图 1 中可以发现，虽然互联网企业每年发布企业社会责任报告的数量总体上仍然较少，但发布的数量自 2015～2019 年逐年上升。随着社会的发展和时代的进步，企业承担社会责任将成为共识。此外，互联网企业追求企业创新，而履行企业社会责任对企业创新活动具有积极影响。互联网企业发布社会责任报告的数量将持续增长。

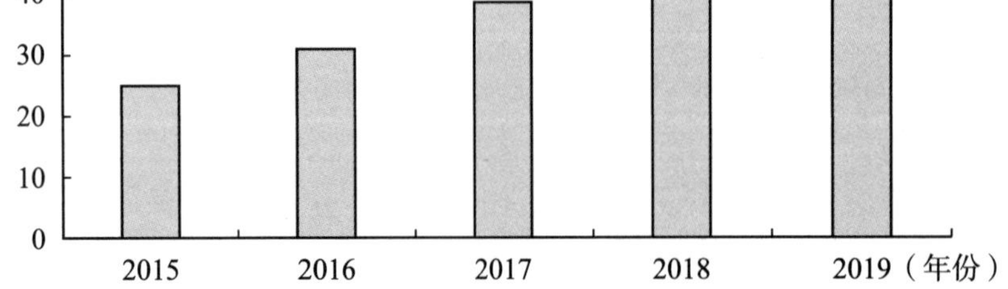

图 1　2015～2019 年互联网企业社会责任报告数量分布

资料来源：笔者根据国泰安数据库（2015～2019 年）披露信息整理所得。

2. 报告发布比例较低

根据国泰安数据库披露的信息，2015～2019 年共发布企业社会责任报告 4 086 份，互联网企业累计发布社会责任报告 179 份，发布比例仅占 4.4%。这表明互联网企业发布社会责任报告的主动性不足。企业行为与市场竞争需求息息相关。少数大型互联网企业在市场中具有统治地位，会积极主动发布社会责任报告披露企业社会责任信息，满足各方利益关系人的需求。而大量中小型互联网企业由于成本与时间的原因，只披露与股东关注的信息，不曾发布社会责任报告。另外，目前我国没有相关规定强制要求互联网企业发布社会责任报告披露社会责任信息，这更加导致互联网企业选择不发布企业社会责任报告。

（二）社会责任报告发布的次数具有随意性

对互联网企业 2015～2019 年社会责任报告的累计发布情况进行分析（见图 2）。从图 2 中可以发现，连续 5 年（自 2015 年以来）每年发布企业社会责任报告的互联网企业有 20 家，占同期互联网企业的 80%。进一步分析发现，在同期断续发布社会责任报告的互联网企业中，间隔 1 年发布的企业 4 家，间隔 2 年发布的企业 1 家。这表明企业发布社会责任报告具有随意性，未形成与企业财务报告一致的每年发布机制。由于当前互联企业发布社会责任报告主要是企业的自觉行为，公司对是否发布社会责任报告具有决定权。互联网公司大多建立了由股东大会、董事会、监事会、公司经营管理层组成的法人治理结构。在激烈的互联网经济竞争中，如何实现既定的利润是他们最关注的地方，而社会责任是锦上添花。在效益好或者发生突发公共事件的当年，企业主动发布社会责任报告，而在其他年度，是否发布社会责任就成为企业的自主行为。

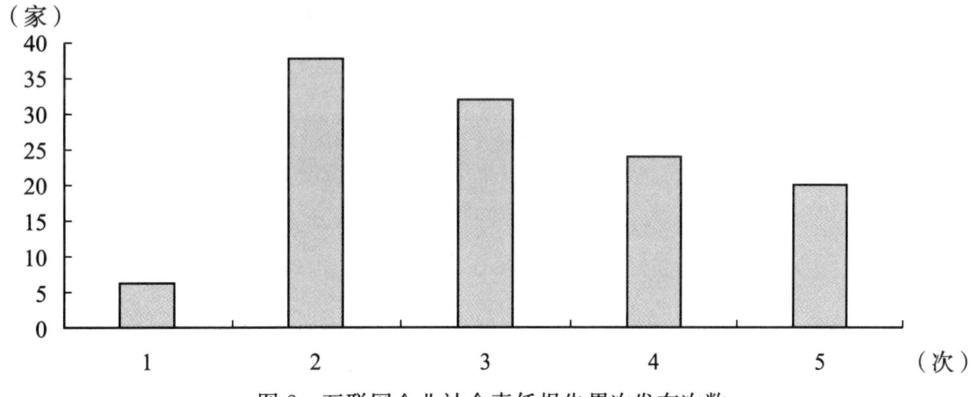

图 2 互联网企业社会责任报告累次发布次数

资料来源：笔者根据国泰安数据库信息整理所得。

四、互联网企业社会责任信息披露的质量分析

（一）互联网企业社会责任报告的形式具有多样性

本文根据 2015～2019 年国泰安数据库披露的互联网企业发布的社会责任报告的形

式，整理成表 1。从表 1 中发现，所有的互联网企业社会责任报告都采用了文字性描述，近一半的企业使用数据进行有力说明，一部分企业还依靠图片进行可视化展示。这表明互联网企业发布的社会责任报告的形式具有多样性。

表 1　2015～2019 年互联网企业社会责任报告形式统计

报告形式	数量（家）	占比（%）
文字描述	179	100
数据说明	82	46
图片展示	66	37

资料来源：笔者根据国泰安数据库信息整理所得。

（二）互联网企业社会责任报告的内容缺乏统一性

为界定社会责任披露的内容框架，本文将社会责任内容主要分为四个部分，分别为责任管理内容、市场责任内容、社会责任内容、环境责任内容，对互联网企业发布的社会责任报告进行分析。表 2 为互联网企业 2015 年发布和 2019 年发布的社会责任报告整理结果。

表 2　2015 年和 2019 年互联网企业社会责任报告内容统计表

报告内容	内容明细	2015 年		2019 年	
		数量（家）	占比（%）	数量（家）	占比（%）
管理责任内容	社会责任制度建设及改善	6	24	28	65
市场责任内容	股东权益保护	25	100	41	95
	债权人权益保护	17	68	31	72
	供应商权益保护	20	80	32	74
	客户与消费者权益保护	24	96	36	84
社会责任内容	公共关系和社会公益事业	25	100	41	95
	职工权益保护	25	100	43	100
环境责任内容	环境与可继续发展	22	88	37	86
负面信息	公司存在的不足	6	24	8	18
附录	参照标准	2	8	6	14

资料来源：笔者根据国泰安数据库信息整理所得。

对比 2015 年和 2019 年的结果可以发现，基本上所有互联网企业都对职工权益保护、公共关系和社会公益事业等社会责任内容进行披露，绝大部分互联网企业对股东权益保护、债权人权益保护、供应商权益保护、客户与消费者权益保护等市场责任内容进行披露，并占据较大篇幅。大部分互联网企业在环境与可持续发展等环境责任内容的披露也相对完整。在管理责任内容方面，2019 年，65%的互联网企业披露社会责任制度建设及改善内容，相较于 2015 年有较大幅度提升。这表明社会责任逐渐上升到互联网企业的企业战略层面，越来越多的互联网企业进行社会责任制度建设与改善。在负面信息方面，虽然2019年度较2015年度互联网企业在社会责任报告中披露负面信息的比例较小，但2019年披露负面信息内容的互联网企业数量在增加。这表明互联网企业对承担社会责任的认识在不断加深，社会责任报告的内容不仅披露正面信息，还逐渐增加负面信息的披露。此外，小部分互联网企业在社会责任报告中还对编制报告的参照标准进行了披露。社会责任报告在编制时是否参照参考标准或规范，是影响社会责任报告质量的重要因素。这表明互联网企业社会责任报告的内容丰富，具有一定完整性，但内容披露缺乏统一性。

由于目前相关部门和行业协会并未制定针对互联网企业的社会责任报告编制指南，企业一般根据本年度本企业在社会责任领域的行为来编制社会责任报告。不同互联网企业对社会责任的侧重点不同，社会责任体系不同，这导致企业在编制社会责任报告时内容各异。

（三）互联网企业社会责任报告的可信度较低

除了财务报告，企业的非财务信息等内容也逐渐被利益相关者所关注。马克·爱普斯坦和马丁·弗里德曼（Mark J. Epstein & Martin Freedman，1994）指出需要对社会信息的披露进行审计。也就是说，企业社会责任报告也需要一份可持续性的保证声明来保证真实性。根据国泰安数据库披露的互联网企业发布社会责任报告的情况，在2015～2019年互联网企业累计发布的179份社会责任报告中，仅有1份被会计师事务所审验。仅仅由企业自身发布的社会责任报告具有主观性，需要第三方审验来保证真实性。但是相关规定的缺失和成本方面的考量，导致互联网企业发布的社会责任报告缺少第三方验证，互联网企业社会责任报告的可信度较低。

五、完善互联网企业社会责任信息披露的对策

（一）健全资本市场竞争机制，提高社会责任报告发布主动性

市场是每个企业赖以生存的根基，企业在市场中的竞争是改善服务的动力源泉。企业的经济能动性促使企业为占据更大的资本市场，不断增强自身的竞争力。而发布企业社会责任报告，披露更多利益关系人关心的内容，是提升企业竞争力的方法之一。自由竞争的市场格局有利于实现企业良性竞争，有利于适者生存。市场的竞争需求是企业承担社会责任，发布社会责任报告的最大动力。这是因为企业发布社会责任报告，有利于提升企业在市场中的竞争力，有利于促进企业持续发展，从而实现企业增值。

完善的资本市场，健全的竞争机制，是互联网企业在发布社会责任报告时得到资本市场积极反馈的前提条件。互联网企业主动披露社会责任信息，主动发布企业社会责任报告，在保障利益相关者利益的同时，促进资本市场的长期可持续发展，形成良好循环。

（二）加强企业内部治理和监督，形成社会责任报告定期发布机制

公司治理机制的改善是提高公司社会责任信息披露水平的制度基础。董事会治理是公司治理的核心，通过在董事会中加入消费者代表、环境专家等人员完善公司治理结构，确保公司制定和履行社会责任时充分考虑到各方利益关系人的诉求。另外，在公司委员会中设立由外部学者、专家等组成的社会责任委员会，在企业规划社会责任战略时提出建议，有利于企业提高社会责任绩效。同时，监事会监督公司日常经营是否真正履行社会责任，在监事会的治理中可以加入中小股东等外部利益相关者，强化监事会的责任。

企业社会责任报告披露公司在社会责任方面所做的努力和对未来年度的展望。互联网企业可以通过上述举措完善自身的治理结构，加强内部监督，形成定期发布社会责任报告机制，提升企业社会责任信息披露的及时性和全面性，让各方利益相关者更好地了解企业对社会责任的承担，由此提升互联网企业的社会形象。

（三）制定社会责任标准，加强第三方审验提高可信度

2015年6月，国家质量监督检验检疫总局、国家标准化管理委员会正式批准发布《社会责任指南》《社会责任报告编写指南》和《社会责任绩效分类指引》三项国家标准，于2016年1月1日实施。这表明企业社会责任和企业社会责任报告已经有了中国标准。2019年12月，中国互联网协会对《互联网企业社会责任报告编写指南》团体标准征求意见稿公开征求意见。这表明互联网协会已认识到规范互联网企业社会责任报告编写的重要性。

但不同类型的互联网企业需要承担的社会责任的侧重点不同，披露的企业社会责任信息也有差异。比如，互联网平台企业要更加注重诚信，而互联网金融企业则更侧重安全。相关部门、行业协会需要根据不同互联网企业的特点，参考国际标准，制定符合互联网企业的社会责任标准，规范互联网企业社会责任信息披露的评价机制。同时，互联网企业发布社会责任报告应加入第三方审验。第三方权威机构定期发布企业社会责任的评估报告，并通报违背社会责任要求的典型行为。这有利于互联网企业在编制自身社会责任报告时，应遵循相应的社会责任要求，同时提高企业社会责任报告的可信度。

六、结语

综上所述，互联网企业社会责任信息披露整体处于起步阶段：发布社会责任报告的数量不断增加，但主要是互联网企业的自愿行为，发布社会责任报告具有随意性；报告内容不断丰富，但主要披露正面信息，缺少对负面信息的披露；报告可信度有待加强。这需要健全资本市场竞争机制，加强互联网企业内部治理。同时，相关部门需要制定互联网企业社会责任标准，规范报告内容和结构，并加入第三方审验，提高社会责任信息披露的质量和可信度。

参考文献

[1] 孔陇，段文玉，邱硕．企业社会责任与创新的协同效应研究［J］. 财会通讯，2019（2）：58—61.

[2] 李明，徐雅琴．企业社会责任缺失风险的形成机理研究［J］. 财会月刊，2020（1）：110—117.

[3] 李淑英．社会契约论视野中的企业社会责任［J］. 中国人民大学学报，2007（2）.

[4] 刘长喜．企业社会责任与可持续发展研究—基于利益相关者和社会契约的视角［M］. 上海：上海财经大学出版社，2009.

[5] 张正勇，吉利，毛洪涛．公司治理影响社会责任信息披露吗？——来自中国上市公司社会责任报告的经验证据［J］. 经济经纬，2012（6）：107—111.

[6] 赵新华，王兆君．国内外企业社会责任报告编制规范及应用探析［J］. 财会通讯，2019（10）：120 123.

[7] Andrew Carnegie. The Gospel of Wealth Essays and Other Writings［M］. London：Penguin Classics，2006.

[8] Coase Ronald. The Nature of the Firm［J］. Economica Blackwell Publishing，1937，4（16）：386—405.

[9] Freeman R. E. Strategic management：a stakeholder approach［M］. Englewood Cliffs，NJ：Prentice Hall，1984.

[10] Marc J. Epstein，Martin Freedman. Social Disclosure and the Individual Investor［J］. Accounting，Auditing & Accountability Journal，1994，7（4）.

基于交际翻译理论对中国神话影视作品的英译研究

蔡梦歌　朱雯怡　张怡静　王艺蓉　杨　琳　赵　倩

（浙江财经大学东方学院，浙江 嘉兴 314400）

摘　要：在当今世界全球化的发展中，中国神话题材的影视作品因其内容的魅力广受许多外国观众的喜爱与关注，但是在传播中，译本经常存在文化差异、语境缺失、用词不当等误区，以至于造成中国优秀文化难以有效传播于世界的困境。如何讲好中国故事也就给翻译工作者带来了巨大挑战。本文旨在基于现有翻译策略的基础上，融合纽马克交际翻译理论，提出一些建设性意见，帮助中国神话影视作品更好地走向世界。

关键词：交际翻译理论；中国神话；影视作品；英译

一、纽马克“交际翻译理论”概述

1. 概念

交际翻译理论是英国翻译家纽马克提出的两种翻译方法之一，其目的是努力使译文和原文所产生的效果相同，保证读者能够理解。在交际翻译理论中时，译者能够较为自由地解释原文、排除歧义、甚至修正原作者的错误，从而融入译语文化。交际翻译法将归化、意译融为一体，为了达到某一交际目的，使特定目标读者群能够理解，译者会适当打破一些原文的局限。通常情况下，新闻报道、教科书、公共告示和其他很多非文学作品的翻译都会采用交际翻译理论。

2. 原则

（1）在翻译过程中，要让译文与目标语和目标文本读者的用语习惯相吻合，且符合目标语和文化，保证读者能够理解内容，使得译文所产生的效果尽可能接近原作品所产生的效果。但由于交际翻译更注重于传神达意，因此，有时会出现译文和原文不对等的情况。

（2）交际翻译通顺易懂，清晰直接，在翻译过程中，遇到一些难以翻译的词语时（如一些在译语地的文化中所缺少的专业术语，或是有关风俗方面的词汇），便使用一些泛指词来代替。并且在翻译过程中，不局限在原文的句法结构等框架中，可以适当地发挥译文语言的优势，调整原文中的逻辑关系，使得译文在译入语文化及使用译文的交际语境中有意义。

二、国产神话影视作品的翻译误区

1. 文化负载词的失语现象

在翻译神话影视作品的过程中，最明显的是对文化负载词的翻译失语。国产奇幻影视中时常运用大量中国传统元素，这些中国特有元素恰恰成为中西文化理解的壁垒。例如，电影《太极张三丰》的英译名为“*Twin Warriors*”①，译者不仅没有译出张三丰道士的形象，还让人误以为他是双胞胎，事实上“太极”已经是西方人熟知的中国元素，直译出来或许会更贴近主旨。又比如《大圣归来》中，将“弼马温”译为“Guardian of the dragon”，而“哮天犬”译成“Panther”②，看护“马”变成了看护“龙”，哮天“狗”变成了哮天“豹”，这种翻译完全偏离了愿意，直接造成了西方人的文化误解。

2. 功能对等理论的缺失

翻译的基本原则之一为功能对等原则，即翻译是用最恰当、自然和对等的语言从语义到文体再现源语的信息（郭建中，2000）。简单来说，翻译不应该只是死板的语言格式对等，更重要的是意义对等。然而在大多数国产影视剧翻译中，英译本不是胡乱找一个词替代中文，就是直接音译照搬，并未考虑到西方观众的接受程度。例如电影《画壁》对众仙女名字的英译就是简单的音译，然而仙女们生活的地方是一个繁花盛开的仙境，且名字都是以花来命名，用拼音代替无法让西方观众感受到仙女们身上的梦幻色彩。

3. 跨文化意识的匮乏

在全球化背景下的今天，众多影视剧中都能发现不同文化相互借鉴融合的痕迹，例如，即将上映的电影《侍神令》中融合了日本式神文化，被改编成电视剧的大热神魔小说《斗罗大陆》里也有西方个人英雄主义文化的影子。国产影视剧已不仅仅是对本土神话的再创作，还融合了不同国家民族的神话元素进行文化衍生发展，创作出了一批具有跨文化性质的新型神话作品③。面对这样一批新型神话故事，就需要译者具备高度的跨文化意识，如果译者只是将神话元素作为传递信息的文字符号去翻译，而不考虑植根于其中的宗教历史体系，则很容易造成文化冲突甚至误导观众，目的语观众④更无法体会其中蕴含的文化之美。

三、基于交际翻译理论的英译策略初探

1. 音译加阐释

音译在字幕翻译中常用于人名地名的翻译，能为译者减轻大量负担。例如《哪吒之

---

① 唐毛毛．探析电影片名中的“文化翻译观”与“文化转向”［J］．济源职业技术学报，2008（4）：85—88.

② 滕馨，舒徐敏．跨文化视阈下的字幕翻译——以电影《大圣归来》为例［J］．英语广场，2019（2）：34—37.

③ 黄琰．从变形规则看东西方新神话异同与交融［J］．文化遗产，2017（5）：123—128.

④ 目的语观众指与源语观众相对应的，即目标语言的受众群体。

魔童降世》里，将“陈塘关”译为“Chentang Pass”，这里采用了音译加意译的方式，让人一眼就知道陈塘所处的地理位置是个关口，也能让西方人记住陈塘这个在中国家喻户晓的地名；“乾坤圈”则译为“Qiankun Hoop”，在中文里“乾坤”有海纳百川、包罗万象之意，是汇聚万物之灵降妖镇魔的法器。这种音译方法采用了异化的形式，保留了原汁原味的中国特色，但笔者认为，如果能在电影顶部添加阐释说明乾坤圈有宇宙之意，更能让目的语观众体会乾坤圈法力之强。

再以梁旋、张春执导的动画电影《大鱼海棠》为例，内含大量中国神话元素，灵感均来源于神话典籍。电影中的角色“椿”“湫”“鲲”均出自《庄子·逍遥游》，每个角色都有各自特别的属性。例如，女主角“椿”拥有掌管海棠花的生命的神力，暗含“春”之意。因此，笔者认为这些角色可以使用音译法，在字幕顶部注释说明：“中文里‘Chun’与‘Spring’同音”，以此让目的语观众明白其中的联系。

2. 直译加阐释

在语义翻译的过程中，直译也是常用方法之一，译者既可以涵盖所有的原文意义，又可以尽力保留原文的形式，稍有难以解释的地方，则可以通过字幕顶部加注释来说明。如《琅琊榜》中的台词：“殿下，已是酉时。”如果直接翻译为“You hour”没有这方面知识的观众无法理解什么是“酉”，所以可以在顶部字幕标注（You hour：5pm—7pm）。

依然以《大鱼海棠》为例，影片中引用原文“北冥有鱼，其名为鲲”，《新华字典》（第十版）对“冥”的解释为“冥通溟，意为海”，而《广雅》和《说文》则指出，“冥，幽也，暗也”[①]。因此，“冥”的意思可以理解为“幽暗深邃且宽广的水域”。笔者查阅资料发现，有译者将其意为“deep waters”[②]，这既体现出了水域之深、之大，比起“dark ocean”也更贴合原文，同时也很方便观众理解。

3. 意译

如上文所说，考虑到字幕的空间有限性，并非所有文化负载词都适合加阐释，基于交际翻译理论，让目的语观众理解才是其核心内容。意译能够对源文本的内容进行归纳，不拘泥于文字形式，以地道凝练的语言再现其信息内核。依然以《大鱼海棠》为例，影片中“蓐收”“句芒”“赤松子”“祝融”“后土”五位神仙分别对应阴阳五行中的“金”“木”“水”“火”“土”。而五行皆为西方人熟知的中国元素，因此，翻译时可意译为“金仙”“木仙”诸如此类，省去了音译加注释的麻烦。

又如“王母娘娘”这一经典神话人物，有影视剧曾译为“the Queen Mother”，这个词的英文释义为“the mother of a ruling king or queen”（《柯林斯高阶英汉双解学习词典》），这会让外国观众乍看之下误以为是“玉帝的母亲”，而事实上玉帝和王母娘娘为夫妻关系，因此我们可以将王母娘娘译为“the Heavenly Queen”。

---

① 刘华文．汉英翻译与跨语认知［M］．南京：南京大学出版社，2009．

② 杨焱．由“逍遥游”英译浅析典籍汉英翻译方法［J］．常州工学院学报（社科版），2010，28（3）：80—84．

4．增译

由于东西方传统文化差异，在一些术语表达中很难从字面意思去理解一些习惯思维上的蕴意和多层次的复杂情感。例如《哪吒之魔童降世》中“魔丸”和“灵珠”的翻译，在中国传统中有对“灵珠”的理解，但当这种传说被搬到大荧幕中如果直译为“Demon Bead”和“Spirit Bead”的话不能衬托出灵珠蕴含的神奇能力，所以在翻译时将这种概念译成“Demon Pill”和“Spirit Pearl”①。而“Pill”本意药片，用于哪吒的魔性一方，暗示这种力量像药力作用一样强大和不可自控，而“Pearl”本意是珍珠，用于白龙身上，不仅可以让观众立马辨别善恶两方，还突出两个人物的性格特征，为接下来的剧情做铺垫。由此可见，对于一些特殊术语的表达要从交际理论出发，适当增译可以抹平两种语言的鸿沟。

5．减译

影视的字幕具有瞬时发生、同步限时的特点，尤其是向北美这些习惯于无字幕观影的受众地区输送中国文化时，更要求对字幕简练达意，适当减译不会使人分神。例如《哪吒之魔童降世》把“不信所谓命中注定”译为：“Fight your fate”；而“打破成见，倔强生长”译为“Believe in yourself”。在《西游记之大圣归来》中“大胆妖猴”译为：“Insolent monkey”；而“他法力高强，神通广大”译为“He had magnificent powers beyond belief.”② 上述翻译如果逐字翻译就会显得烦冗、拖沓，因此删除重复或者次要信息就显得尤为重要。

除此之外，由于中文成语谚语中有很多比喻色彩，如果直译会产生疑惑，比如说在《哪吒之魔童降世》里那句“我命由我不由天”的台词在中国人听来就十分振奋，但如果直译为“My fate is governed by me no days”或者“I control my own life”就没有这句话本身具有的强烈情感，对此，建议译者可以借鉴外国文学，如在19世纪英国诗人威廉亨利所写的一首诗——*Invictus* 中最后两句是：“I am the master of my fate：I am the captain of my soul.”（译：我是我命运的主宰，我是我灵魂的统帅。）用来翻译“我命由我不由天”，虽然减译了“天”这个概念，但相比而言更能最大化保证信息传达，自然流畅，符合交际翻译理论要求。

四、中国神话影视作品“走出去”的战略反思

1．影视语言的娱乐化和潮流化发展

在现代社会，随着经济的快速发展，人们的生活水平稳步提高，而影视作为一大娱乐产业，俨然成为人们生活中鸥水相依的一部分，是精神上的“诗和远方”。在观看影视作品的过程中，观众的身心能在此类环境里得到身心的愉悦与放松，而影视语言就是

① 刘俊，张毓强．全球借鉴与本土提升：中国动画影片国际传播的新思考——基于《哪吒之魔童降世》的讨论［J］．对外传播，2019（9）：53－56．

② 汪恒，张媛媛．《西游记之大圣归来》电影字幕翻译策略研究［J］．英语广场，2017（11）：37－38．

营造此类氛围的助推器。很多影视作品会出现较为娱乐化的词汇，例如《阿甘正传》中“它让我如鱼得水”被译为“It made me look like a duck in water. ①”充满了诙谐的语言特色。

大多数文学作品对于读者有不同的要求，例如，小说、散文需要读者拥有一定的知识储备和文化素养，而影视作品大多强调大众化、潮流化和通俗化，语言要求既通俗易懂，又生动有趣，不可脱离大众生活；过分修饰，典雅晦涩，会影响观众的观影体验，从而导致他们无法充分理解影视作品所表达的价值与含义。与此同时，语言在趋于潮流化的过程中会受到文化特色、网络化的影响，易失本色。因此，语言翻译要兼顾潮流化的汲取，以及严谨性的考虑，取其精华去其糟粕，提升翻译质量，从而扩大受众的年龄层次及可接受程度。

2. 影视翻译的归化与异化策略

归化和异化是两种基本翻译策略，二者的出发点皆为文化因素，目的是让观众更好地欣赏与理解影视作品所表达的价值与内涵②，但这两种翻译策略的落脚点却不尽相同。前者从观众的角度出发，翻译时强调以目标语作为归宿，译文力求表达自然、地道，使观众能与影视人物共情，对其产生同理心；而后者从创作者角度出发，以源语言的文化语境为依托，尊重源语言的文化特色，翻译时尽量向源语言靠拢以再现原意。例如《功夫熊猫》中，并没有按照传统习惯将师傅、乌龟翻译为“Master，Tortoise”，而是直接采用汉语拼音的翻译方式，将其翻译为“ShiFu，WuGui③”。这些典型的异化翻译，既保留了鲜明的汉语特色，又能引起国内外友人的兴趣与共鸣，带领着中国文化登上世界舞台。

3. 引入由影视界主导的学术论证与评价机制

在针对某一影视作品的策划、搭建阶段，要想走入国际市场，论证工作是重中之重④。论证涉及作品翻译、拍摄的可行性、具体实施方案，以及市场预估等方面，事关中国神话影视作品品牌的创造，以及与国际影视市场的竞争。有针对性的学术论证缺乏，将导致中国神话影视作品的话语权难以掌控。以“重述神话”系列为例，文学作品、作家在国外市场的影响力与文化资本是遴选的论证条件，要求具备基本的神话学等人文背景，对中国传统文化、民间神话传说等认知清晰，以保证作品与翻译影视的契合度，以及中外双方在作品跨文化传播时的认可程度。

除学术论证外，由影视界主导的评价机制也应同步匹配。此类评价机制是对学术论

---

① Cao Yunyao，Li Lixin. Error Analysis of Machine Translation Texts from the Perspective of Functional Equivalence［A］//辽宁翻译学会、东北亚语言文学与翻译国际学术论坛组委会．第八届东北亚语言文学与翻译国际学术论坛文集．大连：辽宁省翻译学会、东北亚语言文学与翻译国际学术论坛组委会：辽宁省翻译学会，2019：6.

② 王丽．影视语言特点及翻译策略探析［J］. 电影文学，2011（3）.

③ 齐新．中国题材电影《功夫熊猫》在对外汉语初级课堂中的应用［J］. 才智，2018（17）：159.

④ 张栋．中国当代文学走向世界的出版实践与思考——以重庆出版集团“重述神话”系列图书为例［J］. 西南石油大学学报（社会科学版），2019，21（6）：96－102.

证的辅助，影视界专家应通过学术分析专家对中国神话作品的创作特点、翻译研究、市场反响等层面提供的学术性意见，以及读者向出版社所反馈纸质版书籍的评价、观众对中文版神话影视的感受，来挑选符合翻译影视拍摄的神话作品，然后让译者确定翻译风格和方向，兼顾书迷与影迷的需求，以达到良好的市场效益。

4. 重塑神话影视品牌，产生规模效益

品牌文化的塑造是中国神话影视作品“走出去”的战略核心。品牌文化是影视作品系列理念的凝结，是影视作品系列可持续发展的根本保证。在中国神话影视作品“走出去”的进程之中，品牌文化的影响力体现在版权输出、翻译、海外市场营销等多个层面。重塑神话影视品牌文化，对神话进行重写，根据不同地区的文化加以修改，使中国神话日益丰满乃至重塑，最终获得各类别具一格的视角。例如，2011 年，《关云长》电影中，甄子丹所饰演的关公于外形上颠覆经典。他一改关公面如重枣、髯长二尺的传统形象，弃偃月，改言行，显得灵巧有余、更接地气。在人物塑造时，影视界让传统意义上的“美髯公”走下神坛，力求将其还原成“一个拥有血肉之躯和情感的神明”。

五、结语

为了把中国神话故事更好地向世界传达，满足目的语观众在观看影视作品的同时将中国优秀传统文化向世界输出。本文探究了纽马克的“交际翻译理论”，为中国神话影视作品提供了翻译策略与建议，希望在目的语观众理解不同文化间差异的同时，也能无形之中扩大中华优秀传统文化的传播力度，让更多的外国观众带着更加强烈的求知欲望来了解中国，在该文化领域中接续提升高度。

参考文献

[1] 唐毛毛．探析电影片名中的“文化翻译观”与“文化转向”[J]. 济源职业技术学院学报，2018 (4)：85—88.

[2] 黄琰. 从变形规则看东西方新神话异同与交融 [J]. 文化遗产，2017 (5)：123—128.

[3] 滕馨，舒徐敏．跨文化视阈下的字幕翻译——以电影《大圣归来》为例 [J]. 英语广场，2019 (2)：34—37.

[4] 刘华文. 汉英翻译与跨语认知 [M]. 南京：南京大学出版社，2009.

[5] 杨焱. 由《逍遥游》英译浅析典籍汉英翻译方法 [J]. 常州工学院学报（社科版），2010，28 (3)：80—84.

[6] 刘俊，张毓强．全球借鉴与本土提升：中国动画影片国际传播的新思考——基于《哪吒之魔童降世》的讨论 [J]. 对外传播，2019 (9)：53—56+1.

[7] 汪恒，张媛媛．《西游记之大圣归来》电影字幕翻译策略研究 [J]. 英语广场，2017 (11)：37—38.

[8] Cao Yunyao，Li Lixin. Error Analysis of Machine Translation Texts from the Per-

spective of Functional Equivalence ［A］// 辽宁省翻译学会、东北亚语言文学与翻译国际学术论坛组委会．第八届东北亚语言文学与翻译国际学术论坛论文集．大连：辽宁省翻译学会、东北亚语言文学与翻译国际学术论坛组委会：辽宁省翻译学会，2019：6.

［9］王丽．影视语言特点及翻译策略探析［J］. 电影文学，2011（3）.

［10］齐新．中国题材电影《功夫熊猫》在对外汉语初级课堂中的应用［J］. 才智，2018（17）：159.

［11］张栋. 中国当代文学走向世界的出版实践与思考——以重庆出版集团“重述神话”系列图书为例［J］. 西南石油大学学报（社会科学版），2019，21（6）：96—102.

嘉兴市深化增值税改革的减税效应分析

——基于双重差分模型的上市公司数据估计*

蔡　丞**

（浙江财经大学东方学院，浙江 海宁 314408）

摘　要： 深化增值税改革是党中央、国务院着眼经济社会发展全局做出的重大决策部署，是实施更大规模减税降费的“重头戏”，是减轻企业负担、激发市场活力的重大举措。本文通过万德、国泰安数据库获取嘉兴市2018～2020上半年，改革前后38家上市公司的增值税及财务指标数据，以6%税率企业为对照组，构建双重差分模型，评估了此次深化改革对上市公司的减税效应。并进一步考察了政策对企业财务绩效的影响。研究发现，深化增值税改革对企业的减税效应明显，深化增值税改革后上市公司的平均税负下降了1.5%，并且显著改善了企业的收入状况，通过降低税收成本提高了利润率、资产的周转率，从而增加了资产的收益率，增强了企业的可持续性，进而提升了企业的价值。文章最后对进一步深化增值税改革，提出了降低、简并税率、出台更多配套措施等政策建议。

关键词： 嘉兴市；增值税改革；双重差分；减税效应

一、深化增值税改革的政策背景及理论分析

（一）主要政策

深化增值税改革是党中央、国务院着眼经济社会发展全局做出的重大决策部署，是实施更大规模减税降费的“重头戏”，是减轻企业负担、激发市场活力的重大举措，是完善税制、优化收入分配格局的重要改革，是宏观政策支持稳增长、保就业、调结构的重大抉择，是减轻企业负担、激发市场活力的重大举措，是完善税制、优化收入分配格局的重要改革。

2019年3月5日，李克强总理在《政府工作报告》中提出了2019年深化增值税改革的具体安排和工作要求。此次改革，除了降低增值税税率之外，还配套增加抵扣等政

---

*　基金项目：嘉兴市税务学会课题：嘉兴市深化增值税改革的减税效应分析。

**　作者简介：蔡丞（1986—），男，浙江杭州人，浙江财经大学东方学院财税学院税务系讲师，研究方向：财政、税收理论与实务。

策措施。

2019 年 4 月 1 日起，深化增值税改革举措落地实施，制造业等行业从 16%的税率降至 13%，交通运输业、建筑业等行业 10%的税率降至 9%，6%一档的税率不变。除了税率，改革还通过采取对生产、生活性服务业增加税收抵扣等配套措施，确保所有行业税负只减不增。

（二）相关理论

上海财经大学教授胡怡建（2019）指出，这次降低增值税税率在助力供给侧改革、拉动消费需求和激发市场活力方面将产生深远影响。降低增值税税率，将为企业应对经济下行，更好地生存发展提供税收政策支撑；通过价格传导机制，减税红利将由生产制造企业、经销企业和消费者共同分享，具有减轻企业税负、扩大消费内需的双重激励功能；促进经济转型升级，实现实体经济高质量、可持续发展。

在市场经济下，具体如何分享及其分享比例由供求所决定。在产品处于卖方市场时，增值税减税更多倾向于让产制企业或经销企业受益。降低增值税税率后，产品产制企业或经销企业会相应提高产品不含税销售价，但只要消费者支付的价税合计款仍比之前少，市场就会接受提高不含税销售价的价格决策，企业收入和利润也会相应增加。反之，如果产品处于买方市场，增值税减税更多倾向于让消费者受益。降低增值税税率后，产品产制企业或经销企业虽然也有提高产品不含税销售价的动机，但市场难以接受通过提高不含税销售价来增加企业收入和利润的价格决策，如果不含税销售价不变或较小变动，消费者能够减少支付价税合计款而从中受益①。

具体而言，增值税税率的降低，如果导致最终商品的价格降低，则会增加产品的销量，从而通过扩大企业的销售数量，增加企业的利润。如果最终产品的价格没有降低或降低幅度不足税率下降幅度，则降低的增值税通过税负转嫁变成了企业增加的利润。

二、嘉兴市上市公司深化增值税改革的减税情况评估

嘉兴市深化增值税改革举措，贯彻落实扶持企业发展的税收政策，为实体经济发展提供强有力的保障。为有效保障税收新政落实、落细，2019 年嘉兴市广大税务干部秉承“一户也不能落、一分也不能少”的目标，累计工作 2.5 万小时，办理退税 5 800 多人次，培训纳税人 104.8 万户次，开展宣传 189.5 万次，发放宣传资料 33.6 万份，旨在确保减税降费“红包”100%派送到纳税人手里。嘉兴市大力推进减税降费政策落地，2019 年度全市新增减税 151.4 亿元，新增减税规模居全省第 3 位②。2020 年上半年，政策红利强劲释放，为经济复苏发展增添新动能，嘉兴全市落实政策性减免税突破 200 亿元，累计减免

---

① 胡建怡．增值税减税三大效应作用明显［J］.（2019－3－20）［2020－7－20］. http：//www. ctaxnews. com. cn/2019－03/20/content. _949518. html.

② 嘉兴日报．新增减税规模全省第三嘉兴减税降费交出亮眼成绩单［N/OL］.（2020－3－30）［2020－7－20］. https：//zj. zjol. com. cn/news. html? id＝1420827.

209.96 亿元，同比增长 11.7%，减税效应不断扩大①。由于获取数据资料的局限，本文研究主要基于公开的上市公司财务数据，就嘉兴市增值税改革的减税效应开展分析。

（一）嘉兴市上市公司的主要分布构成

分行业看，嘉兴市上市行业绝大部分为制造业，还有文化、体育和娱乐业及房地产业（见表 1）。由于本次深化增值税改革制造业的税率有了较大幅度的下降，大部分制造型企业相较于政策出台之前实际税负都有了明显下降（见图 1），体现了减免税政策的减税力度，有效缓解企业的税负压力，助力企业的转型升级。

表 1 嘉兴市上市公司及行业分布情况

股票代码	股票名称	主营业务	地址
002067	景兴纸业	绿色环保再生纸	嘉兴市平湖市
002144	宏达高科	纺织面料、医疗器械	嘉兴市海宁市
002188	*ST 巴士	通讯电声器材的生产	嘉兴市嘉善县
002206	海利得	涤纶工业长丝、灯箱广告材料	嘉兴市海宁市
002343	慈文传媒	影视剧的投资、制作	嘉兴市南湖区
002344	海宁皮城	皮革专业市场的开发	嘉兴市海宁市
002381	双箭股份	各种类型的输送带及输送带胶片	嘉兴市桐乡市
002404	嘉欣丝绸	高档丝、绸、服装	嘉兴市南湖区
002522	浙江众成	POF 热收缩膜产品	嘉兴市嘉善县
002562	兄弟科技	维生素和皮革化学品	嘉兴市海宁市
002648	卫星石化	丙烯、丙烯酸及酯	嘉兴市南湖区
002677	浙江美大	集成灶产品	嘉兴市海宁市
002718	友邦吊顶	集成吊顶的研发	嘉兴市海盐县
300461	田中精机	电子线圈自动化生产成套设备	嘉兴市嘉善县
300488	恒锋工具	机床用工具	嘉兴市海盐县
300548	博创科技	光通信领域集成光电子器件	嘉兴市南湖区
300718	长盛轴承	自润滑轴承	嘉兴市嘉善县
600176	中国巨石	玻璃纤维制成品及其他化工产品	嘉兴市桐乡市
600208	新湖中宝	房地产、商业贸易、酒店服务	嘉兴市南湖区
600235	民丰特纸	特种纸生产	嘉兴市南湖区
600273	嘉化能源	生产销售邻对位	嘉兴市平湖市
600330	天通股份	电子材料与电子部品	嘉兴市海宁市
600796	钱江生化	微生物发酵产品的研究	嘉兴市海宁市
601002	晋亿实业	各类紧固件产成品	嘉兴市嘉善县
601233	桐昆股份	民用涤纶长丝的生产	嘉兴市桐乡市

① 中共嘉兴市委，嘉兴市人民政府．2020 年嘉兴市国民经济和社会发展统计公报［R/OL］.（2020－6－1）［2020－7－20］. http：//www.jiaxing.gov.cn/col/col1536193/index.html.

续表

股票代码	股票名称	主营业务	地址
603055	台华新材	锦纶织造业务	嘉兴市秀洲区
603105	芯能科技	光伏产品	嘉兴市海宁市
603165	荣晟环保	各种中高档包装用再生环保纸	嘉兴市平湖市
603168	莎普爱思	化学制剂药的生产	嘉兴市平湖市
603225	新凤鸣	民用涤纶长丝	嘉兴市桐乡市
603260	合盛硅业	工业硅及有机硅等硅基新材料产品	嘉兴市平湖市
603685	晨丰科技	照明产品结构组件	嘉兴市海宁市
603799	华友钴业	钴新材料产品的新加工及钴	嘉兴市桐乡市
603822	嘉澳环保	环保型增塑剂	嘉兴市桐乡市
603839	安正时尚	自主品牌时装	嘉兴市海宁市
603889	新奥股份	毛精纺纱线	嘉兴市桐乡市

资料来源：笔者根据嘉兴市上市公司信息整理所得。

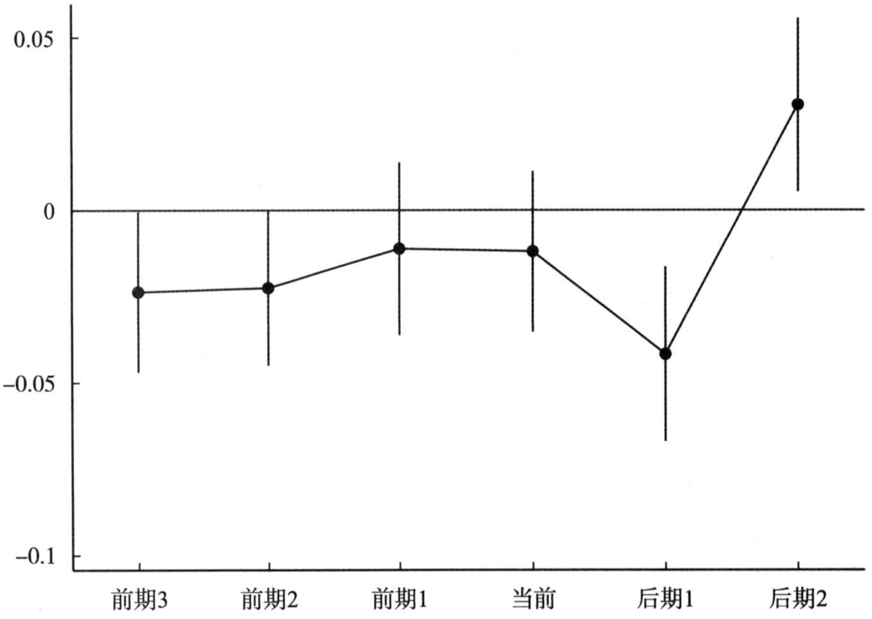

图 1　减税政策的平行趋势检验

资料来源：笔者根据实验数据所得。

（二）深化增值税改革的减税总体情况

进一步考察减免税政策对企业税负的影响，用万得（Wind）数据库取得的上市公司公开的增值税纳税数据除以销售收入得到企业实际的增值税税负率，将改革前后 6 个季度合并切分为改革前后两个时间段，可以更为直观地观察，各上市公司的总体减税分布情况（见图 2）。从图 2 可以直观地看到，大部分行业的增值税税负在深化改革后是下降的。

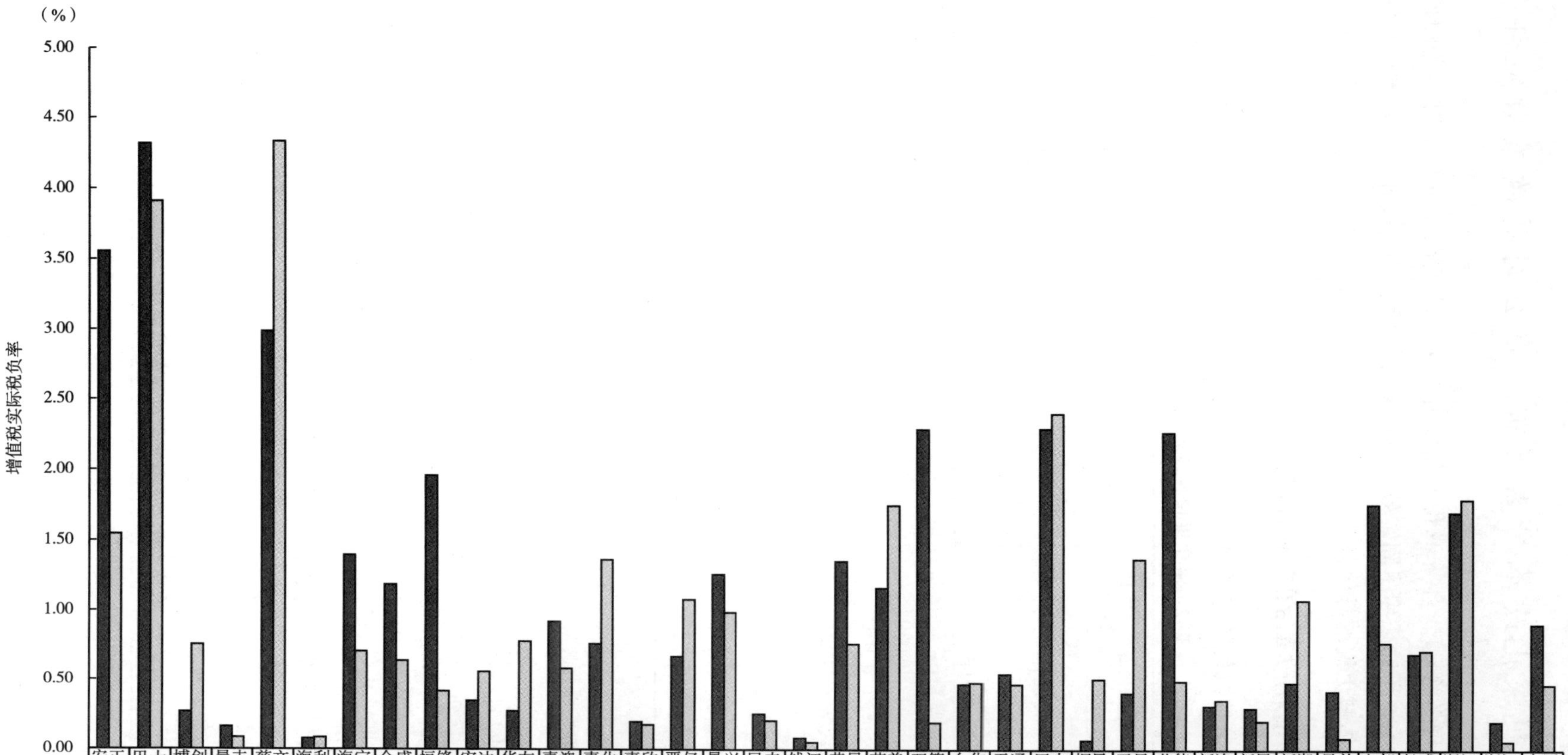

	安正时尚	巴士在线	博创科技	晨丰科技	慈文传媒	海利得	海宁皮城	合盛硅业	恒锋工具	宏达高科	华友钴业	嘉澳环保	嘉化能源	嘉欣丝绸	晋亿实业	景兴纸业
■改革前	3.56	4.32	0.26	0.16	2.99	0.08	1.40	1.19	1.95	0.34	0.27	0.92	0.76	0.20	0.67	1.26
□改革后	1.54	3.91	0.76	0.08	4.33	0.08	0.71	0.64	0.41	0.56	0.78	0.58	1.36	0.18	1.08	0.98

	民丰特纸	钱江生化	荣晟环保	莎普爱思	双箭股份	台华新材	天通股份	田中精机	桐昆股份	卫星石化	芯能科技	新澳股份	新凤鸣	新湖中宝	兄弟科技	友邦吊顶	长盛轴承	浙江美大	浙江众成	中国巨石
■改革前	0.25	0.08	1.35	1.16	2.28	0.47	0.54	2.29	0.07	0.40	2.26	0.31	0.29	0.48	0.42	1.74	0.69	1.69	0.20	0.90
□改革后	0.20	0.05	0.76	1.74	0.19	0.48	0.47	2.39	0.51	1.36	0.49	0.35	0.20	1.07	0.08	0.77	0.71	1.78	0.06	0.47

图2　深化增值税改革前后3个季度企业增值税税负变化

资料来源：笔者根据资料整理所得。

三、增值税深化改革对嘉兴市上市公司的政策效应评估

为了进一步精确考察 2019 年 3 月份开始实施的深化增值税改革政策对企业的税负及财务指标实际效应，研究采用了固定效应双重差分模型来微观精确地考察增值税深化改革对微观市场主体减免税的具体效应。

（一）深化增值税改革的减税效应评估

深化增值税改革的减税效应评估（见表 2）。

表 2　深化增值税改革减税效应的评估

双重差分模型样本量：297				
组别	改革前	改革后	合计	
控制组	6	3	9	
对照组	184	104	288	
合计	190	107		
模型结果	增值税税负率	S. Err.	|t|	P>|t|
改革前				
控制组	0.030			
对照组	0.010			
政策差异（T−C）	−0.020	0.005	−3.75	0.000***
改革后				
控制组	0.043			
对照组	0.008			
政策差异（T−C）	−0.035	0.008	4.71	0.000***
政策效应	−0.015	0.009	1.68	0.094*

R^2：0.12。
注：*** 表示 $p<0.01$；** 表示 $p<0.05$；* 表示 $p<0.1$。
资料来源：笔者根据实验数据整理所得。

为了验证结果的有效性，研究进行了平行趋势检验，不难发现，在政策冲击前，税负基保持在 0 附近波动，后期 1 开始税负出现了较为强烈的波动，到政策实施后期 2 出现明显的变化。截至 2020 年 11 月，只有政策实施后期 2 的数据 2019 年度报表、2020 年半年报中披露了增值税的税负情况。

（二）深化增值税改革对企业财务绩效的效应评估

本文采用上市公司公开的财务报表及附注提供的财务指标，综合考察深化增值税改革对企业财务绩效的影响（见表 3）。

表 3　增值税减税效应模型指标

属性	变量类型	变量描述	
被解释变量	财务指标	成本费用利润率	利润总额/(营业成本＋销售费用＋管理费用＋财务费用)
		固定资产周转率	营业收入/固定资产平均净额
		总资产净利润率	净利润/总资产平均余额

续表

属性	变量类型	变量描述	
被解释变量	财务指标	营业净利率	净利润/营业收入
		息税前营业利润率	(净利润+所得税费用+财务费用)/营业收入
		资本保值增值率	(所有者权益合计)本期期末值/(所有者权益合计)本期期初值
		资本积累率	(所有者权益合计本期期末值-所有者权益合计上年同期期末值)/所有者权益合计上年同期期末值
		所有者权益增长率	(所有者权益本期期末值-所有者权益上年同期期末值)/所有者权益上年同期期末值
		可持续增长率	(净利润/所有者权益合计期末余额)×[1-每股派息税前/(净利润本期值/实收资本本期期末值)]/(1-分子)
		托宾Q值	市值/资产总计
被解释变量	增值税实际税率 VatRate	增值税/销售收入	
控制变量	企业规模 Size	企业总资产的自然对数	
	资本密集度 Dense	固定资产/总资产	
	现金持有量 Cash	期末现金及现金等价物余额/资产总计	
	净资产收益率 Roe	净利润/股东权益余额	
	营业现金流 Cf	经营活动产生的现金流量净额/资产总计	
	资产负债率 Lev	总负债/总资产	
	存货水平 Inv	存货/营业收入	
	营业收入增长率 Growth	(营业收入本年本期单季度金额-营业收入上一个单季度金额)/营业收入上一个单季度金额	

资料来源：笔者参考中国人民银行咸宁市中心支行课题组，张晓峰（2019）；庞凤喜、牛力（2019）；曾慧萍（2019）；李霞（2019）；王旭（2019）；王福全（2019）；章君（2019）；葛美星（2019）；董化杰（2020）；蒋静、刘怡（2019）；谭茜、陈丽丽（2020）；赵玉红（2019）；陈玲莉、何清（2019）等人的研究数据整理所得。

为了考察深化增值税改革对企业实际税负率、财务绩效的实际影响，根据柳光强（2016），刘金科、邓明欢、肖翊阳（2020），饶茜等（2020）的研究，将计量模型设定如下：

$$Y_{it}=\beta_0+\beta_1 Post_t+\beta_2 Post_t\times Treat_i+\beta_3 X_{it}+\mu_i+\varepsilon_{it}$$

对照组模型中，Y代表考察的增值税实际税负率或者特定财务指标，Post为政策颁布的时间变量，深化增值税改革政策实施之前赋值为0，实施之后赋值为1（2019年半年报之前为0，2019年半年报及之后为1）。Treat表示上市公司是否属于实验组，若样本属于非服务业企业（税率大于6%的企业），则赋值为1；若样本属于服务业企业（税率为6%），则赋值为0。X_{it}为控制变量，具体包括：企业规模代表企业总资产规模，资本密集度代表固定资产占比，现金持有量代表总资产中现金占比，净资产收益率为企业净利润与股东权益余额之比，营业现金流代表经营活动产生的现金流量净额资产总计，资产负债率代表企业负债水平，存货水平代表供需情况，营业收入增长率代表营业收入季度性的增长速率，其中i表示企业样本个体，μ_i代表企业个体层面的固定效应，ε_{it}代表随机干扰项（见表4）。

表 4　深化增值税改革的减税效应双重差分模型结果

变量	成本费用利润率	固定资产周转率	总资产净利润率	营业净利率	息税前营业利润率	资本保值增值率	资本积累率	所有者权益增长率	可持续增长率	托宾 Q 值
模型	固定效应	固定效应	固定效应	固定效应	固定效应	固定效应	固定效应	固定效应	固定效应	固定效应
改革	0.593** (0.229)	7.579** (3.123)	0.155*** (0.0562)	0.343** (0.140)	0.367** (0.150)	0.290* (0.162)	0.290* (0.162)	0.445** (0.197)	0.153** (0.0659)	2.020** (0.879)
企业规模	−0.0630** (0.0318)	0.423 (0.430)	0.00775 (0.00788)	−0.000223 (0.0195)	−0.00554 (0.0208)	0.0511** (0.0224)	0.0511** (0.0224)	0.0638** (0.0277)	0.0190** (0.00909)	−0.252** (0.121)
存货水平	−0.438 (0.313)	−3.655 (4.179)	0.100 (0.0770)	0.469** (0.192)	0.414** (0.205)	0.123 (0.219)	0.123 (0.219)	−0.357 (0.271)	0.269*** (0.0883)	−1.992* (1.176)
资产负债率	0.181 (0.165)	−1.054 (2.223)	−0.224*** (0.0405)	−0.608*** (0.101)	−0.493*** (0.108)	−0.420*** (0.118)	−0.420*** (0.118)	−0.316** (0.142)	−0.206*** (0.0469)	−2.813*** (0.625)
净资产收益率	2.266*** (0.180)	−1.252 (2.428)	0.750*** (0.0442)	1.595*** (0.110)	1.704*** (0.118)	1.119*** (0.132)	1.119*** (0.132)	1.125*** (0.155)	0.797*** (0.0513)	1.398** (0.683)
现金持有量	0.587** (0.295)	4.273 (3.894)	0.214*** (0.0724)	0.412** (0.181)	0.395** (0.193)	−0.250 (0.201)	−0.250 (0.201)	0.277 (0.255)	−0.0257 (0.0822)	1.148 (1.095)
营业收入增长率	−0.0388 (0.0282)	0.361 (0.385)	−0.00895 (0.00692)	−0.0267 (0.0173)	−0.0309* (0.0185)	0.00950 (0.0203)	0.00950 (0.0203)	0.0162 (0.0243)	0.0187** (0.00813)	0.146 (0.108)
资本密集度	0.436** (0.221)	−4.690 (2.900)	0.117** (0.0543)	0.615*** (0.135)	0.647*** (0.144)	−0.274* (0.151)	−0.274* (0.151)	−0.394** (0.191)	0.122** (0.0612)	−0.198 (0.816)
营业现金流	−0.517 (0.383)	−5.306 (5.192)	−0.186* (0.0951)	−0.497** (0.235)	−0.462* (0.251)	−0.158 (0.274)	−0.158 (0.274)	−1.056*** (0.334)	0.133 (0.110)	−2.305 (1.461)

续表

变量	成本费用利润率	固定资产周转率	总资产净利润率	营业净利率	息税前营业利润率	资本保值增值率	资本积累率	所有者权益增长率	可持续增长率	托宾Q值
常数项	0.832 (0.680)	−5.464 (9.154)	−0.240 (0.169)	−0.284 (0.417)	−0.197 (0.446)	0.152 (0.477)	−0.848* (0.477)	−1.178** (0.593)	−0.471** (0.193)	6.236** (2.575)
观测值	272	280	269	272	272	279	279	269	280	280
固定行业	YES	YES	YES	YES	YES	YES	YES	YES	YES	YES
固定时间	YES	YES	YES	YES	YES	YES	YES	YES	YES	YES
方差齐性检验	27.00	1.459	45.01	34.97	32.67	13.80	13.80	9.565	43.74	54.40
判定系数	0.514	0.0177	0.644	0.580	0.563	0.336	0.336	0.261	0.627	0.678

注：*** 表示 $p<0.01$；** 表示 $p<0.05$；* 表示 $p<0.1$。
资料来源：笔者根据实验数据整理所得。

从双重差分模型的实际效果来看，增值税深化改革对企业财务绩效的影响首先在于税率的降低，在某种程度上降低了商品的价格，从而改善了企业的收入状况，通过降低成本提高了利润率，提高了企业资产的周转率，从而增加了资产的收益率。企业将增加的收益用于继续扩大投资，从而积累了更多的资本，形成良性循环，增强了企业的可持续性，从而提升了企业的价值。

（三）稳健性检验

为了验证结果的有效性，我们设置一个反事实的虚拟政策介入时间 2018 年 12 月（FakePost），重复上述模型。由于在虚拟时间点上，没有开展税率调整，如果结果不显著，则说明，我们上述分析的结果是稳健的（见表 5）。

表 5　深化增值税改革减税效应评估的反事实检验

双重差分模型样本量：297				
组别	改革前	改革后	合计	
控制组	5	4	9	
对照组	149	139	288	
合计	154	143		
模型结果	增值税税负率	S. Err.	|t|	P>|t|
改革前				
控制组	0.033			
对照组	0.011			
政策差异（T－C）	－0.023	0.006	－3.88	0.000***
改革后				
控制组	0.036			
对照组	0.007			
政策差异（T－C）	－0.028	0.006	4.33	0.000***
政策效应	－0.006	0.009	0.63	0.528

R^2：0.12。
注：*** 表示 $p<0.01$。
资料来源：笔者根据实验数据整理所得。

从反事实检验的结果不难发现，在虚拟的政策介入时间点（2018 年第二季度），企业的税负率虽然也是下降的，但是幅度非常小，为 0.006，而且结果并不显著。因此，前文中的减税效应结果是稳健的。

进一步分析，我们从反事实检验的结果不难发现，在虚拟的政策介入时间点（2018 年第二季度），各项财务指标均不显著，说明我们的结果是稳健的（见表 6）。

表 6　财务绩效的反事实检验

变量	成本费用利润率	固定资产周转率	总资产净利润率	营业净利率	息税前营业利润率	资本保值增值率	资本积累率	所有者权益增长率	可持续增长率	托宾 Q 值
模型	虚拟的错误政策时间									
对照组	0.220 (0.211)	−1.267 (2.876)	−0.0260 (0.0520)	0.101 (0.130)	0.0954 (0.138)	0.0890 (0.149)	0.0890 (0.149)	0.244 (0.181)	0.0169 (0.0607)	1.297 (0.804)
企业规模	−0.0605* (0.0321)	0.441 (0.435)	0.00811 (0.00800)	0.00113 (0.0197)	−0.00414 (0.0210)	0.0520** (0.0225)	0.0520** (0.0225)	0.0660** (0.0279)	0.0195** (0.00919)	−0.241** (0.122)
存货水平	−0.483 (0.317)	−4.782 (4.227)	0.0756 (0.0782)	0.439** (0.194)	0.381* (0.208)	0.0950 (0.220)	0.0950 (0.220)	−0.380 (0.272)	0.252*** (0.0892)	−2.069* (1.182)
资产负债率	0.218 (0.168)	−0.00694 (2.259)	−0.201*** (0.0414)	−0.582*** (0.103)	−0.464*** (0.110)	−0.398*** (0.120)	−0.398*** (0.120)	−0.301** (0.144)	−0.191*** (0.0477)	−2.773*** (0.632)
净资产收益率	2.231*** (0.192)	−0.511 (2.586)	0.766*** (0.0473)	1.582*** (0.118)	1.694*** (0.126)	1.112*** (0.141)	1.112*** (0.141)	1.076*** (0.165)	0.800*** (0.0546)	1.128 (0.723)
现金持有量	0.704** (0.295)	6.421 (3.896)	0.261*** (0.0727)	0.485*** (0.181)	0.476** (0.193)	−0.194 (0.200)	−0.194 (0.200)	0.347 (0.254)	0.00955 (0.0822)	1.410 (1.089)
营业收入增长率	−0.0628** (0.0269)	−0.121 (0.368)	−0.0188*** (0.00663)	−0.0417** (0.0165)	−0.0475*** (0.0176)	−0.00335 (0.0193)	−0.00335 (0.0193)	0.00148 (0.0231)	0.0108 (0.00776)	0.0872 (0.103)
资本密集度	0.496** (0.223)	−3.435 (2.929)	0.146*** (0.0550)	0.654*** (0.136)	0.690*** (0.146)	−0.247 (0.151)	−0.247 (0.151)	−0.362* (0.192)	0.141** (0.0618)	−0.100 (0.819)
营业现金流	−0.582 (0.387)	−6.760 (5.244)	−0.217** (0.0964)	−0.539** (0.237)	−0.508** (0.254)	−0.198 (0.275)	−0.198 (0.275)	−1.097*** (0.336)	0.110 (0.111)	−2.449* (1.466)

续表

变量	成本费用利润率	固定资产周转率	总资产净利润率	营业净利率	息税前营业利润率	资本保值增值率	资本积累率	所有者权益增长率	可持续增长率	托宾Q值
常数项	0.853 (0.694)	−3.317 (9.328)	−0.195 (0.173)	−0.259 (0.425)	−0.165 (0.454)	0.178 (0.484)	−0.822* (0.484)	−1.197** (0.601)	−0.447** (0.197)	6.068** (2.608)
观测值	272	280	269	272	272	279	279	269	280	280
固定行业	YES	YES	YES	YES	YES	YES	YES	YES	YES	YES
固定时间	YES	YES	YES	YES	YES	YES	YES	YES	YES	YES
判定系数	0.523	0.0344	0.648	0.588	0.571	0.355	0.355	0.281	0.634	0.687

括号中的数字为标准误。
注：*** 表示 $p<0.01$，** 表示 $p<0.05$，* 表示 $p<0.1$。
资料来源：笔者根据实验数据整理所得。

特别需要说明的是，因为嘉兴市上市公司的行业集中度较高，制造业之外的企业只有两家，且一家被用来做政策对照组，而地域上均来自于嘉兴市，所以因为样本限制无法开展异质性检验。

四、深化增值税改革还存在的不足

分行业看，此次减税降费切实降低了大部分行业企业的增值税税负。然而，尚有部分行业减税效果不佳。可能原因如下：

一是销项适用9%税率，进项主要为13%税率，主要存在于建筑、交通运输行业企业。例如房地产企业新湖中宝，该类企业进项往往是13%税率货物、装备，销项主要是9%，本次深化增值税改革进项下降幅度超过销项，且企业无法适用加计抵减政策，旅客运输抵扣适用面较小，抵扣额度不大，导致税负率上升。

二是销项税率6%不变，进项税率降低，主要存在于服务业。如慈文传媒是上市公司中税负上升最明显的企业，说明企业进项结构中原16%的部分因为税率下降导致进项税额大幅下降，即使有加计抵减政策，税负率依然大幅上升。由于上述现象是由于政策制度原因造成，具有持续性、普遍性。

三是销项主要适用13%税率，但兼营6%税率（或9%）的销项税额较大。该种情况主要集中在混业经营企业，如嘉化能源、桐昆股份（2018年财务报表年报附注中披露公司业务涉及3%、5%、6%、10%、16%、17%税率），由于该类企业主营业务为原增值税行业，无法适用加计抵减政策，如果6%税率或者9%税率占比较大时，容易出现税负率上升的情况。

五、减税效应的思考及政策建议

（一）改革的减税效应明显

此次深化增值税改革的政策，切实降低了大部分行业的增值税税负，从深化增值税改革不同政策对不同行业的效应情况来看，政策的条款非常具有行业的针对性，体现了深化改革减税的精准性。税率降低主要惠及的是广大制造型企业，及大部分服务型行业。留抵退税则特别针对长期进项留底，以及新投产、新增大量投资等企业，通过进项税额的退还，缓解了企业的现金流压力，从而引导企业扩大生产、加大研发等投入。而配套改革政策主要通过扩大抵扣范围，以及加计抵减的方式，为税率维持不变的服务性行业降低税负。深化改革的减税红利，一方面，在供给端降低了企业的税收成本，增加其利润；另一方面，在居民消费端减少居民的价格支付，起到拉动消费的积极作用。在拉动经济增长的投资、消费、出口3大需求中，中国正面临出口转向内需、投资转向消费的战略转型，所以通过减税扩大消费内需具有深远意义。

（二）深化增值税改革的政策建议

1. 进一步研究降低增值税税率的可行性

受此次疫情影响，外需疲软，嘉兴市外向型企业较多，受影响尤其明显。建议进一步下调、简并增值税税率，尽可能缩小税率级距，简化增值税税率结构，营造更为公平、简洁的税收环境。

2. 增加针对特定行业减税降费配套措施

部分行业在深化增值税改革后，企业税负率反而上升，如房地产业，在这次税率改革后，企业可抵扣进项税额大幅度减少，但税率维持在 6%不变，因而不能享受加计抵减政策，持续导致税负率明显上升，建议能有更多配套措施出台，例如，适用加计抵减政策，切实降低企业税收负担。

3. 政策变化快，加强宣传教育培训

近年来税收政策变更频繁，规则复杂，财务人员难以及时学习到位，因而产生出许多财务工作上的问题，容易产生账目混乱的现象。一方面，建议政策具有前瞻性、稳定性、延续性，尽量避免“补丁”式政策，便于学习、应用。另一方面，一线税务机关应继续加强宣传辅导，确保纳税人应享尽享税收优惠。

参考文献

[1] 蔡蕾，苏文兵，李心合．税率调整、公司避税与企业价值的关系研究——基于 2008 年企业所得税改革的经验证据 [J]. 当代财经，2017，391（6）：120—132.

[2] 陈玲莉，何清．浅谈深化增值税改革对制造业的影响 [J]. 经济师，2019，365（7）：116—117.

[3] 董化杰．我国减税降费政策效应分析 [J]. 中国金融，2020，923（5）：21—24.

[4] 葛美星．减税降费政策中小微企业受益情况调研 [J]. 统计科学与实践，2019，420（10）：26—27.

[5] 胡怡建．减税降费改革激发五大政策效应 [J]. 中国税务，2019，415（4）：11—13.

[6] 蒋静，刘怡．从重点税源企业数据看减税降费政策效应 [J]. 天津经济，2019，307（12）：40—44.

[7] 李霞．增值税新政改革为小微企业带来的减税效应探究 [J]. 吉林工程技术师范学院学报，2019，35（8）：29—31.

[8] 刘金科，邓明欢，肖翊阳．增值税留抵退税与企业投资——兼谈完善现代增值税制度 [J]. 税务研究，2020，428（9）：111—118.

[9] 柳光强．税收优惠、财政补贴政策的激励效应分析——基于信息不对称理论视角的实证研究 [J]. 管理世界，2016，277（10）：62—71.

[10] 庞凤喜，牛力．持续推进减税降费的经济社会效应分析 [J]. 中国财政，

2019，785（12）：16－18.

[11] 饶茜，杨雨虹，郭世俊，等．增值税进项加计抵减对企业价值的影响［J］．财政研究，2020，452（10）：102－114.

[12] 宋雷娟，储敏伟．税率降低与企业固定资产投资的DID实证分析——来自上市公司的经验证据［J］．财经理论与实践，2010，31（3）：97－102.

[13] 谭茜，陈丽丽．新一轮增值税减税政策效果评价分析：以制造业为例［J］．纳税，2020，14（7）：5－6.

[14] 王福全．增值税税率调整对建筑业影响分析［J］．经营管理者，2019，549（6）：84－85.

[15] 王旭．增值税减税规模测算方法浅析［J］．税务研究，2019，416（9）：47－50.

[16] 吴祖光，万迪昉，吴卫华．税收对企业研发投入的影响：挤出效应与避税激励——来自中国创业板上市公司的经验证据［J］．研究与发展管理，2013，25（5）：1－11.

[17] 曾慧萍．深化增值税改革政策对制造企业财务的影响及对策分析［J］．纳税，2019，13（18）：10－11.

[18] 章君．增值税加计抵减政策财税处理问题探析［J］．湖南税务高等专科学校学报，2019，32（6）：27－31，46.

[19] 赵玉红．关于实施增值税深化改革新政策执行应用中若干问题浅析［J］．纳税，2019，13（26）：19，21.

[20] 中国人民银行咸宁市中心支行课题组，张晓峰．欠发达地区中小企业减税降费效果评估与政策建议——对湖北省咸宁市89户企业的调查与思考［J］．银行家，2019，220（12）：67－70.

浅析教学基本状态数据采集与应用的改进策略

宣　刚　李鑫益

（浙江财经大学东方学院，浙江 海宁 314408）

摘　要： 全国高校本科教学基本状态数据采集工作的全面铺开，是教育管理信息化走向纵深的重要举措，为本科院校建立内部教学质量监控体系明晰了新思路，提供了新方法。本文拟从学院内涵式发展的价值建设角度，找出数据采集与数据应用方面存在的问题和差距，同时结合教学基本状态数据库系统的数据项要求，以及教学评估指标体系中指标和观测点的要求，有针对性地对教学评价管理中存在的问题进行完善和优化，本课题在对数据采集工作实施5年来进行阶段总结的同时，期望能对建立教学状态数据的长效管理机制提供借鉴。

关键词： 质量文化；数据采集；改进策略

一、引言

教学基本状态数据可以如实反映一所学校在教学建设、教学运行和教育质量方面的真实情况，也是学校办学实力和办学水平的重要体现。根据上级主管部门要求，有必要建立校级层面的状态数据库，并将此平台作为管理手段开展采集与应用，实时监测教学基本条件、学科专业、人才培养等大类数据，对运行中即将或已经出现异常的情况给予提醒，使各项运行状态指标都能进行常态、可视化监测，此举将在促进学院教学质量自我评价、优化教学资源配置、提升教学管理效率过程中具备重要的数据支撑作用。

二、教学基本状态数据采集的现实意义

教学基本状态数据采集是国家层面实施的一项系统工程，对于加强教学质量保障体系建设，具有重要作用。对上级部门来说，教学基本状态数据是本科教学合格评估的基础数据；对高校自身来说，它是院校自我评估、诊断改进的尺规准绳。通过对基础教学状态数据的收集，可以进一步规范办学过程中形成的各种数据和文件，理顺管理制度和行为。教学基本状态数据在资政导学方面也发挥着积极作用，如协助政府主管部门决策

是否应该增加对学校投入，以及帮助社会了解学校办学水平。

学院从 2015 年起，每年定期开展教学基本状态数据采集工作，并按要求在高等教育质量监测国家数据平台进行填报。每一次的数据采集都是一次盘点工作，帮助我们进一步摸清“家底”、查摆短板，不仅为教学改进指明方向，也为建立本科教学质量常态监测机制奠定基础。

三、教学基本状态数据采集的工作实践

以 2020 年为例，目前数据采集共涉及 7 大类数据，81 张详细表格，700 多个数据指标项，新增了师范类专业、临床医学专业和工科类专业数据采集，所有数据均需在 10 月底前完成填报，统计时间分时期数和时点数，时期数又分自然年和学年。

（一）教学基本状态数据采集的实施过程

学院成立由院领导任组长、各相关职能部门负责人为成员的“教学基本状态数据采集工作领导小组”，指导并协调院内相关职能部门共同做好该项工作。领导小组下设办公室，设在教务管理部，负责日常事务。数据采集工作由教务管理部统筹协调，其他职能部门和二级学院配合开展，在采集过程中按照数据逻辑关系分为若干个时间段，分类采集、逐层审核。根据多年工作经验，现已形成相对完善的采集工作流程，分以下 4 个阶段。

1. 第一阶段为学习部署阶段

数据采集工作的第一步是学习并理解所要采集的数据指标含义，在这个阶段进行集中性学习是非常有必要的，数据采集工作每年都有新变化，各项指标也越来越细化，召集各部门组织学习《教学基本状态数据采集工作方案》《高等教育质量监测国家数据平台数据填报指南》（以下简称《填报指南》）等相关文件，特别是对表格字段、指标解释务必解读到位，做到统一思想、明确责任、分解任务、落实到人。

2. 第二阶段为分类采集阶段

在进一步熟悉业务要求的基础上，数据采集员在部门负责人指导下，根据学院制定的《教学基本状态数据采集任务分解表》，严格按照《填报指南》中各个指标内涵，进行本部门相关数据采集工作。该阶段除了个别基础数据需要提前采集填报外，其他数据均可同步并行采集，采集完成后，由采集部门领导负责审核（即一审），再由采集员录入填报系统。

3. 第三阶段为数据确认、汇总阶段

完成分类采集后，绝大部分数据已基本完成填报。此时，由牵头部门教务管理部将采集部门提交的数据材料进行汇总，按照采集工作方案和填报指南逐项检查数据格式（即二审），审核通过后提交学院分管领导。再由学院分管领导将汇总数据提交到数据采集工作领导小组进行终审（即三审）。在数据确认汇总过程中如遇到问题数据，则返回上一程序重新采集和审核。

4. 第四阶段为数据审核、提交阶段

经过以上三审环节，数据背后的逻辑关系基本理顺，采集工作领导小组办公室根据终审情况决定是否需要进行数据补采，这个过程也是查漏补缺的过程，最后经采集领导小组组长审核、最终确认后，组织专门人员将“终审”通过后的数据提交至高等教育质量监测国家数据平台，相关文档上传至教育部高等教育教学评估中心。此时采集工作完成提交后，数据便不能再修改。

（二）教学基本状态数据在高校教学质量监控中的应用

1. 在改进教学质量监控管理中的应用

教学质量管理工作，方方面面都要提升，全体人员都需要参与采集并对相关信息进行掌握和分析，在教学质量监督和控制管理中，要想更好地实现管理目标，可以通过教学基本状态来进行反映，通过对数据进行分析和整理，提出提升教学质量的措施，完善存在问题的短板，避免出现管理不当的情况，这样既有利于教学质量的提升，也能促使管理水平提升。完善教学质量监控工作，首先就需要做好数据的调查和研究，这是建立在一定的事实基础之上的，通过教学基本状态数据所反映出来的信息及时进行调整，掌握相关情况，有针对性地对教学中存在的一些问题进行完善和优化，如生均教学日常运行支出等指标，实现对教学过程进行动态调整，保证教学过程有着良好的环境，提升专业人才的培养质量。

2. 在构建质量文化、质保体系中的应用

教学基本状态数据能够为院校自我评估提供数据支撑，为高层进行相应的决策提供依据，我们必须对数据采集工作引起重视，并对整个采集过程进行规范化管理，所采集的数据要保证格式的规范性，对数据中所采取的指标要有统一的理解，保证数据的准确和有效性，同时建立完善的规章制度，实现对质量工作的监督和控制，完善教学制度。教学基本状态数据中所显示的功能要能够对教学实际运行情况进行反应，符合相关统计的需要，充分挖掘数据价值，从而帮助学校进行教学诊断与改进，促进学校管理理念的更新和管理规范化程度的提高。

3. 在提升教学质量管理队伍能力中的应用

在教学质量监控工作中完善教学管理队伍建设至关重要，从学校的发展情况来看，教务部门要制定全校的标准和规范，需要进行评价的体系需更加完善和规范，学校的各个院系要根据自身情况对规则进行细化，并采取相应的措施，对制度和质量标准进行监督和检查，将各项内容落实在实际的管理工作中。当前，我国很多高等院校的教学管理中都加大了对监督和指导队伍的建设力度，对课堂听课制度、课堂教学内容进行监督，从而对教学过程进行指导和调整，并对教学结果进行评价。如今，高等院校中应用信息化技术的方式和手段不断增加，对于教师的课堂评价，以及学生评价内容都有所增加，形成了学生及教师和管理人员之间的相互监督。因此，在教学评价过程中要把握基本规律，做好对教学过程的动态性评价，扩大质量监测的覆盖面。

四、教学基本状态数据采集的改进策略

（一）数据采集工作难点与创新

1. 正确处理好采集与应用之间的关系

数据采集只是手段，数据利用才是目的，要把状态数据与日常教学监控相结合，找准软肋，跟踪推进。如何正确理解数据项的内涵，作为牵头部门的教务管理部，如何引导校内各单位、各采集人正确认识理解所负责指标数据项的内涵至关重要，否则采集将失去意义。如何配合此项工作，出台数据采集工作制度，固定数据采集机构、职责、内容和流程，甚至对某些指标的理解也应该固定。需采集的数据项庞大，涉及的部门较多，需要协调的事项也多，如何有效衔接采集过程中的各个环节，如何协调好各部门之间的事务，如何将采集任务正确分解到具体负责人，都是做好采集工作的难题。当然需要突破的最大难题是正确处理好采集与应用之间的关系，并对数据进行有针对性地分析。

2. 上下合力建立采集与应用联动机制

首先，我们以教育部评估中心数据采集工作 QQ 群为平台，依托其丰富的采集资源，收集学院和其他高校在采集工作中遇到的问题、疑惑，以及评估中心给出的权威解答，将这些实用性的问答加以整理，汇编成册，并做好及时更新、补充工作，供各个职能部门参考，此举大大提高了采集工作效率。

其次，在数据采集群共享与数据采集工作密切相关的各类文档，如《普通高等学校基本办学条件指标（试行）》《普通高等学校本科教学工作合格评估实施办法》《本科院校教学基本状态数据库表格与指标代码索引》《全国高校教学基本状态数据库校验公式》等文件，以及数据填报、导入相关模板，供各个职能部门试填数据和导入数据。同时，对教育部评估中心的填报系统中进行实际操作培训演示。

（二）数据采集工作反思与改进

1. 转变采集观念，建立教学状态数据的常态采集机制

浙江省从 2015 年启动高校教学基本状态数据采集工作，并将此作为一项常规任务。随着“五位一体”评估形势的发展，教学评估将逐渐从结果评估转向过程评估。上级部门将更加注重对教学基本状态数据的常态监测，鼓励高校建立自身本科教学基本状态数据库，对社会关切的核心教学数据在一定范围内向社会发布。所以我们的数据采集工作也将转变观念，改变以往一年一次集中式的采集，而以常态化方式在日常工作中开展采集和分析，能够更好地发挥这项工作的应用价值，及时发现教学核心资源配置方面存在的问题。

2. 促进学校自评，建立教学状态数据的长效管理机制

通过近 5 年的系统建设与数据采集，“教学状态数据库”已在高校教学状态监控、

本科教学工作评估中发挥较好的作用，并为政府决策提供了数据支持。学校应不断完善本科教学自我评估制度，建立健全教学质量保障体系，重点做好三个注重：一是注重教师和学生对教学工作的评价，二是注重学生学习效果和教学资源使用率的评价，三是注重用人单位对人才培养质量的评价，建立有效的校内教学质量监测和调控机制。所以数据采集工作对于促进学校自我评估有着十分重要的作用，它不仅是数据基础，更是决策依据。依据数据客观地将学校全面运行状态实时地展现出来，并对变化趋势进行分析，实现管理的实时性、准确性、持续性。

3. 加强数据分析，构建大数据中心与发展计算机决策

目前，教学基本状态数据单次采集数据量在结构上已经形成一定规模，加上历史数据的积累，其数据规模也是海量。这些数据在没有被采集时，基本都散落在校内各业务系统中，系统之间几乎没有信息交换，呈现“信息孤岛”状态。有的系统之间虽然做了接口程序来实现数据共享，但也仅仅是简单的数据抽取和调用，这种做法一方面，存在安全隐患；另一方面，也会对系统运行效率带来影响。所以，作为教学质量管理部门而言，要建设有组织、有制度、有职责、有标准、有秩序规范的本科教学质量保障与监控综合体系，必须要建立及完善独立学院的日常教学管理状态数据库，优化教学质量信息采集、统计、分析、反馈机制，探寻教学质量持续改进的途径与方法，对教学质量改进的效果进行更加准确的综合分析与评价。因此，要深入关注教学过程等具体数据，必须构建数据中心，开发设计特定指标的统计信息分析、同类高校排序与聚类、专业预测、指标与结论的相关性分析、基于评估结果的高校排序等数据挖掘模块，并在此基础上开展数据挖掘分析，发展计算机决策，逐渐形成采集、监控、诊断、反馈一体化的数字化教学质量管理体系。

五、结束语

上述问题都围绕建立及完善独立学院的日常教学管理状态数据库，建设有组织、有制度、有职责、有标准、有秩序规范的本科教学质量保障与监控综合体系。

在数字化建设工作的推动下，学校已经拥有众多的原始教学信息数据，随着时间的积累，原始数据已经在空间上以立体方式不断扩张壮大，但是这样的数据并没有为学校的教学管理及研究带来可视化的结果和深度挖掘后的数据分析，要使其变得真正有价值，就必须建立一套完整全面的数据采集规范，包括数据采集相关制度和数据采集工作方案，形成数据采集与数据应用的长效管理机制。

参考文献

[1] 曹俊芳．大数据背景下的本科教学基本状态数据库建设 [J]．现代医药卫生，2018，34（14）：2255－2256．

[2] 郝海滨，张武杰，孙凤芹．高等院校院级教学管理状态数据库构建与应用 [J]．科教导刊（中旬刊），2018（11）：12－14．

［3］教育部教高司．关于在新建本科院校进行教学基本状态数据采集工作的通知［Z］.（2012－07－02）［2020－11－12］. http：//www. moe. gov. cn/s78/A08/s3879/s7941/201403/t20140313_166978. html.

［4］教育部．教育部关于普通高等学校本科教学评估工作的意见［Z］.（2011－10－13）［2020－11－12］. http：//old. moe. gov. cn/publicfiles/business/htmlfiles/moe/s7168/201403/165450. html.

［5］李佐军．大数据技术在高等学校教学基本状态数据采集中的应用［J］. 教书育人（高教论坛），2018（36）：72－73.

［6］刘杰，何小波．大数据环境下高校教学基本状态数据库的研究［J］. 计算机时代，2017（1）：90－92.

［7］宋备舟，王志英．以信息化技术促进高校本科教学基本状态数据管理水平提升［J］. 教育现代化，2019，6（85）：311－312.

［8］张兰芳．建立学院教学状态数据库，优化学院教学管理——以东华大学外语学院为例［J］. 东华大学学报（社会科学版），2019，19（4）：412－418.

社会交换理论视角下应用型本科院校学生考证现象研究*

周　航　乐卓一　徐琪琪　胡崇硕　王泽海**

（浙江财经大学东方学院，浙江 嘉兴 314408）

摘　要： 本文以社会交换理论为视角，从宏观角度上研究应用型本科院校学生考证现象的外在动力，以及考证行为产生的反作用力；从微观角度上具体分析以证书作为交换纽带取得与期望值所对应的奖励与报酬，以及在公平价值观下评估其合理性。文章最后，在不同角度上提出相应策略和建议，旨在为当今大学生考证提供一种具有实效性的参考意见。

关键词： 社会交换理论；考证行为；期望；交换

一、引言

社会交换理论（social exchange theory）结合布劳的社会交换理论和霍曼斯的行为主义交换论，借用经济学概念解析社会行为有赖于相互强化而得以持续发展的一种社会心理学理论，其核心是“互惠互利”。在社会分工日益专业的背景下，某一领域具有专业知识和特殊技能的人才将会脱颖而出，能够受到不同程度上的“奖励和报酬”，这些“奖励和报酬”并不限于物质财富，也可能是精神财富和社会财富。应用型本科院校尤为注重为市场输送专业化的人才，大学生通过考证与外界进行互动，在本质上就是一种社会筹码的交换。在这个过程中，若把外界统一看作一种组织，那么预期的结果是它将给予付出的大学生个体相应的“奖励和报酬”。正因如此，越来越多的大学生跻身考证行列，考证更是在校内刮起热潮。

个体和组织的社会交换带来了更高的经济效益和社会效益。从某种角度上说，考证被视为大学生进行文化资本积累的过程，而考证的目的在于在劳动力市场上将其转换为可用的经济资本和社会资本。社会为营造良好的知识氛围，促进整体技能型人才的扩充发展生产力。用人单位聘用专业型的人才产生社会效益，提升产业价值。各大应用型本

---

* 基金项目：浙江财经大学东方学院大学生创新创业训练计划项目（项目编号：S202013294012）

** 作者简介：周航，浙江龙游人，副教授，硕士，研究方向：企业管理与信息管理；乐卓一、徐琪琪、胡崇硕、王泽海，浙江财经大学东方学院在读本科生。

科院校以此为契机，扩大其文化资本及社会影响力等。作为第三方组织，他们也同样需要个体的投入，从而实现资本的增益。但同时，我们不规避考证带来的一些消极后果，诸如投入产出比不对等、有失公平的价值体系、政策的调整导致的社会倾向转变、用人单位对证书的认可度降低等。

二、应用型本科院校学生考证现状分析

从20世纪90年代后期开始，我国实行职业资格准入制度，社会出现考证现象。近年来，国家逐步放宽了报考者的资格，把职业教育摆在教育改革创新和经济社会发展中的突出位置。2019年2月13日，国务院出台新政《国家职业教育改革实施方案》，要求进一步办好新时代职业教育，继续完善国家职业教育制度体系，大幅提升新时代职业教育现代化水平，为促进经济社会发展和提高国家竞争力提供优质人力资源支撑。同时指出，职业教育更加重要，将大力扶持考证人才。然而，由于从业资历与教育背景存在短板的人群对提升职业竞争力有强烈的需求，原为规范从业标准的职业资格制度，部分被错误地嫁接成释放这种需求的出口，从而在就业竞争市场中出现了“灰色空间”。总体而言，应用型本科院校学生考证现象热度不“退”，项目调查的大学生绝大多数考取过各级各类证书，而少数的所谓围墙外的观望者，也欲加入考证大军，这使得考证人数呈现出陡坡式的增势。

（一）考证现况

从考证行为的选择依据看，不同人群的目的不同。首先，部分学生将个人的兴趣爱好作为考证的出发点。在自身对专业课的兴趣不大或在此类行业的发展前景有待商榷的前提下，将目光投入了未涉猎的新领域。这部分人群在转型时可能提前有所了解和规划，或只是想单纯闯闯看。但无可否认的是，考取各类证书的确给学生提供了突破专业领域的机会，是一种改变路径、出现机遇的崭新的视角。其次，更多的学生将考证作为展现竞争力的评判标准。这便是社会交换理论中所强调的，以证书作为筹码，换取相应的报酬。一方面，从功利化角度来说有些过于激进，过于注重证书的效用而忽视对自身能力的把握。另一方面，从社会角度来说，在一定程度上有利于营造良好的学术氛围，鼓励当代大学生积极聚拢知识并通过考证来反映，在学习原本专业知识的同时扩展了在其他领域的见解，为社会增加更多的综合型人才储备。最后，这也是不可忽视的一部分人群，他们仍存有盲目从众性，没有明确目标的考证现象。对于应用型本科院校的同学来说，最重要的便是将在学校中学到的专业知识应用到就业岗位上，故多数同学选择考证、重视考证带来的结果。这样的感染往往带动着周围对考证没有坚定态度，却也不想在社会奔逐浪潮中落下的同学，所以他们也随波逐流加入考证行列。

从考证的投入看，报考者将付出不菲的费用，以及大量的时间和精力。首先，考证作为一种对自身能力的检验和对未来的投资，这个过程无疑是需要花费一定成本的。对于短期的考证，大部分考生表示愿意试试，只有少部分是抱着一次过的心态。这导致诸如此类短期证书的获取率不高、考试次数频繁。每次的报名费用和精力耗费虽然不多，

但长远来看，加总起来数目也不菲。间断的应试同样容易造成疲惫和心理厌倦，是无形间带来的间接成本。其次，是需要长期准备的考证，如针对性强的专业类证书，相当于一场持久的拉锯战。在长时间的备战中，报名和教辅费已占次要地位，重点在于这是一种全身心的投入。决定考取此类证书者，一般来说是已经做好充足准备，且对自我的发展有一定的方向和规划的，不计成本的投入是此类人群最大的特征。

（二）考证的预期和结果

从应用型本科院校学生对考证的预期来看，普遍的态度是考证在一定程度上是有益的。具体表现在提升就业门槛、改善薪资待遇、扩大发展平台等。这是一个积极循环的过程，也是一种稳定发展的趋势，即个体获取相应的报酬后（这里既指硬性的证书，也指满足幸福感等指数），继续投入持续产出。

从考证的结果分析，对于其取得报酬的衡量却是主观的。通过调查结果分析得出的交换关系矩阵如图1所示，正向的行为占据一半，其对立面是逆反行为，剩下的倦怠行为则是保持着转化的状态。因考证行为大多是依靠个人努力去完成并取得结果的，大学生有所投入以后，可能会觉得公平抑或是不公平。而市场对证书的认可度随政策的出台而有所波动，意味着考证行为具有不稳定性和风险性，证书能不能用上，能用多久都是存在隐患的。这样的不确定性会使权利的根基发生动摇，产生不同的个人行为结果。

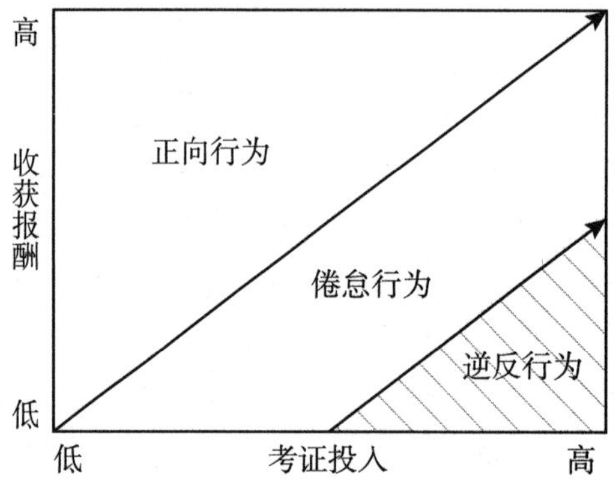

图1　交换关系矩阵

资料来源：笔者根据调查结果实验数据整理所得。

三、应用型本科院校学生考证现象暴露的问题及成因

（一）社会就业政策管理存在缺陷

尽管国家每年都在推行和呼吁出台政策解决大学生就业难的问题，但随着高校的扩招，毕业生只增不减，就业形势依然严峻，无法缓解当代大学生对就业问题的担忧。管控上的不严格使得制度推行难度加大，更难以真正落实，这也从侧面反映了国家对于政策的开展、监管、完善不够到位。另一个角度是从政策的普及面讲，也就是往往很多政策的出台是以笼统概要的形式，并未涉及具体的实施方案和真正的接收对象。这样的背

景需要政策的管理专员拆分核实，将细节颁布到位。而现实是，大多数的政策缺乏解释和落实的人员，其波及范围不广。政策有但却无法应用是问题的根本所在。

（二）用人单位招聘要求不合理

用人单位的固化性思维顺着考证现象的发酵，将着眼点放在了书面化的简历、简章上，凭一纸文书判断一轮录取人员。在招聘简章和网络推文上，通过行业对比不难发现，各大用人单位纷纷出台证书门槛，或是确有职务需求，或是竞相效仿，致使招聘要求层层累加。然而在这门槛的背后实则是假高虚空，他们招聘到的只是拥有证书，能够证明在某一段时期内该员工的确达到了相应的标准，而无法保障在岗位试用期其效用是否能够持续。换言之，考证内容是知识水平上的集合，而无法评估其实际的可操作性和知识的延续及实时更新。这样的要求既不合理，对于企业来说也是一笔损失。

（三）高校对考证的不公平倾向和市场需求脱节

由于应用型本科院校在建立之初便已具有学校鲜明的教学特色，在培养人才上有着专业的导向，这使得本校学生在考证领域上产生了一定的局限性。对除专业外的其他证书了解不多，只侧重于专业类的证书，忽视冷门证书对学生的作用，在奖励政策上有所偏颇。间接导致了教育资源的浪费，阻碍很多冷门学科的发展。而考证现象的持续发酵，促使教育改革，将权力从市场下放给了学校，而其产生的社会问题却是很多高校无法独立解决的。造成高校培育出的大学生在就业选择上比例失衡，造成人才全往一处涌的“翘板”效应，高校的教育与市场需求脱节、考证市场鱼龙混杂，以及假证参半等问题。

（四）考证行为受个人价值观影响

很多大学生在个体考证行为的后期会出现逆反，也就是权利分化后的负面效应。曾任华中理工大学校长的杨叔子表示，在社会高等教育的背景下，我们是为培育具有专业能力的学子，而非制造同类效用的“机器”。为追求高含金量的证书，取得迈向理想岗位的途径，社会环境中产生不良风气，部分学生产生了功利化、浮躁、甚至抵触的情绪，他们热衷于通过考证来证明自己在某项领域的实力，却并不清楚具体的投入产出比，只寄希望于社会交换所反馈的奖励和报酬，过于注重结果却没有做好长期投入的打算，没有收获效益便匆匆放弃或中断，甚至产生自我怀疑，对知识领域产生不合理看法等。再者，由于对自身的职业规划没有一个清晰的认知，不清楚未来的发展方向，盲目考取和涉猎与应聘岗位无关的证书。同时，不了解就业市场对证书的专业性需求，考取的证书往往打了擦边球而没有击中市场需求。

四、应用型本科院校学生考证现象的优化对策

（一）规范社会价值，建立健全就业保障体系

大学生考证现象的本质在于对就业问题的担忧，应用型本科院校尤甚。因此，将笼

统的制度通过完善的管理落实到位，完善和健全大学生就业保障体系有利于缓解这样的焦虑。从狭义的角度上说，即建立大学生失业保障制度，对于刚毕业还未有经济来源的学生给予一定程度上的资助和保障。政府应积极做好引导作用，规范社会价值，如出台大学生失业救助制度，保障失业大学生的基本生活。从广义上讲，就业保障体系的建立应从多方面入手，包括学校对于贫困学生的补助、学费的贷款、提供相关的供勤工俭学机会、鼓励和倡导大学生创业。用人单位承担社会责任，规范用人行为、尽可能地减少歧视、为大学生提供岗前培训。社会维护大学生就业的合法权益，加强对就业中介机构进行管理监督等。通过多方努力在宏观上搭建一层保护罩，拆分政策细节，使社会价值得到一定的治理和规范，采用具体化的做法对当代大学生进行正向引导。

（二）用人单位长远规划，优化制度

大学生纷纷涌入考证急流，也恰恰反映出招聘单位的制度弊端和思维守旧。用人制度的不成熟致使很多企业将目光着眼于学生的证书上，而忽视了应聘者的专业技能、行业素质和未来的发展潜力等综合因素。其中的制度缺陷在于，用人单位往往以高标准招聘，在实际工作时降低要求，受类似主流价值观的影响，学生也倾向于考取更多证书来提高所谓的实力。这样的员工入职对于企业来说好处并不大，也打击了优质人才的积极性，造成了人力资源的浪费和耗用。因此，用人单位应用长远的、发展的眼光来看待问题，可以适当地放宽招聘政策，在初步入职实习时对员工进行岗位培训，继而考量其综合能力、再次评估其是否适合在此岗位任职，为其提供可上升进步的空间。总而言之，全社会应该树立起正确的用人观，将考核重点摆在招聘者的实际操作能力上，这样对企业提高生产力，增加效益上才能真正起作用。

（三）高校主动进行改革，搭建交流枢纽

由于高校与学生有着直接密切的联系，且高校相比社会和用人单位来说，其政策的调整可操作性强、适用范围广、具有灵活性和互动性，对内进行教育系统的改革，对外和政府、企业沟通合作。鉴于此，应用型本科院校可采取以下的应对策略。第一，建立公平合理的校内考证制度。应用型本科院校应积极着手打破教育局限，筛选出对毕业生就业有帮助的证书，在学生群体中做好相应的宣传和教育。注重学生综合性能力的发展，不鼓吹某项证书也不轻视非专业类证书，弥补学生在校所学和市场所需的落差，使之公平合理。第二，为使社会交换持续进行，应用型本科院校可以为学生提供阶段性的奖励制度，在投入的有效期内产生回报效益，提高考证的积极性和参与度，引导学生正向反馈。第三，加强与政府、企业的沟通合作。这需要应用型本科院校设立相关的考证监督部门，对于校内学生的考证现象所反映的问题及时上报给政府相关部门，进行政策的修订和完善。同时，给予必要的接收和配合，对有关制度的改良反应灵敏，做好校内的应对改良工作，有效连接内部学生和外界政策。再有，应用型本科院校应加强与企业的合作，引领企业走进校园，了解当代大学生的就业能力和职业诉求，同时也为学生提供了了解行业的契机，对未来的就业有着更加明确的目标。学校作为双方沟通的纽带，

应着力解决与劳动力市场信息不对称的问题。

（四）大学生做好职业发展规划，树立正确的价值观

科学合理的职业发展规划对于大学生未来的就业起到了指引作用，可以有效地减少就业恐慌的心理和考证的盲目性，提高就业满意度。职业规划是建立在对自身有客观评估，对行业市场的变动有相对长时间的考察和分析，明确行业未来发展的趋势，从而适应就业需求，调整和完善目标管理，也就是我们讲的从个体层面上树立正确价值观，纠正不良的心理状态。正视考证问题，明确其作用，不能完全偏废或依赖它。在考证结果没有达到心理预期状态时，不必过于担忧烦恼或产生不对等感等负面情绪，认识到证书只是一个助推器。树立正确的价值观，对未来的就业需求有一个良好的规划，合理地选择和参加考证。

参考文献

[1] 鲍烨炜，江国庆，冯梦雅，吴琼．大学生考证情况调查及研究——以南京工程学院为例 [J]. 智富时代，2019 (1)：192－193.

[2] 杜悦嘉，张梓豪．高校大学生“考证热”现象的冷思考 [J]. 法制与社会，2018 (2)：157－158.

[3] 魏翔宇．大学生考证热现象分析及对策研究 [J]. 教育教学论坛，2020 (30)：95－96.

[4] 尹琳，许林，谭园园，陈波波，李妞妞．“考证热”现象背后的大学生择业取向研究——以河南大学民生学院为例 [J]. 现代商贸工业，2020 (18)：67－69.

[5] 俞志远．“考证热”背景下大学生创新创业能力的培养研究 [J]. 创新创业理论研究与实践，2019 (19)：138－139.

[6] 张为东，滕兆梅．就业严峻形势下民办独立院校学生“考证热”现状分析 [J]. 就业与保障，2020 (6)：37－38.

[7] 赵玉虹．论民办高校大学生考证现状研究与探讨——以广东理工学院为例 [J]. 内蒙古教育，2019 (18)：9－11.

新冠疫情影响下 H 市财政收支平稳运行的对策研究

曹智慧　翟晓杰　夏晓红　黄能能

（浙江省海宁市财政局，浙江 海宁 314400）

摘　要：2020 年以来①，新冠肺炎疫情迅速蔓延，地方经济运行及财政收支平衡受到较大影响，财政收支矛盾更加突出，紧平衡的特征更加明显，现以 H 市为例，探索地方财政如何应对减收增支带来的财政运行压力，在克服疫情对财政工作的影响下，做好“六稳”工作，落实“六保”任务，实施积极的财政政策助力抗疫和提振经济，统筹安排各项财政收支，确保财政平稳运行的更优化对策。

关键词：新冠肺炎疫情；财政收支；财政政策

一、疫情期间 H 市经济形势状况分析

2020 年以来，受国内外疫情和减税政策力度加大的影响，H 市经济出现了前所未有的困难，整体经济税收形势较为严峻。2020 年上半年，H 市实现地区生产总值 472.68 亿元，按可比价格计算，同比下降 0.4%（见表 1），降幅较上年同期收窄 6.9 个百分点（见图 1），增速列 A 市 5 县 2 区的第 5 位。实现财政总收入 113.32 亿元，增长 6.6%；一般公共预算收入 68.27 亿元，增长 2.4%；其中，税收收入 64.12 亿元，增长 4.4%（见表 2），占一般公共预算收入比重为 93.9%。城乡居民人均可支配收入 28 931 元，同比增长 1.1%，人均生活消费支出 15 897 元，同比增长 3.7%。1～6 月，应征税收出现大幅下降，同比减收 12.8 亿元，下降 14.1%②。

表 1　2020 年上半年 A 市各县（市、区）地区生产总值增速情况（管理口径）

地区	地区生产总值		第一产业增加值		第二产业增加值		工业增加值		第三产业增加值	
	绝对值（亿元）	增长（%）	增加值（亿元）	增长（%）	增加值（亿元）	增长（%）	增加值（亿元）	增长（%）	增加值（亿元）	增长（%）
A 市	2 497.81	0.6	51.44	2.2	1 273.87	−2.3	1 136.10	−1.5	1 172.50	3.8
B 区	298.35	2.3	6.75	1.8	125.86	−0.1	109.02	0.7	165.74	4.3

① 本文写于 2020 年，故文中均以 2020 年为基准进行表述。

② 海宁市人大财经委．关于我市上半年财政　经济运行情况的调研报告［R］．调查与研究，2020（316）．

续表

地区	地区生产总值		第一产业增加值		第二产业增加值		工业增加值		第三产业增加值	
	绝对值（亿元）	增长（%）	增加值（亿元）	增长（%）	增加值（亿元）	增长（%）	增加值（亿元）	增长（%）	增加值（亿元）	增长（%）
C区	214.24	−0.7	5.41	2.3	105.21	−3.6	92.80	−3.4	103.62	2.2
D县	292.68	1.2	9.85	2.0	149.29	0.0	133.16	0.5	133.53	2.5
E县	251.31	1.2	6.98	2.5	142.71	−2.2	132.07	−1.6	101.62	6.5
H市	472.68	−0.4	7.41	2.6	255.56	−2.6	225.42	−2.3	209.70	2.2
F市	275.01	1.8	5.19	3.4	142.12	−2.4	130.38	−1.0	127.70	6.9
G市	437.22	−2.3	9.70	1.5	218.97	−4.9	192.15	−3.2	208.54	0.6

注：H 市上半年地区生产总值增速高于全国国内生产总值 1.2 个百分点，分别低于浙江省和 A 市 0.9 个百分点和 1 个百分点。

资料来源：海宁市人大财经委．关于我市上半年财政经济运行情况的调研报告 [R]. 调查与研究，2020 (316).

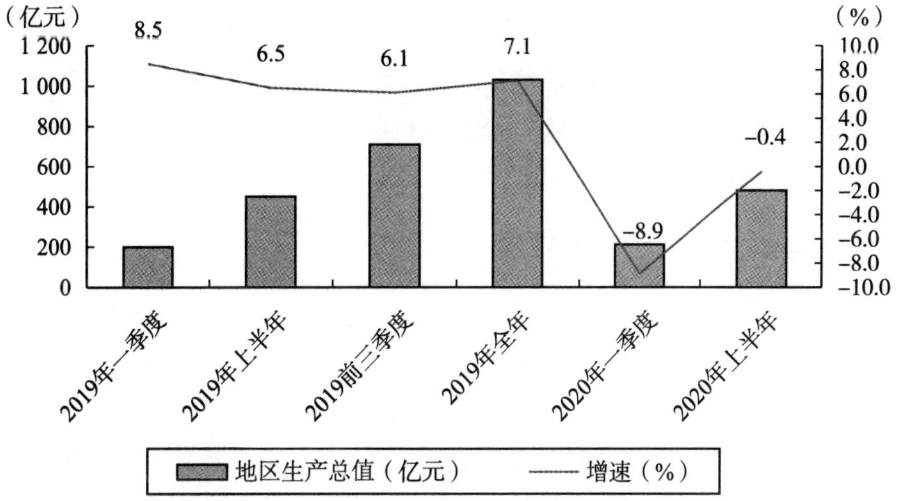

图 1　H 市 2019～2020 年地区生产总值总量和增速情况

资料来源：海市人财经委．关于我市上半年财政经济运行情况的调研报告 [R]. 调查与研究，2020 (316).

表 2　2020 年上半年 A 市各县市财政收入情况表

科目	H市		F市		G市		D县		E县	
	金额（亿元）	增幅%	金额（亿元）	增幅%	金额（亿元）	增幅%	金额（亿元）	增幅%	金额（亿元）	增幅%
财政总收入	113.32	6.6	99.77	3.2	87.92	−6.0	79.13	5.6	59.21	−2.5
一般公共预算收入	68.27	2.4	60.51	0.3	57.45	4.4	48.37	3.2	37.35	4.0
一、税收收入	64.12	4.4	52.81	−2.3	52.44	3.6	44.43	7.1	33.94	4.8
其中：增值税	19.28	−17.7	23.42	1.5	12.61	−23.2	14.81	−6.7	13.47	−1.0
企业所得税	13.82	78.6	11.99	28.4	8.81	−30.5	9.25	34.6	4.66	−28.4
其他地方各税	27.73	1.6	15.91	−18.4	27.94	43.4	19.20	8.5	15.03	31.8
二、非税收入	4.15	−20.3	7.70	23.0	5.01	12.9	3.94	−27.2	3.41	−3.5

资料来源：笔者根据《海宁市 2020 年上半年财政预算执行情况分析》数据整理。

受疫情影响，H市经济结构性问题制约高质量发展，投资增长后劲不足。税收应征数分行业看，二三产业分别下降23.7%、10.2%。

（一）工业经济结构有待优化

第二产业主要行业制造业受疫情冲击和世界经济衰退影响较大，2020年上半年规上工业产值同比下降2.9%，特别是海外疫情持续蔓延，对H市出口链上的制造业企业形成较大冲击。2020年上半年对美出口同比下降14.9%，对日本出口同比下降2.4%，对新兴市场出口同比下降18.8%，全市出口交货值同比下降18.6%；主要龙头企业两极分化明显，有色金属冶炼和压延加工业、家具制造业、橡胶和塑料制品业3家所属行业代表性企业同比分别下降61.4%、42.3%和30.3%。出口萎缩也进一步导致了H市工业企业产销矛盾突出，产销率（89.7%）处于近3年低位，库存压力较大。同时，制造业作为新增税收优惠政策的主要减收行业，2020年上半年制造业应征税收同比下降28.5%，较一季度继续下跌0.4个百分点。全市劳动密集型传统产业或外贸依赖度较高的行业受疫情停工停产及海外订单下滑影响，销售收入及应征税收出现大幅下滑。2020年上半年，H市皮革、经编、家纺3大传统特色产业分别实现规上产值22.9亿元、116.7亿元和63.5亿元，同比下降32.8%、14.9%和21.4%。新兴产业虽然增速较快，但整体体量偏小，较余杭区、滨江市等省内发达地区还有不少差距。

（二）服务业发展缺乏有力支撑

三大产业中，受疫情冲击较大的住宿餐饮业、批发零售业、租赁和商务服务业等减收明显，分别下降67.7%、23.0%、13.6%。批发零售业中，汽车销售降幅为13.8%。31家限额以上住宿餐饮业企业实现营业额1.5亿元，同比下降21.8%。服务业新业态缺失，人力资源业、影视业受扶持政策因素影响波动较大，而互联网和软件信息技术服务、科学研究服务等高端新兴业领域的规模以上服务业企业尚为空白。

（三）投资后劲略显不足

2020年上半年，全市完成民间投资（不含房地产开发投资）73.8亿元，同比下降6.9%。部分项目推进有待加速，政府投资、国企公共投资累计完成36.9亿元，占年度计划的38.3%，项目进度略滞后。工业新开工面积较去年下降24.5%。已下达专项债券6个，但需求额2.6亿元不及D县（6个项目，15.5亿元）和E县（4个项目，4.9亿元），大项目和好项目储备相对缺乏。

二、疫情对H市财政运行的主要影响

受疫情影响，2020年上半年H市经济下行明显，叠加各项“六稳、六保”的增支政策的出台、一系列减税降费、扶持企业共渡难关的财税政策后，疫情对经济的影响已逐步传导到财政上，收入的减少和支出的增加将进一步加大2020年财政收支的平衡难度，财政收支面临前所未有的考验。

（一）收支平衡压力进一步加大

2019年新增减税政策性减收22.7亿元，2020年在此基础上减税力度进一步加码，前期出台的6月份前到期的主要减税降费政策执行期限延长到2020年年底，叠加疫情影响经济下行等因素，预计2020年上半年将进一步减收17.4亿元，2020年上半年财政收入增长动用历年结余，全市一般公共预算收入才保持2.4%的低位增长，一般公共预算收入稳增长将面临较大挑战。在新冠肺炎疫情的冲击之下，经济下行压力持续加大，减税降费政策集中实施，财政收入增速放缓，但教育、卫生、社会保障、新农村建设、城市管理、机构运行等方面的刚性支出不断增长，收支运行缺口加大，财政兜底压力日益加重，财政紧平衡的特征更加明显。虽然上级财政部门下达了特殊转移支付、抗疫特别国债等两直资金，以及政府部门带头过紧日子，压减非急需、非刚性支出，用于缓解增支压力，但在大幅减收增支的情况下，财政收支平衡困难加剧。

（二）对房地产业的依赖度加大

在二三产业普降的情况下，建筑业、房地产业应征税款分别增长6.4%、3.0%，平抑了税收整体降幅，但造成H市税收收入对房地产业依赖度较高。2020年上半年H市制造业应征税收同比下降28.5%，房地产业应征税收占全部应征数的比例达33.9%，较上年末增加6.2个百分点，若按一般公共预算收入口径，该比例已高达38.5%，收入的可持续增长压力加大。由于疫情影响，2020年上半年土地出让节奏和进度有所放缓，H市国有土地公开出让地块成交36宗（已合同签订日为准），较上年减少9宗，其中商住用地7宗、合同金额31.7亿元，同比下降15.4%。虽然总成交量价有所下降，但2020年挂牌出让的商住地块多位于城区重点板块，带动土拍市场升温，高溢价、高配建频现。2020年二季度以来，新项目入市节奏加快，受疫情积压的住房需求进一步释放，房地产交易市场有所回暖，上半年全市住宅成交量同比下降18.5%，较一季度回升6.5个百分点，降幅明显收窄，其中6月份住宅成交2 271套，创年度新高并反超上年同期销量。上半年成交主力多为乡镇楼盘，以投资驱动为主，因受政策调控、市场情绪以及库存量等多因素影响，房产市场能否保持平稳仍存在不确定性。

（三）基层财政压力加大

2020年上半年，H市镇（街道、平台）共完成一般公共预算收入24.7亿元，同比减收3.5亿元，下降12.4%，低于全市同口径税收6.6%的增速。一方面，受疫情影响和减税降费持续效应，上半年实体经济呈减收趋势；另一方面，由于上年房地产行业形势大好，隶属于市级的房地产、金融等行业本年有结转入库带来的税款增收6.9亿元，剔除该因素后，则全市同口径增速下降7.3%。其中，镇级下降14.7%；发展平台中重点工贸企业受疫情影响减收明显，下降9%；两个街道上年有一次性增收因素，本年无此因素，下降10.9%。具体来看，增速排名第一的Y度假区，增长19.8%，主要是由于部分企业有大额结转入库税款和企业所得税汇算清缴收入；增速排名第2位的M镇，增长10.1%，主要是体制收入百万以上的20余户大企业实现增收。减收明显的经济开发区下降28.1%，X镇下降27.5%。另外，乡镇近年来在美丽乡村创建、基础设施建设等方面持续大力度投入，并大量招聘岗位合同工，导致基层实际财政供养责任不断扩大，建设发展远超财政可承受能力。

（四）重点领域风险仍需持续关注

疫情爆发以来，社保基金继续减收增支，截至2020年6月底，企业职工基本养老基金支付能力较上年末减少1.7个月，低于全省、A市平均水平，支付风险进一步加大。2020年上半年，为稳定经济发展，一方面，融资环境相对宽松且贷款利率较低，各债务主体债务增长较快，隐性债务化解任务艰巨。另一方面，新增建设项目、扩容区块征迁、集聚区搬迁、全域土地整治、工业企业厂房收购、设施建设、债务还本付息等支出压力大，隐性债务化解任务艰巨。全市存量债务基数较大，近年来虽然采取了控制债务过快增长的一些措施，但受抢抓窗口期、低小散腾退、全域土地整治，以及加大产业投资等工作的推进，各平台和镇、街道对资金的需求持续扩大，债务规模仍呈快速增长之势，债务化解压力进一步增大。

三、H市财政应对疫情影响的措施和困难

H市为积极应对疫情，践行“积极财政政策要更加积极有为”的理念，出台系列减税降费、扶持企业共渡难关的财税政策，带头过“紧日子”，征收节支、提质增效、调整结构、有保有压，扎实做好“六稳”工作，全面落实“六保”任务，做到疫情防控、经济社会发展“两手抓”。

（一）H市财政应对疫情影响的措施

1. 统筹兼顾，强化预算执行管理

一是加强收入监测分析。密切关注宏观经济走势、财税改革动向、地区产业发展，以及新冠肺炎疫情对财政收入的影响，增强组织收入的预见性和主动性；按照“匹配性、均衡性、可持续性”的要求，深化财税收入“一盘棋”管理，合理把握组织收入的节奏和力度；及时掌握周边县区的收入情况，密切关注“财政总收入”“地方财政收入”同比增速，动态调整组织收入预案。

二是健全集中财力办大事财政政策体系。建立跨年度预算平衡机制，对标集中财力办大事要求，科学编制财政“十四五”规划，系统梳理规划期内涉及财政收支的重大改革和政策事项，聚焦基础设施、科技创新、产业转型、重要民生和基本公共服务等重点领域，加强项目储备，完善奖补政策，科学安排资金。

三是贯彻落实“以收定支”原则。优化支出结构，做到有保有压，加大对落实疫情防控相关政策等重点领域支出的保障力度，坚决取消不必要的项目支出，从严控制新增

项目支出，打破部门预算基数限制和预算支出固化僵化的格局，切实把财政资金用在刀刃上；严格政府投资项目条件审核，严禁建设“形象工程”“政绩工程”“面子工程”，全面排查整改“景观亮化工程”过度化等问题。

四是加大一般性转移支付力度。主动向上争取各类转移支付，1～6 月共获得上级补助资金 13.2 亿元、一般债券 2 亿元、专项债券 2.3 亿元、抗疫特别国债 3.4 亿元，抓住有力政策机遇，积极扩大有效投资，全力支持常态化疫情防控、基础设施建设及补短板、惠民生、促销费、扩内需，确保基层财政平稳运行。

2. 牢筑底线，切实加强“三保”工作

一是坚持从紧预算安排，大力压减一般支出。出台《中共 H 市委办公室 H 市人民政府办公室关于进一步贯彻落实过紧日子思想的通知》，在前期按照不低于 10%的比例压减全市非刚性、非重点项目支出 1.0 亿元的基础上，进一步按 5%比例压减 118 个预算单位日常公用经费 200 万元，严格执行相关经费开支标准，加强支出必要性、合理性审核，切实做到“勤俭办事、厉行节约”，1～7 月共压减预算 1.5 亿元，从制度上保障全市财力向基本民生和重点项目集中，将有限的资金用于经济社会发展等重点工作。落实财政资金直达民生机制，2020 年上半年拨付教育、养老、就业、文化等民生支出 45.4 亿元，拨付疫情防控、医疗卫生资金 2.1 亿元，牢牢兜住民生底线。上半年，累计兑现抗疫专项支出和惠企财政奖励 3.5 亿元，落实支持疫情防控税费优惠减免 11.96 亿元，办理税费延期缴纳 10.8 亿元。

二是坚持灵活预算统筹，全力盘活冗余资金。全面落实中央关于“各类结余、沉淀资金要应收尽收、重新安排”的政策精神，加快预算执行进度。结合疫情态势及复工复产的工作要求，对预算执行缓慢或因客观原因不再实施的项目资金调整用于疫情防控和经济发展急需领域；对因机构调整，取消收费职能的单位，按规定程序办理账户清理和销户手续，切实加强存量资金盘活力度。积极构建集中财力办大事财政政策体系，统筹规划存量资金，2020 年 4 月完成上年结转未完全拨付采购指标收缴工作，除因疫情等客观原因推迟执行的项目外，其余资金一律收回财政统筹使用，实现资金使用提质增效。截至 2020 年 5 月，全市已收回部门上年结转资金 1 126 万元，其中核减采购支出 556 万元。

三是坚持从严规范支出，着力控制预算追加。大力优化财政支出结构，确保基本民生支出只增不减，重点领域支出切实保障，把钱花在刀刃上、紧要处。2020 年预算安排民生支出 72.0 亿元，占当年一般公共预算支出的 80.2%，较 2019 年增长 8.3%，全面贯彻落实保民生、保重点。坚持“精打细算、勤俭办事”，严控预算追加，除自然灾害等突发事件处理、新增人员和市委市政府确定的重点工作支出外，年度预算执行中一律不再办理追加手续。对于新增的临时性、突发性等支出，以及前期部门内部防疫支出，优先通过压减部门基本支出和专项支出或动用部门机动经费等现有预算解决，严禁超预算或无预算拨付资金。

3. 精准施策，支持中小企业共渡难关

一是全面落实减税降费政策。构建降本减负长效机制，继续推动减税降费政策落地见效，及时清理规范行政事业性收费，做到应减尽减、应免尽免，积极以政府收入“减法”换取企业效益“加法”和市场活力“乘法”。1～7 月，H 市新增税收减免 7.7 亿元、减轻企业社保费负担 11.5 亿元、减免行政事业性收费和政府性基金 2.9 亿元，有效纾解企业经营困难。

二是继续完善财政扶持政策体系。快速制定《应对企业涉企财政政策快速兑现工作机制》，项目审批实现“当日毕”，资金拨付从原先 5 个工作日提速至“次日达”，形成高效兑现闭环。2020 年上半年，全市各类财政奖补政策共惠及企业约 1 600 家，合计兑现金额约 7.0 亿元，有效纾解企业资金周转等后顾之忧。做好争先创优政策专班牵头工作，落实稳企业、稳经济、稳发展政策，整理汇编“全市抗击疫情帮扶企业共渡难关 24 条”，上线启用“亲清潮乡”涉企专项资金管理云平台，实现所有涉企政策上线，政策兑现“一网查询、一门通办”。按照“增量优方向、存量调结构”要求，进一步整合精简财政奖补政策，结合 H 市面临的产业、人才、科技等方面的“短板”，研究完善相应的财政配套政策。

三是加强受新冠肺炎疫情影响的企业帮扶工作。深入开展“最多跑一次”改革和“三走、三送、三增”活动，通过财政贴息补助、疫情期间返程补助、国际参展疫情损失补助等措施，2020 年上半年共计补助 1 716.49 万元，帮助企业复工复产、渡过难关，稳定市场预期、提振市场信心。专门对中小微企业房租减免进行明确，对承租国有独资企业经营用房、政府运营的科技企业孵化器等企业和入驻以镇村联建、村村联建和国资控股为主的小微园区的企业给予 3 个月房租减免。鼓励国有控股混合所有制企业，为租户减免租金，皮革城、供销社等单位积极响应。强化员工招引力度，对招用新员工的企业和引进市外新员工的人力资源服务机构给予奖励，对新员工自行安全来 H 市就业的发放交通补贴，累计发放 13.1 万元，惠及新员工 412 人。实施援企稳岗政策，对不裁员或少裁员的参保企业给予补助。截至 2020 年 6 月底，全市共计 11 642 家中小微企业（含个体工商户）享受减免租金 1.89 亿元。

四是发挥政府采购拉动社会需求效应。实施疫情期间政府采购便利化措施，开通“绿色通道”，即与疫情相关的物资采购可不经采购流程，先采购后补办手续。在疫情响应级别调整，并开展有序复工复产时，及时制定出台各项优惠政策，积极推动政府采购拉动经济、降低门槛，让更多的民营企业进入政府采购领域，鼓励本地供应商入驻“政采云”平台，为企业打开政府采购市场铺平道路。具体措施包括，取消投标保证金、免除采购文件工本费、加大采购合同履行中的付款比例和加快支付进度等。

4. 定向扶持，设立应急纾困资金

通过调整财政预算安排、盘活国有企业存量资金等途径积极筹集设立纾困资金，根据实际需求分期到位，专项用于资助该市因受疫情影响，复工复产出现资金短期周转困难的产业龙头、就业大户、战略新兴行业等重点企业或发展前景较好的中小微企业。截至 2020 年 6 月，W 有限公司从市城投集团下属 R 股份有限公司获得首笔纾困资金，用于采购第一批原材料，总价 2 200 万元。根据与 W 有限公司的 5 家上游供应商签订的采购合同，R 股份有限公司预计将为 W 有限公司提供纾困资金 9 700 万元，为防疫重点保供企业在疫情期间的原材料供给提供了有力保障。

（二）H市财政应对疫情影响的困难

2020年上半年，为对冲经济下行和新冠疫情的叠加影响，H市加大减税降费力度，科学研判财政收支形势，积极应对收支矛盾，有效纾解企业经营困难，财政收入与一般公共预算收入实现“二季红、半年正”目标。但与此同时，除了年初研判的经济下行、经贸摩擦影响、减税降费等因素外，疫情在海外扩散，对H市经济下行影响明显，再加上减税降费的政策性影响，组织收入难度进一步加大。同时，各项“六稳、六保”的增支政策的出台，财政收支平稳运行仍面临前所未有的考验。

1. 减免政策带来财政增收压力

为尽量消解疫情对经济产生的不利影响，出台一系列大额、广面、强力的减税降费政策和措施，减税降费规模进一步扩大，持续为企业充电续航、减负赋能，不可避免地给地方财政增收带来一定压力。影响以后年度一般公共预算收入增长。此外，企业所得税当期抵扣、延长亏损结转年限，小微企业教育费附加、地方教育费附加年内减半征收，出口退税和国际税收等优惠政策也会对H市一般公共预算收入带来一定的减收影响。

2. 地方财政收支平衡矛盾加剧

一是财政刚性支出增长较快，疫情爆发后，加强疫情防控经费保障，加快涉企财政政策兑现拨付，地方财政支出大幅增长。二是库款资金比较紧张，用于疫情防控、政策支出、“三保”支出等资金的保障，使得库款资金增长缓慢。三是建设资金保障压力大，如沪杭高速许村段抬升改建、小城市培育、招商引资和旧城改造的需求，部分镇和区块、市区的部分地块、部分招商引资项目等封闭运作，减弱了市级统筹能力，加大了地方财政收支平衡的难度。

四、缓解地方财政收支平衡压力的意见建议

当前新冠疫情仍在全球流行，经济运行中的风险和不确定性仍然存在，要坚持以习近平新时代中国特色社会主义思想为指导，准确研判经济新形势，牢抓经济复苏、税源建设，进一步健全逆周期调节财税政策体系，从收入端和支出端同时发力，下好先手棋，打好主动仗，努力在危机中育新机、于变局中开新局。地方财政更要强化底线思维，坚持刀刃向内压支出，硬化预算执行约束，加大支出结构调整力度，统筹各项资金，足额安排“三保”预算支出，切实提高财政政策绩效，推动积极财政政策提质增效，对冲经济下行压力，熨平经济周期波动，以政府“紧日子”换百姓“好日子”，确保高水平全面建成小康社会和“十三五”圆满收官。

（一）强化组织收入，多渠道筹措地方可用财力

加强收入监测分析，深入研判复杂严峻的财政经济形势，按照“匹配性、均衡性、

可持续性”的要求，合理把握组织收入的力度和节奏，深化财税收入“一盘棋”管理，合理把握组织收入、土地出让等的节奏、进度和方法，着力化解经济下行和新冠疫情叠加影响下的“减收增支”困境，平稳财政收入，既考虑疫情影响和体现减税降费政策成效，又要不折不扣落实征管举措，确保完成全年收入目标任务。完善全口径预算管理，加强“四本预算”间统筹力度，清理盘活各类政府资产资源，形成“大财政、大预算”格局。多渠道筹措地方可用财力，积极向上争取专项债券、抗疫特别国债、转移支付资金，大力盘活财政存量资金，及时收回各类结余、沉淀资金，用于其他急需资金支持的领域。

（二）以民生和发展为主线，保障重点支出

对标建设“重要窗口”新目标、新定位、新要求，优化集中财力办大事财政政策体系，重点保障民生领域和中心工作支出，稳住经济基本盘，兜牢民生底线。大力支持推进“三大攻坚战”“十大工程、十大建设”“品质生活”，以及美丽城市、美丽城镇、美丽乡村的“三美”建设等中心工作。进一步规范国库库款管理，分清轻重缓急安排调度财政资金，坚持“三保”支出在财政支出中的优先顺序，持续加大对基本民生的投入力度，加快补齐教育、养老、就业、卫生等民生短板，促进城乡高水平融合发展。落实稳企业、稳经济、稳发展政策，进一步整合精简财政奖补政策，研究完善产业、人才、科技政策体系，助推实体经济高质量发展、优化营商环境。深入推进基金市场化规范运作，充分发挥财政资金“四两拨千斤”的作用，引导社会资本加大对泛半导体、生命健康、航空航天等新兴产业和高端化传统产业的投入力度，着力培育新的经济增长点。

（三）注重事前论证，提高财政政策绩效

为防止疫情影响由短期冲击变成趋势性变化，政策重心由疫情防控转向“六稳”工作，要科学稳健把握政策逆周期调节力度。市级相关部门出台新的政策时，要对现有政策进行梳理整合，通过统筹资金、政策的方式制定新的财政支持政策。建立预算单位支出进度预警通报机制，加快预算执行进度，提高财政资金使用效益。完善“1＋2＋X”预算绩效管理制度、绩效指标和标准体系，做好重大政策项目绩效评价工作，强化结果应用，建立完善绩效评价结果与预算调整、改进管理、完善政策挂钩机制。加强专项资金监管，保障专项资金规范使用。同时，要做好政策绩效的论证工作，重点论证政策支持是否精准、是否有效、是否可操作、资金测算是否合理等，避免财政奖补政策层层叠加、相互交叉，防止因政策不可控而造成财政资金不必要的浪费，切实提高政策的针对性和有效性，把有限的资金用在“刀刃”上。

（四）进一步调整优化支出结构，压减政府开支

要加大本级财力、上级转移支付和社会捐赠资金的统筹力度，对已安排的部门专项及上级补助资金，优先调整用于疫情防控和经济发展相关政策的资金保障，全力保障“三保”支出及疫情防控、复工复产等重点支出。要加大对已开工项目的资金保障，加

快项目推进，确保项目如期建成。同时，坚持“以收定支”原则，从严从紧安排支出，大力压减非刚性非急需等一般性支出，继续压减“三公”经费，精打细算过“紧日子”，切实把钱用在刀刃上。强化预算刚性约束，严控预算调剂和追加。严格控制新出台财政奖补政策，原则上不出台当年度增支减收的政策，不出台后续政策支出不确定或无法预估的政策。对已达到全省平均或上级指导标准的补助政策不得自行提高标准或扩大享受范围，确需调整的，按规定报省业务主管部门审批同意后执行。

（五）防范风险，确保财政安全稳健运行

妥善处理好防风险和促发展的关系，切实防控社保基金和地方政府债务风险。稳妥有序化解地方政府性债务风险，巩固隐性债务化解成果，积极向上争取新增债券，指导和督促各单位完成 2020 年隐性债务化解刚性任务。严格项目源头管控，规范政府投资项目资金来源落实和风险评估，坚决遏制隐性债务增量。优化国有企业债务结构，严防在疫情期间违反债务管理相关规定违规举债、或超过财政承受能力建设项目。加强社保基金收支趋势变化分析，严格落实社保资金多渠道筹措机制，按规定足额提取风险准备金，加强基金支出管理，确保社保基金可持续运行。密切关注基层财政收支运行过程中的苗头性、倾向性问题，及时提醒、及时纠正，防止出现财政风险。

参考文献

[1] 安国俊，贾馥玮．新冠疫情对经济的影响分析及对策研究 [J]. 金融理论与实践，2020 (3).

[2] 蔡昌，徐长拓，王永琦．新冠肺炎疫情防控的财税对策研究 [J]. 税收经济研究，2020，025 (2)：10—19.

[3] 冯俏彬，韩博．新冠肺炎疫情对我国财政经济的影响及其应对之策 [J]. 财政研究，2020 (4).

[4] 贾康．新冠疫情对中国经济的影响及对策分析 [J]. 经济研究参考，2020 (6).

[5] 宋东，翟海燕，李少民．新冠肺炎疫情对三门峡市经济及财政运行影响分析 [J]. 地方财政研究，2020，186 (4)：44—49.

[6] 吴波．疫情冲击下地方财政可持续发展分析与对策 [J]. 财政监督，2020，470 (8)：20—26.

[7] 吴雪芬．新冠疫情影响下地方财政收入平稳运行的对策研究——以浙江省 X 市 A 区为例 [J]. 财政监督，2020，470 (8)：27—32.

养老储蓄计划的税收激励政策研究

——以加拿大个人所得税为例*

刘　颖**

（浙江财经大学东方学院，浙江 海宁 314408）

摘　要：随着我国人口老龄化程度不断加深、高龄化趋势加剧，税收制度设计如何更好地适应这一社会发展需要成为研究的热点。已经进入老年型社会的加拿大在其税收制度征收、减免和使用上建立的相关激励政策，值得我们进行了解与借鉴。首先，本文介绍加拿大养老储蓄制度三大支柱；其次，基于其第一大税种——个人所得税中的相关税前收入扣除、税额抵免，以及养老储蓄计划中收入分摊等规定，具体分析税收政策对养老储蓄计划的激励作用；最后，提出加快推进我国多层次养老保障体系建设、发挥税收的激励调节作用促进企业和个人层面养老储蓄计划扩大覆盖面等启示，希望相关税制改革进一步体现对养老储蓄计划的扶持。

关键词：养老储蓄计划；个人所得税；税收激励；个人储蓄养老保险

一、引言

随着人口预期寿命的增长和出生率下降，社会资源增长部分需要更多分配给老年人口护理和赡养，这涉及社会经济各方面，也是各国制定税收政策时不能忽视的一个问题。统计数据显示，截至2018年底，我国60岁及以上人口接近2.5亿人，占总人口的17.9%，而到2050年前后将达到近4.8亿人①。当前我国人口老龄化程度不断加深、高龄化趋势加剧，不但赡养老人问题成为社会焦点，而且部分人群除了国家基本养老保险以外，对商业养老保险及各种商业健康保险的需求也不断增长，将形成一个庞大的养老市场。作为政府重要的政策工具，税收制度设计如何适应这方面的需求应予以重视。

据经合组织发布的报告，加拿大在失业救助、社会保障、残疾人补助和老年人福利等方面处于发达国家平均以上水平。个人所得税是其第一大税种，个税收入约占联邦政府预算收入的50%。本文主要介绍加拿大养老储蓄计划的三大支柱构成，以及个人所

* 本文为2019年海宁财政学会非招标立项课题研究成果。

** 作者简介：刘颖，女，东方学院财税学院，博士，副教授，研究方向：税收理论与政策。

① 中商产业研究院．中国老龄人口达2.5亿　老年经济将成消费增长点［EB/OL］.（2019－4－11）［2020－5－1］. http：//www. askci. com/news/chanye/20190411/1506141144630. shtml.

得税税收政策在扶持养老储蓄中的作用，以期对我国相关政策完善和制定有所启示。

二、加拿大养老储蓄保障制度概述

《加拿大蓝皮书：加拿大发展报告（2018）》① 指出，2016年加拿大人口普查报告显示，65岁以上老人约占总人口的16.9%，15～64岁劳动力人口占66.5%，14岁及以下的儿童人口为580万人，占总人口的16.6%。数据表明，加拿大已进入老年型社会，其养老保险制度面临人口老龄化的严峻挑战。加拿大养老储蓄计划主要有三大支柱：

（一）政府层面的养老金计划

政府层面的养老金计划主要有加拿大退休金计划（Canada pension plan，CPP）与老年金（old age security，OAS）。CPP是加拿大政府强制性的退休保险计划，该社会保障计划与受雇（工作）相关，公司与个人按同样的比例缴纳，2018年最大可退休金化的收入是经指数化调整的55 900加元，其中有3 500加元豁免额，从而缴纳基数是52 400加元，缴费率是4.95%，即雇主和雇员各自缴纳4.95%进入CPP账户，自雇者需要缴纳税前收入的9.9%进入CPP账户。CPP不受退休后其他收入的影响，标准领取年龄为65岁，但是可以在60～70岁区间申请领取，退休金收入来源于个人和雇主的供款以及账户投资收益；老年金（OAS）是加拿大政府的一种社会福利，跟是否工作无关、只对居住年限及年龄有要求，而且和前一年的收入有关。与CPP不同，OAS的资金来源是国家税收，在加拿大住满40年退休时可以领取到满额，住够10年即有资格领取到满额的1/4。所有个人接受的OAS都必须包括在其应税净收入中，某些情况下部分或者全部接受的数额必须被返还给政府，OAS返还是根据个人收入超过一定收入极限值（如2018年是75 910加元）为基础计算出来的，主要针对高收入的个人。另外，申请OAS可同时申请其他福利，如保证收入补助（guaranteed income supplement，GIS）、配偶津贴（allowance），来源于联邦政府预算。加拿大退休金体系最小财政需求是由OAS以及CPP体系构成的，2018年OAS大约是每年7 000加币，CPP最大支付数是每年每人13 300加币（无残障个人），但是这并不足以满足退休后个人所希望达到的生活方式支出。

（二）企业层面的养老金计划

加拿大企业养老金计划是雇主资助建立的退休金储蓄，单位层面养老福利主要是注册退休计划（RPPs）、延迟利润分享计划（DPSPs）、共资注册退休金计划（PRPPs）等，均享有一定的政府税收优惠，且单位福利计划影响个人养老计划的减税额度。

1. 注册退休金计划（registered pension plan，RPP）

加拿大很多公司尤其是大公司，提供给员工的福利中包括RPP，该计划是加拿大人

① 唐小松．加拿大蓝皮书：加拿大发展报告（2018）[M]. 北京：社会科学文献出版社，2018.

养老金计划安排中非常重要的类型，由雇主为员工设立，雇主一方或雇主、雇员双方进行供款，该计划必须在加拿大税务局注册后供款才能做税前收入的扣除。如果雇员有对 RPP 的供款，那么会有退休金额度调整（pension adjustment，PA），并会影响个人储蓄养老计划（RRSP）的供款额度。一般公司的注册退休金计划有两种：特定供款计划由雇主（或加上雇员）按一定的比例固定供款，最后雇员退休时拿到的退休金根据历年供款和累计投资收入而定；而特定受益计划通常保证雇员退休时可以领取一定标准的退休金。

2. 延迟利润分享计划（deferred profit shareing plans，DPSP）

该计划也是为了雇员利益而设置的，雇主对 DPSP 的供款可以扣除，雇员不能对雇主资助的 DPSP 供款，资金从计划中分配的时候受益者才需要缴税。从雇主角度看 DPSP 与 RPP 类似，不过这个计划与营业利润有关，经营情况不好的年度对 DPSP 的供款就会减少，对雇员没有特定的承诺。对雇员而言，DPSP 与 RPP 不同之处是雇员不被允许供款给 DPSP，而且也不能设计成特定受益计划的形式。

3. 共资注册退休金计划（pooled registered pension plan，PRPP）

RPP 一般是由大公司提供的，但是加拿大绝大多数的雇员都是自雇或者受聘于小型公司，不能得到类似的退休储蓄计划保障。2013 年 1 月 1 日开始，加拿大政府推出了为小型企业的员工及自雇者提供的退休保障工具——PRPP。如果所属公司设立了共资退休金计划，雇员就会自动加入且只需要决定供款数额，雇主每个月会从工资内直接扣除供款，汇总的资金可以一起放到大型联合基金（pooled funds）内投资。PRPP 属于共资基金，个人没有投资方向的决定权。鉴于小企业的员工流动性较大，PRPP 也提供了转移上的方便：员工在更换公司后，可以选择将自己的 PRPP 转到新雇主的退休金池子，也可以选择留在原有的公司基金内，还可以选择转入个人的注册退休储蓄计划（RRSP）账户内。

（三）个人层面的养老金计划

该计划以注册退休储蓄计划 RRSPs（registered retirement saving plan，RRSP）为主。RRSP 是 1957 年开始，由联邦政府为有收入的个人在工作期间做退休储蓄而设计的延税计划，是建立一种可以用来储蓄和投资的账户，目的是鼓励中高收入人群及早规划个人退休账户，积累足够余额以便退休后能够维持之前的生活水平。纳税人必须在加拿大税务局注册才能获得减税额度，每年存入账户金额有上限无下限，在纳税年度中的任何时候都可以购买 RRSP，并且抵减当年的应税收入，而在次年的前 60 天购买 RRSP，仍然可以抵减前 1 年的收入。不但存入账户的供款额可以抵减当年的应税收入，且账户中的投资收益（利息、分红、股息）不作为应税收入。账户里的钱随时都能取出，当 RRSP 中的本金或投资收益被取出时，就需要作为取款当年的收入正常交税①。存款计划直到纳税人 71 岁那年的 12 月 31 日为止，RRSP 账户中的余额会在账户持有人年满

① 取出资金用于首次购房计划和终生学习计划则另有优惠规定。

71 岁当年的年末，自动免税转入注册退休收入基金（registered retirement income fund，RRIF）账户中，法律规定从 RRIF 中每年有最少取出数，加入当年的净收入中。

另外，加拿大还有免税储蓄账户（tax-free savings account，TFSA）。该账户允许任何 17 岁以上的加拿大人在账户中做储蓄或投资，“免税”意味着在 TFSA 里面赚到的钱不用再交税，包括利息支付、股票红利或资本收益等。每年可以存入 TFSA 的最高金额有限制，如 2018 年度最高是 5 500 加元，2019 年度增加到 6 000 加元。TFSA 与 RRSP 账户的区别是：该账户资金在存入时不能在计算应税收入时做扣除，即供款无扣除，但是取款时本金和收益都免税。

三、加拿大所得税扶持养老储蓄计划的主要方式

针对养老保障，加拿大在税收征收、减免和使用上建立了相关的制度保证，在福利管理、审核和发放上积极秉持“济贫”的原则，其所得税体系包含一系列鼓励个人养老储蓄安排的规定，以作为政府提供计划的补充福利，包括 RRSPs、RPPs、RRIFs、DPSPs 等。根据加拿大政府 2018～2019 财政年度联邦预算，个税是其第一大税种，占全部联邦预算的 49.9%，在个税税收政策支持退休储蓄计划类型相关的细节规定中，表现出相当大的方式多样性，例如，RPP 和 DPSP 要求雇主支持，而任何加拿大居民都可以建立 RRSP 或者 RRIF。不同计划的税收扶持政策有很大区别，归纳起来主要包括，税前收入扣除、税收抵免及养老金计划中的收入分摊等税收支持。

（一）收入扣除

收入扣除是在计算个人所得税应税收入时，在纳税人总收入中可以税前扣除的数额。退休储蓄计划提供税收有利供款安排，受益人所做的供款都是税收可以抵扣的，雇主的供款不被认为是应税福利。投资总额或者对纳税人是可以税前从收入中扣除的，如 RRSP 供款和雇员的 RPP 供款，或者由雇主支付而不必成为应税福利，如雇主的 RPP 和 DPSP 供款也是可以扣除的。尤其是作为个人养老储蓄的 RRSP，纳税人获得减税额度的上限是每年按照通货膨胀进行调整的，该上限 2017 年为 26 010 加元，2018 年是 26 230 加元①。当年没有用完的 RRSP 额度可以一直往后累积，直到年满 71 岁。根据税法规定，如果纳税人过了 71 岁而其配偶未满 71 岁的情况，还可以购买配偶 RRSP（spousal RRSP），如果夫妻双方都满 71 岁了，则没用完的额度就作废了。配偶 RRSP 在购买时，抵减的是收入高的一方应税收入，而收益取出时，则算作收入低的一方收入，当夫妻双方收入差距比较大的时候，更能以此实现家庭减税的目的。

尽管单位层面和个人层面的养老储蓄计划有不同，但是其基本思想是一致的，即允许个人投资相当大总数的基金到信托安排中，在信托安排中，投资基金可以长期在免税

① Clarence Byrd. Ida Chen：Byrd & Chen's Canadian Tax Principles. Volume Ⅰ & Ⅱ ［M］. Pearson Canada Inc. 2018－2019 Edition.

基础上赚取收入，如 RRSP 投资基金。尽管所有总数在取出时最终还是要交税的，但能够产生税收延迟的效果。这个延迟的时期对于供款而言可能会超过 45 年，从个人开始工作的时期算起。可以扣除供款的延迟税收、投资基金收入的延迟税收，产生退休时的可观收入总额，对 RRSP 而言，尽可能早地供款是有利的。这些税收延迟养老储蓄计划还有额外的好处，对某些个人而言，退休会造成其收入的大幅下降，使其处于更低的税率等级中，对供款和投资收入的延迟税收会导致绝对的税负下降。

（二）税收抵免

税收抵免是根据应税收入计算出总的应纳税额基础上，再根据税法规定项目汇总抵免基数乘以相应税率进行税额抵免，从而得到最终应纳税额。加拿大个税中关于税收抵免的规定相当复杂，其中与养老储蓄相关的税收抵免主要有以下几个①：

1. 加拿大退休金计划（CPP）税收抵免

雇员受雇收入的全部 CPP 供款以及自雇者收入的 50％的 CPP 供款都可以按照 15％的税率进行个人所得税抵免，对于自雇者收入的另外 50％，CPP 供款是在计算应税净收入中做税前扣除的。依据 2018 年养老金供款额度 2 594 加元②和对应税率 15％可以计算出联邦税收抵免额是 389 加元，雇主配套支付的养老金对于雇员没有税收影响。2019 年对于年收入在 3 500～57 400 加元之间的加拿大受雇者，其要缴纳的退休金供款缴费率从 4.95％被提高到 5.1％，因此退休金供款额度增加，税收抵免额也相应会有提高。

2. 年长者抵免

2018 税年结束前达到 65 岁的纳税人可以申请基数为 7 333 加元的抵免额，即 1 100 加元，当纳税人净收入大于 36 976 加元时，还要在抵免基数中减除两者差额的 15％③；当净收入大于 85 863 加元时，则不可享受该抵免规定。即 65 岁以上老人有老年人抵免额，但是净收入如果超过一定水平时，抵免额就会递减直至无效。该抵免额可以在配偶间共享，当纳税人无足够的应付税款以使用该抵免额时，可以转移给配偶（或者同居伴侣）进行抵免。

3. 退休金收入税收抵免

符合条件的退休金收入抵免基数是无指数化调整的 2 000 加元，最大抵免额是 300 加元，当纳税人无足够的应付税款以使用该抵免额时，也可以在配偶间转移共享。符合条件的退休金收入一是指纳税人在年底前达到 65 岁，如果是 65 岁以下的纳税人，来自 RPP 或者由于配偶死亡而收到的其他 RRSP、RRIF 都可以享受该项抵免而不考虑接受者的年龄。二是指包括来自于 RPP 注册养老金计划的定期支付，来自于 RRSP 注册退休储蓄计划的年金支付，来自 RRIF 注册退休收入基金的支付，以及其他年金的利息构成

---

① 刘颖．完善我国个人所得税扣除项目问题的思考——基于中国与加拿大个人所得税相关政策比较 [J]. 国际税收，2019 (4).

② 2018 年最大可养老金化的收入是 55 900 加元，基础免除数是 3 500 加元，缴费率是 4.95％，则最大供款数是 C＄2 594＝4.95％×（C＄55 900－C＄3 500）。

③ 抵免额＝15％×[C＄7 333－15％×(净收入－C＄36 976)]。

等。三是不含来源于以下支付而获得的收入：老年保险法或 CPP、特定省的养老金计划、工资延期安排、退休补偿安排、雇员福利计划和死亡抚恤金。

4. 老年居住便利性抵免

这是一种政府提供的非返还税收抵免，针对 65 岁以上年老者和行动不能自理的人在家中能够更加独立生活而发生的房屋翻新装修支出，以使居所具有更大的自动性、便利性和功能性。房屋改进和翻新以后必须具有持久使用的性质，形成居所的一部分，如修建或者改建轮椅专用道。如果没有形成居所的一部分就是不合格支出，不能进行抵免。抵免基数是以下孰低项：10 000 加元和当年符合条件翻新装修支出，因此最大抵免额是 1 500 加元①，如果涉及几个居所的翻新装修就是支出总数。

5. 加拿大护理人员税收抵免

如果纳税人有配偶或身体、精神功能受损的被抚养人需要照顾，就可以申领该非返还性的税收抵免福利。抵免分成两个部分：首先，纳税人有 17 岁以上的身体或精神功能受损的被抚养人，包括父母、祖父母、兄弟姐妹、侄子女、外甥（女），申请者的孩子、配偶，2018 年抵免基数是 6 986 加元，税收抵免额是 1 048 加元②。当被抚养人净收入超过 16 405 加元时，抵免基数中要减去净收入与 16 405 加元的差额③；其次，是总数为 2 182 加元的额外抵免基数，是在配偶、有身体或精神功能受损的被抚养人，以及税年结束时小于 18 岁的孩子等有身体或精神功能受损情况时额外给予。

此外，税法中还规定了医药支出税收抵免、残障税收抵免、可返还性补充医疗费支出抵免等也会涉及老年人的相关抵免福利，内容比较复杂本文不详述。

（三）退休金收入分摊

加拿大的个人所得税没有实行以家庭为单位的申报原则，家庭成员每个人独立申报计算，按照独立个体计算总收入，但是配偶间可以享有一定条件的收入分摊优惠。收入分摊只针对有特殊类型退休金收入的老年人，即作为退休金领取者的纳税人可以将符合条件退休金（同前述的退休金收入税收抵免条件）分配一部分给收入额度较低的配偶进行申报，根据本人收入情况，分摊比例可以每年变化，最高可将退休金收入的 50%分配给对方，以减少自己可能需要支付的所得税金额。采取这种收入分摊方式，可降低高收入一方的税级而且可以增加接受者一方的退休金收入税收抵免，将配偶双方的税负降至最低，达到家庭整体节税目的。一般而言，多数退休金收入都能够与 65 岁或者以上的配偶分摊，从 RRIF 中的取款也可以分摊。另外，前面提到的配偶 RRSP 是对所有配偶都适用的收入分摊计划，如果配偶中的一方没有其他符合条件的退休金收入，配偶 RRSP 允许个人使用每年退休金收入中的 300 加元抵扣应纳税款。

① C$10 000×15%。

② C$6 986×15%。

③ 抵免额=15%×［C$6 986－（被抚养人净收入－C$16 405)］。

四、启示与思考

世界各地的养老保障制度存在着明显的差异。加拿大养老体系结构井然，各种养老储蓄计划多层次多角度互相搭配，制度设计灵活多样，无论是雇主养老保险计划还是个人退休储蓄计划，均体现出较高的市场成熟度，同时，在不同层次的养老储蓄计划中，税收激励作用明显。加拿大养老保险制度与个人所得税对养老储蓄计划的激励政策，给予笔者以下启示与思考：

（一）在老龄化提速、社保降费政策调整的背景下，加快推进我国多层次养老保障体系建设

我国养老保障体系经过改革开放之后多年的建设和转型，得到了长足的发展，但主要还是依靠政府主导的养老计划，3 个支柱的发展仍存在一定程度的失衡。国家着力发展的基本养老保障是第一支柱，承担了大部分养老责任，截至 2019 年 6 月底，参加城镇职工和城乡居民基本养老保险的参保人数为 9.47 亿人①。2019 年 5 月 1 日我国启动大规模的社保降费，在老龄化提速、社保政策调整的背景下，第一支柱承担的养老压力进一步增加。企业年金是第二支柱，但是分布行业（经济效益好）和地区（沿海、发达）特征明显，截至 2019 年二季度，参加企业户数 9.13 万个，涉及职工人数 2 471.18 万人，积累基金 1.61 万亿元②，覆盖范围较小，参保企业数和职工人数相对不高。个人购买商业养老保险等第三支柱发展则相对滞后，2018 年 5 月推出为期 1 年的个人税延型商业养老保险试点，到 2018 年底累计保费为 7 160 万元，承保件数为 3.9 万件③。国民经济和社会发展“十四五”时期必将是我国养老保障的第二和第三支柱、尤其是第三支柱发展的关键时期，是促进我国多层次养老保障体系健康完善的重要阶段。

（二）充分发挥税收政策的激励调节作用，促进企业和个人层面养老储蓄计划扩大覆盖面

2018 年 2 月 1 日开始，实施人力资源和社会保障部、财政部颁布的《企业年金办法》，对年金基金筹集、账户管理、管理监督等事项作了具体规定。作为基本养老保险的补充，企业年金是由企业和职工个人共同缴纳的，对于企业年金的税收扶持政策，体现在企业所得税和个人所得税相关政策中：企业为职工缴纳的补充养老保险不超过职工

---

① 中华人民共和国人力资源和社会保障部. 2019 年上半年人力资源和社会保障统计数据［EB/OL］.（2019－08－05）［2020－4－20］. http：//www.mohrss.gov.cn/xxgk2020/fdzdbknr/ghtj/tj/dttj/202001/t20200121_356927.html.

② 中华人民共和国社会保险基金监管局. 2019 年 2 季度全国企业年金基金业务数据摘要［EB/OL］.（2019－09－29）［2020－4－20］. http：//www.mohrss.gov.cn/shbxjjjds/SHBXJDSgongzuodongtai/201909/t20190929_335680.html.

③ 金投网. 试点期限已经结束，个人税收递延型商业养老保险试点缘何遇冷［EB/OL］.（2019－5－21）［2020－4－20］. https：//insurance.cngold.org/c/2019－05－21/c6377896.html.

工资总额5%以内的部分可以在计算企业所得税应纳税所得额中扣除；单位缴费部分在计入个人账户时暂不缴纳个税，个人缴费不超过缴费工资计税基数4%标准内的部分在计入个人账户时暂从当期应纳税所得额中扣除，基金投资收益计入个人账户时也暂不缴税，领取年金时要全额纳税。但是我国企业年金发展至今覆盖面不广，如果企业没有建立年金制度，则个人的年金缴费在税前4%扣除优惠就无法享受，该优惠对个人激励无法体现。参考加拿大企业层面的PRPP和个人层面的RRSP，两种储蓄计划都可以延税，而且两者共用1个额度，即RRSP和PRPP两者的供款加起来不能超过额度上限。建议考虑允许没有参加企业年金计划的个人将该扣除额度转移到个人商业养老保险的税收优惠中，增加个人储蓄养老保险的积累。

对于个人储蓄性商业养老保险，借鉴加拿大RRSP计划的发展路径和管理模式，加快养老金融产品创新，扩大开展第三支柱商业型个人延税养老产品试点。目前，个人所得税费用专项扣除范围中包含“三险一金”，但“三险”只是社会生活中最基本、最必要的保险，并没有考虑其他的费用，可考虑把人寿保险、健康保险等费用的扣除增加到个人所得税的费用扣除标准中，且应根据个人净收入情况对其设定相应的最高扣除限额。目前，已有政策允许企事业单位员工每年有2 400元的健康险税前购买额度，但险种过窄、力度过小。可以设计包括投资、养老、健康等更多方面的险种，对购买符合规定的险种供款支出给予一定的税前收入扣除额度。2018年5月“个人税收递延型商业养老保险”开始在上海市、江苏省、福建省等地试点，规定居民购买这一险种供款可以税前限额抵扣，积累阶段账户中的资金增值部分不征收个税，领取阶段对25%的部分免税、75%部分按照10%税率征税。从试点1年的累计保费和投保件数情况看，该政策在2019年个税政策改革的减税降负背景下仍需要相应地提高缴费的免税额度、提高可选择险种的供给效率，并考虑与个税专项附加扣除申报相结合，以简化申报抵扣流程，尽快扩大试点范围到长三角地区，并适时推广至全国。

参考文献

［1］国家税务总局国际税务司国别投资税收指南课题组．中国居民赴加拿大投资税收指南［Z］．［2019－5－31］［2020－07－14］. http：//www. chinatax. gov. cn/n810219/n810744/n1671176/n1671206/c2183119/content. html.

［2］加拿大税务局网站，https：//www. canada. ca/en/revenue-agency. html.

［3］刘颖．完善我国个人所得税扣除项目问题的思考——基于中国与加拿大个人所得税相关政策比较［J］. 国际税收，2019，(4)：72－77.

［4］Clarence Byrd，Ida Chen：Byrd & Chen's Canadian Tax Principles. Volume Ⅰ & Ⅱ［M］. Pearson Canada Inc. 2018－2019 Edition.

教学改革与创新创业

“赛教相长”理念指导下广告学应用型课程建设的探索与实践*

吴欢超**

（浙江财经大学东方学院，浙江 海宁 314408）

摘　要：结合新媒体时代，技术和信息一日一新的社会背景，广告学教育的课程尤需改革。“赛教相长”的教学理念立足于学科竞赛，既符合时代需求，也是应用型课程的突破口。本文从广告学学科竞赛教学中存在的问题出发，从设计理念和凝练特色角度阐述“赛教相长”理念的建设思路，通过探源、定源、展源的方式，阐明优化竞赛课程资源体系之实践，并以调研数据和成果实绩呈现教学改革的成效。

关键词：赛教相长；教学模式；教学；改革

一、引言

随着传媒方式的变革，社会对广告学专业人才的要求越来越严格且多样化，顺应时代发展的实战经验成为重中之重。对于选拔广告学专业人才的企业来说，实践经验是选拔人才重要指标，作品成就工作。事实上，广告人的创新能力主要来自丰富的社会生活经验，以及市场实践经验，但现在的学生极其缺乏市场实践经验，创新能力堪忧。

随着政府鼓励大学生创新创业政策的实施，各种围绕大学生展开的广告学专业比赛正在如火如荼地进行当中，将课堂所学转化成参赛作品，成为激发学生学习兴趣、掌握市场需求、提高创新能力的有效手段。如何依托学科竞赛将课堂教学、学生技能培养、资源整合等应用型学科实践问题妥善解决，成为广告专业取得长足发展的关键。

二、广告学学科竞赛运用于应用型课程教学的困境

在本课题开展前，广告学专业在特色专业、应用型学科和课程群等教学建设中，取得了不错的成绩。学科竞赛作为广告学应用型课程建设的重要环节，在学生培养中起到了越来越重要的作用。但是在学科竞赛引入教与学环节时，依然存在不少困境。

---

* 课题项目：《“赛教相长”理念指导下广告学应用型课程建设的研究》（2016JK08），院级重点高等教育教学改革项目。

** 作者简介：吴欢超（1977—），女，浙江平阳人，浙江财经大学东方学院副教授，浙江大学硕士研究生，研究方向：新媒体传播、网络传播理论。

（一）缺乏对教学内容的创新

学科竞赛分属于不同负责教师，在教学课程体系中，老师之间缺乏沟通，没有形成协同；教师任务较重，不能做到充分指导；教学内容没有和社会发展同步。

（二）学生缺少参赛热情

学生在课堂中进行创意思考积极性很高，但最终转换成具体参赛创意的比例不高，创意思维训练与实际创意执行之间的结合有待进一步提高。通过学生提交的作品情况来看，作品内容质量参差不齐，有些学生态度不够端正，参与积极性不够高。

（三）缺少课程资源的整合

广告行业更新速度快，需要任课教师结合媒介环境、市场环境、行业发展现状及教学需要，进行与时俱进的内容更新，因此，建设完备的课程资源库，并保持更新很有必要，但在教学过程中，缺乏对资源的集中整合。

三、“赛教相长”理念的应用型专业课程建设思考

“赛教相长”指的是通过参加竞赛，将应用型课程与竞赛之间协调而巧妙地组合，然后细化成具体的、可分工的竞赛内容，从而将课程内容落实到竞赛中。这种将教学内容与广告大赛相融合的模式，不仅能够帮助学生建立全面的企业广告战略意识，也将促使学生将课堂成果转化成优秀参赛作品，以达到理论落地实践的育人目标。

“赛教相长”理念是传统“以赛促教、以赛促学、赛教结合”的教学模式的探索和实践。希望能通过探索专业课与实训实战之间的关系，通过课程和竞赛的平行推进，打破原生壁垒，强化启蒙、孵化、实战三环相扣的“专业思维训练模式”，实现广告学应用型课程建设的突破。

（一）设计理念

1.“以赛促教”：创设“卷入式”的研究团队

（1）一脉相承，构建学科竞赛联动的课程体制。

广告学教师全员参与到学科竞赛课程联动体制的建设中，构建了学科竞赛联动课程体制。梳理应用型课程体系，在 2016 年申报成功的广告学特色课程群建设的基础上，将广告学竞赛内容向项目课程转化，由专业核心课程向学科基础课程、专业选修课程延展，将竞赛课程分为 3 层架设——前置层落脚、展开层落实、延续层落座（见图 1），从而实现广告学科课程联动体制。

（2）研修一体，推进研究型团队的整体规划。

教师团队结合竞赛知识技能的需求，不断通过研修活动，同步提高师资水平。除了参加与比赛直接相关的一些指导教师培训班，还有意识地参加与技能相关联的培训活

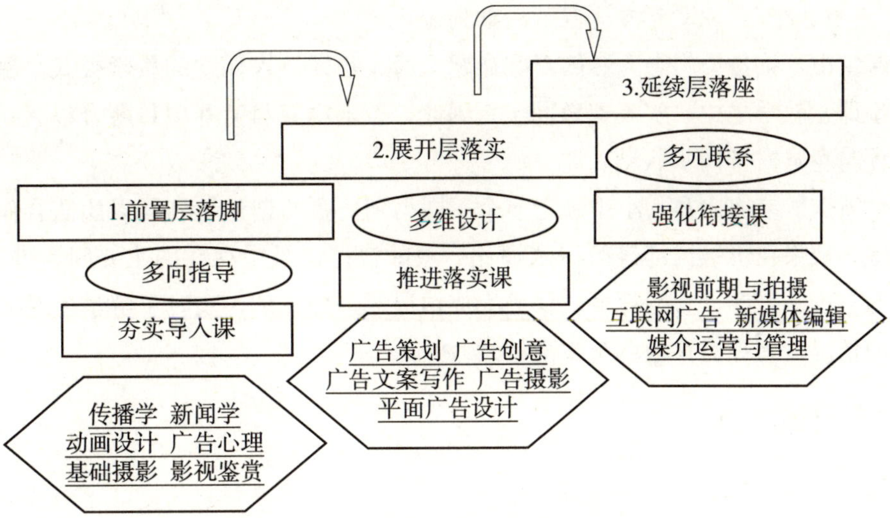

图 1 “一脉相承”学科竞赛课程构建图

资料来源：笔者根据资料整理所得。

动。近 4 年来，共有 5 位老师参加了 16 场相关培训。3 位老师成为相关大赛的评委，多位老师被评为大赛优秀指导老师（见表 1）。

表 1 中国大学生广告艺术节学院奖历年教师获奖情况表

时间/届别	奖项	人数	备注
2017 年第十五届	优秀指导教师	5	学院成为高校合作伙伴
2018 年第十六届	金奖指导教师	1	
	银奖指导教师	1	
2019 年第十七届	银奖指导教师	3	

资料来源：笔者根据东方学院参赛情况整理所得。

2.“以赛促学”：指向“多元型”的技能需求

参加竞赛的指导性原则，是培养学生“多元型”的实战技能（见图 2）。广告学专业培养的人才需要掌握文案、创意、策划、摄影、影视、运营等新媒体时代下的诸多实战技能。通过将中国大学生广告艺术节学院奖、全国大学生广告艺术大赛等比赛的真实企业命题融入日常的课堂教学之中，能使学生深入了解和掌握最前沿的行业发展动态，并在创作过程中提升自身服务社会的实践技能。

图 2 广告学生“多元型”技能图

资料来源：笔者根据资料整理所得。

3.“赛教结合”：立足竞赛进程的教学同步

在课堂中，将各类广告大赛的真实命题，通过竞赛植入课堂的教学模式，融入日常的技巧型课堂教学之中，实现赛教同步。因此，教学内容与竞赛项目融合以后，教学环节的设计与竞赛安排同步联动。

学生须全员参加比赛，小组确定多个不同类别比赛的创作计划，以团队合作的形式进行训练，成果在班级内部进行展示评比。老师根据作品中存在的主要问题进行点拨，对学生的态度、兴趣、参与程度、任务完成情况等进行评估，及时了解学生对知识掌握及消化的情况，有针对性地调整教学计划。

（二）凝练特色

1. 始于竞赛主题，探究新教案

（1）根据实施范围来看：

贯穿学生整个大学课程，是专业课程内容的一部分，也是专业课成绩考核的一部分，赛教相长课程已经完全深入广告学专业课程当中。

（2）根据实施对象来看：

赛教相长课程涵盖大一到大三的学生，我院广告学专业的大三学生已经有了相当丰富的参赛经验，在参赛过程中对于很多企业品牌已有深度了解，对于广告制作也有非常丰富的经验。

（3）根据竞赛项目来看：

不局限于广告方面的竞赛，课程老师会根据自己所教授的专业课程引导并指导学生参赛，如与广告摄影有关的大学生摄影大赛、与广告设计有关的全国原创插画设计大赛等。

（4）根据实施方案来看：

力求每一位学生参与竞赛，学生可以根据自己的兴趣爱好选择竞赛类别，参加竞赛的人员也不局限于广告学专业的学生，鼓励多专业合作，并且希望每个专业都能够发挥自己的专业所长。

2. 源于观念主题，确定新评价

在教学中参照大赛的标准，进一步完善教学评价体系。建立和完善教学方案、项目流程、管理制度和一系列合理有效的评价体系。针对不同年级对应不同的评价体系，大一要求学生的竞赛作品数量，大二要求学生的竞赛作品质量，大三要求学生能够出精品。

针对不同年级的学生采取不同的评价体系，即针对参赛经验不足的大一学生，课程老师积极引导，求数而不求优，主要是要让大一的学生适合这种竞赛课程的方式，以及提高他们参与竞赛的积极性，需要慢慢引导，且要加强他们专业知识方面的素养。针对稍有经验的大二学生，要求质优，针对某一品牌的某一模块进行创作，指导老师监督其作品创作程度。针对经验丰富的大三学生，要求出精品，整个学期就对一样作品进行修改和完善，力求打造等级奖作品。

参赛作品制作结束后由教师指导团队根据学生成果的情况，对项目结果提出初评意见和完善方案。各团队的参赛作品成绩按照评分参考标准的具体细则以优、良、中、及格和不及格“五级分制”来评定划分，优良占70%，平时考勤（20%）+课程作业（20%）+竞赛作品（60%）=最终成绩（见图3）。

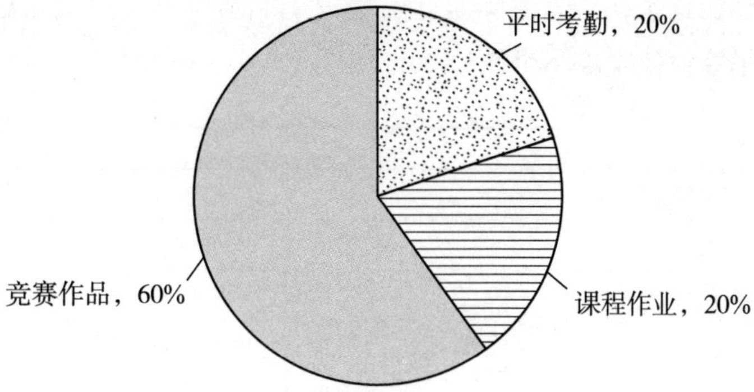

图3 作品成绩参考标准

资料来源：笔者根据相关课程成绩标准整理所得。

3. 基于教学主题，践行新要求

教师按照步骤、环节、计划，逐步提升教学能力，改进教学方法，达到竞赛课程的新要求。

教师探索完成基本的课程教学内容，通过对本课程所涉及的基本原理、方法、基本理论知识进行理论阐述和讲解，使学生掌握基本的课程知识，并针对某一主题展开训练。

教师以课堂讲授的形式解析大赛策略单，帮助学生理解广告主的实际要求及广告目标。通过选择典型的获奖案例进行评析，提升学生的鉴赏能力。挑选部分学生的创作成果在班级内部进行现场展示、点评、分析和总结，指出学生作品中存在的主要问题。

教师指导学生选送合适的作品参赛。讲解作品提交的要求及规则，指出提交过程中存在的主要问题；大赛结果公布后启动对入围作品的跟踪指导；期末，对学生在实践教学中的学习态度、创作兴趣、参与程度及任务完成情况等进行评估，及时了解学生的知识掌握及消化情况，有针对性地调整教学方法并完善未来的教学设计。

广告学专业加强对竞赛设备、教学实训设备、实验室的建设，整合大赛数字资源开发；发挥骨干教练的引领作用，大力发展双师型教学团队建设。

四、“赛教相长”应用型课程建设实践与成果

“赛教相长”理念被运用到广告学应用型课程建设中，并贯穿学生大学3年的课程学习，是专业课程内容的一部分，也是专业课成绩考核的一部分，通过课程和竞赛的平行推进，打破原生壁垒，强化启蒙、孵化、实战3环相扣的“专业思维训练模式”。

(一) 优化竞赛课程资源体系之实践

1. 探源：契合竞赛项目，重塑课程核心

（1）探察竞赛与课程的匹配。

在大一、大二的学生中结合所设主干课程，辅导学生参加与课程匹配度较高的竞赛，并逐步形成定式（见表2）。

表2　广告学专业竞赛对应课程与年级表

主要竞赛名称	植入课程	年级
全国大学生广告艺术大赛	广告策划、广告创意	大二
浙江省大学生广告创意设计竞赛	广告策划、广告创意	大二
浙江财经大学东方学院大学生广告艺术大赛	广告策划、电脑软件设计	大二
浙江省第八届大学生摄影竞赛	广告摄影、电脑软件设计	大二
浙江财经大学东方学院第三届大学生摄影竞赛	广告摄影	大二
中国大学生广告艺术节学院奖	广告创意、广告策划、广告文案写作	大一、大二
白金创意全国大学平面设计大赛	平面广告设计	大二
中国大学生公关策划创业大赛	广告与公关案例研究	大二

资料来源：笔者根据东方学院广告学相关信息整理所得。

（2）探析竞赛与学生能力的关系。

广告学专业学生需要具备较高的能力，才能在竞赛中脱颖而出。而这些能力，就在日常的教学中进行有针对性的培育与提升。

专业课程中，《传播学》培养热点解读能力，《广告策划》培养策划能力，《广告创意》培养创意思维能力，《广告摄影》培养摄影创作能力，《广告文案写作》培养文案创作能力，《平面广告设计》培养广告编排设计能力，《影视前期与制作》与《影视后期与剪辑》培养视频创作能力，《自媒体运营》培养自媒体运营能力等。

（3）探明竞赛与教学实践的联动。

竞赛课程以“项目教学”的方式，对学生进行分组安排并下达各小组具体创作任务。比如在2018年第16届学院奖春季赛中，课程老师重点讲解碧生源、京东、快克药业、锐澳酒业、毓婷等30余家企业的命题策略单，将真实营销项目、行业需求与课堂教学相结合，真题真做，使学生能够在教师指导下提出可行性策略并形成完整作品。

教师课堂使用讲授+实训、课堂讨论和案例研究为辅的教学方法，按照从易到难、循序渐进的原则安排教学进度。例如，全国大学生广告艺术大赛，结合广告文案写作、影视广告、平面广告、广播广告及广告策划等5个参赛类型，分别讲解作品创作技巧及注意事项。

2. 定源：凝合博采众长，提升课程实战力

大三时，在专业实践环节，设置《广告竞赛实践》专业课程。通过对历届获奖作品剖析与总结，进一步发挥案例的示范性、直观性和启发性作用，帮助学生打开创作思

路，进而掌握优秀创意作品的创作规律，通过课程提升实战力，提高学生实战技能。

围绕学生参加全国大学生广告艺术大赛和中国大学生广告艺术节学院奖重点指导。及时结合同学们的课程作业及参赛作品进行分析总结，重点指出作品中的亮点与不足，帮助学生深度修改并达到实战技能演练的效果。

3. 展源：延展竞赛价值，定制个性化菜单

广告学生除了参加课程中规定的竞赛，也鼓励参加其他机构、学院或专业主导的竞赛，让学生进行个性化的选择。近几年，广告专业的学生在国家、校级各种创新创业比赛、浙江省大学生乡村振兴创意大赛、大学生多媒体作品设计竞赛等比赛中，也获得了不错的成绩。

（二）巩固人才培养目标之成效

经过3年多的实践，在国内最有影响力的大学生广告大赛——学院奖和大广赛中，我校广告专业学生相继获得全场大奖2项、金奖6项、银奖11项、铜奖10项。也是唯一一所学院奖参赛高校中获得过两次全场大奖的高校。

广告学专业就业率、就业质量、就业薪酬均名列东方学院前茅。每年有20位外学院学生通过转专业机会转入广告学专业。

将2017年度、2018年度学生获奖情况进行比较，说明"赛教相长"课程实施后取得了突破性的进展。在总量方面，2018年度广告学专业学生竞赛获奖情况，相较于2017年度有了大幅提高；校级获奖数量大幅上升，如由中国广告协会主办的大学生广告艺术节学院奖春季赛；省级获奖数量也有所提升，如由浙江省教育厅主办的大学生多媒体作品设计竞赛；国家级获奖数量更是实现了零的突破，在"2018年全国大学生广告艺术大赛"中，由3位2016级广告学专业学生创作的《青春·向来出色》获得全国三等奖（见表3）。

表3 "赛教相长"理念实施前后学生获奖情况对比 单位：项

获奖级别 / 年度	国家级	省级	校级	共计
2018年	1	11	333	345
2017年	0	9	186	195

资料来源：笔者根据资料整理所得。

对广告学专业2018届和2019届毕业生的调查结果显示，学生对竞赛课程结合的教学模式极为认可，认为能实现多元型技能和专业素养提升。

87.38%学生认为，最主要的收获是实践操作能力；78.64%的学生表示最感兴趣的教学内容是广告创意；40%左右的学生认为课程内容丰富有趣、老师教学方式新颖、课程赛事结合紧密、能够丰富自己的简历等；超过90%的学生认为竞赛课程对自己有帮助，认为竞赛课程最吸引人的地方在于促进了自身能力的提高（见图4）。

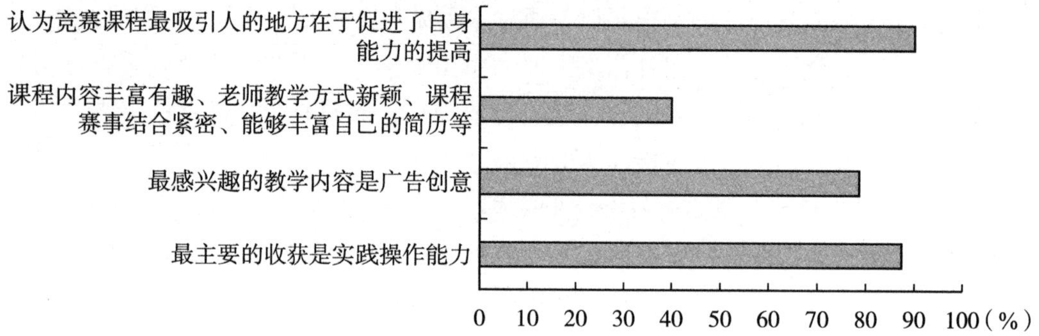

图 4　竞赛课程学生收获统计

资料来源：笔者根据调查数据整理所得。

五、总结

广告学应用型课程建设在“赛教相长”理念贯彻以后，在课程体系、方法、评价、资源等方面都得到了落实和提升，也在实践中对学生就业率、报道率、转专业报名转入数等方面起到了促进作用。

随着学科竞赛的进一步发展，未来将在完善相关评价体系和指标、定制赛制实施计划、提供竞赛个性化菜单和定制化培养等方向继续努力。

参考文献

[1] 黄舒梅．“赛教融合”对成人高校广告专业建设意义的思考 [J]．中国美术，2019 (1).

[2] 徐瑾，庄春．“赛教融合”提升课堂教学质量的实践研究 [J]．轻工科技，2019 (5).

[3] 赵丽央，谢翠华．基于“赛、教、学”融合的教学模式实践探索——以独立学院电子商务专业为例 [J]．经济师，2019 (12).

杭州市高校大学生创业倾向影响因素分析

周　航　王　浩　林诺妍　孙佳依　郑伊男
郑　瑜　金晨杰　马玺杰*

（浙江财经大学东方学院，浙江 嘉兴 314408）

摘　要： 近年来，国家和地方政府及各大高校持续推行支持大学生创业的政策，但创业的大学生人数占全国大学生总人数的比例不足 4%，成效甚微。本文以杭州市高校大学生为典型，调研创业倾向影响因素，通过实证分析，得出杭州市高校大学生创业倾向影响的四大因素：个人性格特质、创业实习经历、家庭创业环境、政策制度帮扶，并由此提出相应的建议及对策，以期更深入地了解大学生创业倾向的影响因素，从而更有效地推动大学生创业。

关键词： 大学生创业；创业倾向；个人性格特质；创业实习；政府政策

一、引言

根据我国人力资源和社会保障部的数据统计，2019 年以来，企业的招聘人数明显减少，很多企业更是攥紧招聘的口袋，采取“只出不进”的战略，招聘的岗位数也是大幅度下降。国考招聘人数减少一半，各省考统考等都有不同程度的减少。与此同时，我国普通高校毕业生人数屡创新高，2020 届毕业生高达 874 万人，大学生毕业面临着巨大的就业压力，就业满意度持续下降。

针对就业这一难题，杭州市政府先后来出台了一系列扶持大学生自主创业的政策。2017 年，杭州市政府基于 2017 年 7 月 13 日国务院发布的《关于做好当前和今后一段时期就业创业工作的意见》及 2017 年 10 月 13 日浙江省政府出台的《关于做好当前和今后一段时期就业创业工作的实施意见》相关文件，结合杭州市目前就业形势，颁布了《关于支持大众创业促进就业的意见》，出台扶持就业政策 27 条。2018 年，杭州市政府针对创业方面的扶持政策多达 76 条。2019 年，杭州市政府再次颁发《关于支持大众创业促进就业的意见》，新增 27 条就业创业扶持新政策。

---

* 作者简介：周航，浙江龙游人，副教授，硕士，研究方向：企业管理与信息管理；王浩、林诺妍、孙佳依、郑伊男、郑瑜、金晨杰、马玺杰，浙江财经大学东方学院在读本科生。

然而，根据杭州市大学生创业的现状来看，虽然政府采取了一系列积极的支持措施，但仍然存在一些问题有待解决。例如，大学生创业意识薄弱，自主性、意愿性不强，更愿意优先选择在完成学业后直接就业；国内大学生创业的比率相对同期西方发达国家来说较低；许多大学生创办的企业生命力薄弱，往往发展不佳。

二、调查开展

调查对象是杭州市高校的大学生。根据置信水平、目标总体数量、预估回答率和调查误差等因素进行综合考虑，确定样本容量（至少）为 453。抽样方法有 3 种：分层抽样，将杭州市高校的大学生分为 4 个聚集区域，然后根据 4 个区域学生数量比例，近似按下沙大学城 56%，滨江高教园 28%，小和山高教园 12%，浙大紫金港校区 4%的比例分配抽样数量；简单随机抽样，以 4 个区域内所有高校的名册为数据库，随机筛选 1～4 个高校为抽样框架单位高校；便利抽样，抽样框架单位的高校现场，将随机遇到的学生作为基础的抽样对象。调查方式有 2 种：问卷调查，发放精准计算数量的、经过科学设计的调查问卷；实地访谈，根据事先设计的访谈提纲，了解受访人的背景，收集相关信息。

三、调查结果实证分析

（一）基本的描述统计分析

调查结果的基本描述统计分析如表 1 所示。

表 1　基本描述统计表

变量（名称）	类型	百分比（%）
性别	男	55.8
	女	44.2
年级	本科一年级	10.2
	本科二年级	45.5
	本科三年级	36.6
	本科四年级	5.3
	研究生	2.4
专业学科类别	理工类	13.0
	经管类	64.2
	人文类	5.3
	医学类	9.3
	语言类	0.7
	其他类	7.5

续表

变量（名称）	类型	百分比（%）
家庭地理位置	南方	89.6
	北方	10.4
家庭城乡类别	城镇	70.9
	乡村	29.1
家庭经济情况	年收入小于3万元及以下	5.3
	年收入3万～8（含）万元	13.0
	年收入8万～15（含）万元	26.5
	年收入15万～50（含）万元	39.7
	年收入50万元以上	15.5

资料来源：笔者根据调查数据整理所得。

（二）信度与效度分析

对调查问卷23个测量题项进行信度分析，得到的克隆巴赫系数（Cronbach's Alpha）值为0.897，表明测量结果的可信程度高。

对调查问卷21个测量创业倾向影响因素的题项进行巴特利特（Barlett）球形检验，结果如表2所示。显著性值小于0.05，有统计学意义，适合进行效度分析，KMO值为0.753，因子分析效果好。

表2　测量创业倾向影响因素题项的Barlett球形检验

KMO值	Barlett球形检验	显著性
0.753	4541.251	<0.001

资料来源：笔者根据实验数据整理所得。

因子分析结果如表3所示。提取的4个因子验证为：个人性格特质、创业实习经历、家庭创业环境、政策制度帮扶。

表3　创业倾向影响因素的因子分析

测量题项	因子			
	1	2	3	4
性格积极乐观	0.664	0.176	0.155	0.298
喜欢冒险并勇于承担风险	0.651	0.067	0.107	0.401
自信独立，果敢干练	0.761	0.022	0.091	0.295
不安于现状，喜欢突破自我极限	0.763	0.267	0.034	0.095
富于创新性，具有开拓思维	0.676	0.295	0.126	0.010
喜欢面对新鲜事物，能够尝试接受新奇的想法	0.712	0.350	0.066	0.239
精力充沛，独立欲强	0.756	0.220	0.134	0.035
您是否接受过创业方面的教育或培训	0.255	0.613	0.140	0.240

续表

测量题项	因子			
	1	2	3	4
您是否有实习经历	0.056	0.661	0.073	0.049
您是否参加过创业类社团活动	0.058	0.720	0.241	0.261
您是否参加过创业大赛	0.116	0.782	0.197	0.202
您是否接做过微商	0.095	0.603	0.048	0.436
您是否参与过营销实践	0.238	0.636	0.181	0.323
您的父母或亲戚是否自己创办过企业	0.058	0.278	0.168	0.633
您的父母支持您进行创业	0.191	0.209	0.251	0.689
创业会来自父母或亲戚的帮助（资金及人际方面）	0.218	0.332	0.035	0.659
您的大学有浓厚的创业氛围	0.024	0.099	0.634	0.349
您的大学有创业科技园	0.094	0.282	0.824	0.028
您的大学有支持学生创业的相关政策	0.154	0.083	0.834	0.065
当地政府有孵化器等相应配套服务	0.165	0.165	0.720	0.042
当地政府鼓励创业	0.064	0.254	0.778	0.095

资料来源：笔者根据调查数据整理所得。

对调查问卷2个测量创业倾向的题项进行Barlett球形检验，结果如表4所示。显著性值小于0.05，有统计学意义，适合进行效度分析，KMO值为0.881，因子分析效果好。

表4　测量创业倾向题项的Barlett球形检验

KMO值	Barlett球形检验	显著性
0.881	126.166	<0.001

资料来源：笔者根据实验数据整理所得。

因子分析结果如表5所示。提取的1个因子验证为创业倾向。

表5　创业倾向的因子分析

测量题项	因子
	1
您有详细创业计划	0.864
您主动了解过创业流程	0.842

资料来源：笔者根据实验数据整理所得。

（三）方差分析

1. 性别的方差分析

不同性别创业倾向的方差分析结果显示，显著性值小于0.05，有统计学意义，即杭州市高校大学生不同性别的创业倾向具有显著性差异，男性显著高于女性。创业计划的均值分别为 2.89（男）、2.15（女），创业流程的均值依次为 2.97、2.47，男性均高于女性。相同性别的创业流程均值都大于创业计划，这说明杭州市高校大学生会主动了解更多关于创业流程的咨询和信息，但并没有制订与之相匹配的创业计划，创新的意识强，创业的实践弱。

2. 年级的方差分析

不同年级创业倾向的方差分析结果显示，显著性值小于 0.05，有统计学意义，即杭州市高校大学生不同年级的创业倾向具有显著性差异。创业计划的均值分别为 1.84（本科一年级）、2.57（本科二年级）、2.60（本科三年级）、2.71（本科四年级）、3.12（研究生），创业流程的均值依次为 2.33、3.09、2.90、3.17、4.13。随着年级增高而增大，研究生显著高于本科生。同一年级的创业流程均值也都大于创业计划。

3. 专业学科类别的方差分析

不同专业学科类别创业倾向的方差分析结果显示，显著性值小于 0.05，有统计学意义，即杭州市高校大学生不同专业学科类别的创业倾向具有显著性差异。创业计划的均值分别为 2.27（理工类）、2.19（经管类）、2.13（人文类）、3.43（医学类）、3.00（语言类）、3.38（其他类），创业流程的均值依次为 3.02、2.71、2.13、3.79、1.00、3.15。理工类、经管类和人文类的创业计划均值低于整体平均值，经管类、人文类和医学类的创业流程均值低于整体平均值，语言类和其他类的创业流程均值低于创业计划。

4. 家庭地理位置的方差分析

不同家庭地理位置创业倾向的方差分析结果显示，显著性值小于 0.05，有统计学意义，即杭州市高校大学生不同家庭地理位置的创业倾向具有显著性差异，南方显著高于北方。创业计划的均值分别为 3.25（南方）、2.01（北方），创业流程的均值依次为 3.93、2.37，南方均高于北方。相同家庭地理位置的创业流程均值也都大于创业计划。

5. 家庭城乡类别的方差分析

不同家庭城乡类别创业倾向的方差分析结果显示，显著性值为 0.134，大于 0.05，没有统计学意义，即杭州市高校大学生不同家庭城乡类别的创业倾向没有显著性差异。

6. 家庭经济状况的方差分析

不同家庭经济状况创业倾向的方差分析结果显示，显著性值小于 0.05，有统计学意义，即杭州市高校大学生不同家庭经济状况的创业倾向具有显著性差异。创业计划的均值分别为 1.26（年收入小于 3 万元及以下）、2.38（年收入 3 万～8（含）万元）、2.41（年收入 8 万～15（含）万元）、2.70（年收入 15 万～50（含）万元）、2.90（年收入 50 万元以上），创业流程的均值依次为 2.01、2.44、2.95、3.20、3.31。随着家庭经济状况的提升均值增加，相同家庭经济状况的创业流程均值也都大于创业计划。

（四）回归分析

以创业倾向因子为因变量，个人性格特质、创业实习经历、家庭创业环境、政策制度帮扶 4 个因子为自变量，用逐步法进行多元线性回归分析，得到结果如表 6 所示。

表 6　创业倾向影响因素的回归分析

创业倾向影响因素	非标准化回归系数		标准化回归系数	t 值	显著性
	回归系数	标准误差	回归系数		
个人性格特质	0.405	0.023	0.139	6.249	<0.001
创业实习经历	1.436	0.024	0.337	14.338	<0.001
家庭创业环境	0.763	0.021	0.183	8.086	<0.001
政策制度帮扶	0.872	0.023	0.192	8.499	<0.001

资料来源：笔者根据实验数据计算所得。

4 个自变量回归系数 t 检验的显著性值均小于 0.05，有统计学意义，即对因变量创业倾向有显著影响，根据标准化回归系数构建标准化回归方程为：

创业倾向（Y）＝0.139×个人性格特质（X_1）＋0.337×创业实习经历（X_2）＋0.183×家庭创业环境（X_3）＋0.192×政策制度帮扶（X_4）

由该回归方程可知，创业实习经历影响程度最高，个人性格特质影响程度最低，家庭创业环境和政策制度帮扶影响程度居中，两者相差无几。

四、结论与建议

（一）个人性格特质对创业倾向的影响及建议

个人性格特质对大学生的创业倾向具有显著影响。创业过程艰辛持久，环境复杂多变，要想成功不仅需要创新创意，而且要求创业的大学生掌握相关知识，具备相应能力，拥有良好心态，富有开拓精神，保持创业激情，摆脱传统束缚，更新思想信念。基于此，首先，要求大学生创业者性格积极乐观，果敢干练，面对激烈变化和严峻挑战的外部环境要敢想、敢闯、敢拼，不安于现状，不墨守成规，挑战创业中遇到的种种困难，意志坚定，持之以恒。其次，富于创新性，具有开拓思维，喜欢面对新事物和新气象，摆脱落后的传统观念，以及主观偏见，排除掉自身的心理障碍，走出阻碍创业的误区。再次，进一步增强体魄，身体是创业创新的最大资本，拥有旺盛的精力，从而能在创业的征途中砥砺前行。最后，大学生要敢于自我剖析，客观准确地进行自我评判，永葆创业的初心，充满创业的信心，在实践中逐步战胜自我，发展自我，完善自我。

（二）创业实习经历对创业倾向的影响及建议

创业实习经历对大学生的创业倾向的影响最大。第一，培养大学生的创业意识。通过相应课程和相关知识的学习，可以有效地培养创业倾向，而通过创业实习经历获取经验和教训，心得与体会不可或缺。这些经历是培养创业素质的根本途径，大学生不仅要重视学校创业教育中的实践类课程，还应该积极参加社会实践活动，积极主动地将所学理论知识与具体实践相结合，形成良好的创业意识。第二，大学生应积极参与，踊跃实践，接受创业方面的教育或培训。杭州市的高校非常重视创新创业教育，不仅设有专门的创业学院，而且有多种创新创业类的社团，举办各级各类创新创业活动，在一次次锻炼中积累经验，培养实践能力、组织能力、团队协作能力，以及人际交往能力。

（三）家庭创业环境对创业倾向的影响及建议

家庭创业环境对大学生的创业倾向具有显著影响。第一，父母有过创业经历的过程或创业成功的成果，都有积极影响，父母会是子女学习的榜样，子女会向父母看齐，在一定程度上倾向于模仿自己的父母。父母也会鼓励和支持子女参加各级各类创新创业方面的社团或实践活动。第二，家庭提供的经济帮助和精神鼓励都会对大学生创业倾向产生较大影响。大学生往往没有充裕的创业资金，创业的初期经常遭遇资金不足的问题，能获得父母的帮扶，在创业资金方面得到大力支持，这必然大大缓解大学生在创业初期所遇的困难。第三，家庭长辈的创业经验与建议可以有效帮助大学生创业，父母会对子女的创业尽心鼓励与尽力指导，从而更好地促进大学生创业，增加创业成功率。

（四）政策制度帮扶对创业倾向的影响及建议

学校层面。首先，杭州市高校可以开设创新创业类课程，定期举行各种创新创业类的讲座与相关交流，并且积极鼓励学生参与创业比赛与活动，提供创业方面的指导，进行创业全程咨询和服务，积极引导大学生创业意识的健康发展。其次，注重营造良好的创业氛围，减少对创业的陌生感和畏惧感，使学生不再害怕创业，而是勇于创业，敢于创业，有能力创业，并能创业成功。杭州市高校有责任培养大学生在创业方面的相关意识，使大学生的创业意识稳步提升。

政府层面。发布相关扶持政策和有利规章制度，是大学生创业成功的根本保障。我国政府充分肯定、积极推进大学生创新创业，中央多次在会议报告中提出了大学生创业的积极意义，各地政府也纷纷响应，制定了相关政策，并确保政策能够良好地实施。但是，我国大学生创业的发展历史并不长，创业政策并不完善，仍存在着较多的问题。杭州市抑或浙江省的相关政府部门应该深入分析大学生创业中存在的各种问题，进行积极地引导与扶持，制定并完善与创业相关的规章制度，对创业的流程进行简化和优化，明确部门职责，更好地提供助力，为大学生创业保驾护航，切实提高大学生创业的意愿，提升大学生的创业成功率。

参考文献

[1] 柯玉荷，沈陆娟．大学生创新创业实践研究 [J]．高教学刊，2020（34）：49—52.

[2] 李亚员．当代大学生创业现状调查及教育引导对策研究 [J]．教育研究，2017（2）：65—72.

[3] 麦可思研究院．2019 年中国大学生就业报告（就业蓝皮书）[R]．北京：麦可思数据（北京）有限公司，2019.

［4］沈凌雁，潘木兰，潘培枫，等．大学生创业路径和风险因素分析——以杭州大学生为例［J］．现代经济信息，2019（19）：408－409.

［5］徐小洲，梅伟惠，倪好．大学生创业困境与制度创新［J］．中国高教研究，2015（1）：45－48＋53.

［6］张慧．大学生创业如何突破局限性［J］．现代企业，2020（1）：128－129.

基于“雨课堂”的任务式教学模式探索

——以浙江财经大学东方学院微积分课程教学为例*

陈庆仙

（浙江财经大学东方学院，浙江 海宁 314408）

摘　要： 如何提高学生们在微积分课堂上的学习效率，是教学改革的痛点和难点所在，为此我们考虑设计任务式教学模式，并且利用智慧教学工具“雨课堂”进行辅助教学，利用任务式教学模式引导学生在课堂上化被动听讲为“指向问题解决”的主动学习，利用“雨课堂”落实课堂教学互动和进行课堂前后的教学流程管理，以“雨课堂”呈现的教学活动数据为基础，对学生平时的有效学习行为进行过程性评价，从而督促学生做好课内外学习管理，使他们在平时就做好期末考核的准备。

关键词： 任务式教学；“雨课堂”；微积分；过程性考核

一、改革背景

浙江财经大学东方学院微积分课程作为公共基础课，其教学目标是希望通过本课程的学习，使学生获得一元函数微积分学、多元函数微积分学、微分方程、无穷级数等方面的基本知识，掌握一些常用高等数学方面的数学方法和技能，为后续课程打基础、做准备。通过该课程特有的理科训练，我们希望可以进一步培养学生课内课外自主学习的习惯，促进其学术探索能力的成长。然而事实上，这门课对我们的大一学生而言可能是最难的一门课，期末考试的通过率始终不高，总有一批学生在期末考试中失利，进入到补考或重修阶段。

学生普遍反映微积分课程难的原因主要有：第一，课程本身对学生的数学基础有较高要求，而本院大部分学生的高中数学基础相较微积分课程要求是偏薄弱的，这使得他们对一些基本概念和基本运算的掌握也没有教师想象中那么容易。第二，该课程的教学内容前后之间知识关联性强，对学生持续学习的能力有明确的要求，这对于刚刚离开高考，“企图在大学放松一下，只想在期末考前突击复习”的大一新生是很大的心智挑战。第三，手机等智慧移动终端对学生注意力的干扰是课堂教学面临最大的外在问题。数学课堂对大部分学生来说并不是生动有趣的，而是平淡、枯燥的。数学的学习成就感类似

* 基金项目：《微积分的“雨课堂”教学模式的课堂教学改革和实践》（2017JK08），2017 年院级重点课题。

于长跑之后的可能获得的身心的愉悦感，但之前需要一定意志力的支撑和专注力的投入。手机的吸引力使学生在一开始就无法进入“思维长跑”这个过程，或者“跑”一会儿就半途而废，这使得学生要在课堂上专注听讲难上加难。

因此，大多数学生在新学期开始的第一次课听课效率最高；之后，随着教学内容的日渐复杂，听课效率慢慢下降，甚至不少同学放弃了课堂学习，寄希望于课外自学，然而这个更加不容易。学情决定了我们的学生关于微积分课程的学习主要依赖于课堂教学，而对于课堂教学方式，学生习惯在课堂上先听讲后解题，为解题而学习。可见传统讲授的方法还是学生最习惯的教学方式，他们希望通过老师的讲解来理解那些抽象的数学概念，希望能够在老师的帮助或者督促下，以及同伴学习的刺激下，进行数学知识的探索，并学有所得，使得他们在课外能利用课堂所学知识完成课程作业，并且对重点知识进行自主强化。因此，提高学生们在微积分课堂上的学习效率，是教改的关键，如果解决了这个痛点，让学生起码在课堂上有所学，和“学有所得”，甚至“学有所用”，这已经就是微积分课程教学的最大价值所在了。然而，提高学生在微积分课堂上的学习效率，同时也是教学改革的老大难问题，不能仅靠教学的某一方面，比如，教学内容方面的改革，而是需要对整个教学流程做一个系统地改革；改革需以学生为中心，让学生能感觉到教学改革给自身带来的一些变化，比如，课堂听课效果的提升，课后作业能够更容易地完成，考前不再过度焦虑等。特别在现在这个网络时代，手机等互联网移动终端被人们所依赖的事实避无可避，我们的教学改革如何利用手机等移动终端来助力教学，是我们必须要去面对的课题，是难点也是创新点，可以借此突破传统教学困境。

为此，我们考虑设计任务式教学模式，并且利用智慧教学工具“雨课堂”进行辅助教学，利用任务式教学模式引导学生在课堂上化被动听讲为“指向问题解决”的主动学习，利用“雨课堂”落实课堂教学互动和进行课前、课中和课后的教学流程管理，并以“雨课堂”呈现的教学活动数据为基础，对学生平时的学习行为进行过程性评价，使其平时成绩尽量真实反映学生日常学习状态，从而督促学生进行课内外的持续学习。

二、具体改革措施

（一）在教学设计方面，因材施教，以学生为中心设计任务式教学

对大多数学生来说，数学课程知识是一个个考点，他们往往是为了通过课程考试而来上数学课，但是在传统讲授方法中，教师是根据自己对数学知识体系的理解，再结合大纲要求，由浅入深地逐步教授数学知识，只有在考前复习时才进行考点总结。因此，传统的课堂教学中，教师是有教学目标的，而学生的学习目标往往是模糊的或者是缺失的。在这次教学改革创新中，教师首先对各个考点整理，围绕考点组织教学内容，再把它们分散到每个章节，由浅入深地进行讲解，让学生从一开始学习时，就有针对性地对考点进行关注和强化。教师需要设计一系列的课堂习题和课后作业，来落实针对这些考点的训练，教学内容围绕每次课后作业内容展开或有所侧重，让学生感觉到：通过课堂听讲自己就能做出课堂上的例题，课堂例题会做了，课后的作业就能独立解决，而作业

能做了，那么考试就不慌了。因此，对学生来说，每次课的课后作业就是一次学习任务，课堂学习是完成这个任务的有效途径。如果学生带着这样的目的来听课，那么他们是极有可能转被动听课为主动的课堂学习，课堂学习效率自然会提高。

从教师角度来说，教学内容的组织和教学方法的设计，应围绕帮助学生完成他的学习任务而展开。比如为了强化学生的课堂学习任务感，在开学第一次课的课程介绍中就需要向学生介绍微积分课程的知识框架和期末考核基本形式和内容，让学生明确如果他的学习目标是为了通过期末课程考试，那么他们需要做到什么样的努力。在之后的课程教学中，适当强调考点涉及内容，并配以相应的课堂练习和类似的课后作业。在教学内容组织方面采取“精讲微练”的模式，即把大知识点分割成小知识，控制直观讲解时间，减轻学生的听讲负担，同时，布置对应的课堂练习，以提醒学生回想刚刚的听讲内容并且应用刚才所学的知识点解决当前的问题，从而真正“学有所得，学有所用”。教师还可以在学生多次的课堂练习时间里巡视课堂，观察学情，督促学生注意力回归课堂，对个别学生呈现的学习问题进行现场指导。而在“精讲”环节，教师可以穿插一些对学生解题看似“无用”，实则有助于提高学生理科素养的数学思想和数学思政的内容，以升华数学课堂教学。

（二）利用“雨课堂”管理教学流程，开展有效的教学互动，落实过程性学习的考核

数学类课程特别注重基本概念的逐步理解和积累，基本技能从模仿到熟练掌握，这些都需要学生在学期内持续有效地学习，为了督促学生做好日常学习管理，我们需要建立科学、客观、公正的过程评价体系，使得学生的有效学习行为可以在过程性评价中最大程度地体现出来，同时，使教师有可以凭借评价反馈的结果灵活调整教学内容和教学进度，提升课堂教学水平，真正做到因地制宜，因材施教。同时我们希望可以帮助学生把“依赖手机逃避课堂学习”的习惯转变成“利用手机来提升课堂学习效率”。因此，我们考虑将智慧教学工具“雨课堂”引入微积分日常课堂教学管理，在课前预习，课堂习题互动，课后作业管理等方面进行平时成绩评定方式的改革。

“雨课堂”是清华大学和MOOC平台“学堂在线”共同推出的智慧教学工具。借助“雨课堂”进行课程教学，可以采集学生课前预习、课堂出勤、课堂答题和课后作业等整个教学周期的数据，从而量化分析学生的过程学习情况，为科学、客观地评价学生平时成绩提供了有力的技术支撑。我们利用“雨课堂”落实课堂教学互动和进行课前、课中和课后的教学流程管理，并以“雨课堂”呈现的教学活动数据为基础，对学生的平时学习行为进行过程性评价，使其平时成绩尽量真实反映学生日常学习状态，从而督促学生平时课内外的持续学习。

在预习环节，教师把关键知识点的预习任务设计成带有习题的预习课件，学生只有查看教师上传到“雨课堂”的预习课件，并完成课件中的在线习题，才算完成有效预习，这个方式可以使预习任务真正落实到位。课堂上使用“雨课堂”进行授课，利用“雨课堂”的课件同步功能，减轻学生的课堂笔记负担，从而能更专注于对问题本身的探索；在习题互动方面，使用“雨课堂”限时在线答题活动促使学生注意力回归和察看

朋辈学习情况，“雨课堂”的在线投稿功能则可以使在课堂练习答题中表现优秀的学生通过投稿来分享自己的成果，教师通过对投稿的投屏讲解来帮助学生进行“朋辈学习”。在作业环节，把以往的纸质作业批改的流程改成通过“雨课堂”在线批改模式，可以把传统的3周左右的作业周期缩成1周，即这周布置的作业在下周上课前就完成批改，而且在下次上课时候及时讲解，从而使学生的作业问题能够得到最及时反馈，然后自然进入为下次作业而准备的课堂学习。

因此，基于“雨课堂”的任务式教学中的具体每次课的课程模式是：用“雨课堂”进行课堂教学，在教学内容安排上先讲解分析上次课作业，带领学生批改他们自己的纸质作业，借此来复习上周课的教学内容；然后进入新知识的学习，学习的过程是一连串的围绕考点展开的小知点的听讲和练习，中间穿插教师巡视课堂，在线答题活动，投稿内容的投屏分析等教学互动。结束授课之后，学生就开始进入作业流程，他们需要课后的5天左右时间里，及时完成作业并且通过“雨课堂”在线提交，过期则无法获得对应的作业积分。同时，教师对陆续提交的作业进行批改和及时反馈，并且以学生具体作业资料为内容制作作业分析课件，以备下次课上讲解，以此循环反复。在学期临近结束的时候，教师可以在“雨课堂”网站批量导出学生的学习数据，参考其中的学生出勤率、查看预习课件的总时间，参与课堂答题的得分，投稿的份数，作业的得分等项目的数据，再结合一学期2～3次的纸质作业检查情况，期中成绩等项目，可以对学生的平时学习情况有个尽量客观翔实的评估。而学生在“雨课堂”手机端可以查看本学期完整的学习资料，包括课堂同步教学课件，老师发布的预习课件，老师分享的重要投稿，老师课堂上分享的重点内容的板书，以及他们自己每次提交的作业，他们在课上发送给老师的投稿、弹幕，他们收藏的重点课件，以及曾经点击“不懂”的课件等，当然还包括他们在“雨课堂”上各种学习活动产生的积分。学生可以借“雨课堂”实现对自己学习行为和资料的管理，为自己的期末复习做好充分的准备。

三、改革成效

结合“雨课堂”的任务式教学模式，引导学生以每次课后作业为学习任务，促使学生以课堂学习为途径来确保任务的实现或完成，从而在课堂上变被动听讲为主动学习。这个教学模式使得微积分课程教学看起来好像就是为了帮助学生们通过期末考核而开展，这是因为这个教学模式是以学生为中心而设计的，而且教学目标是从学生的角度来设置的。通过课程期末考核是他们的基本学习目标，在此基础上他们还可能因为对课程感兴趣或者希望获得学识成长而学习。但是，不管是出于什么样的学习动机或目标，如果他们在课堂上不主动学习，目标就成了空谈。从教师角度而言，任务式教学模式的微积分课程的教学目标还是如本文第一段所述，我们只是把它们化整为零，利用“精讲微练”的方式落实到学生的课堂学习行为中去。因此，这个教学模式是教师把握大局，以课后作业为抓手，把学生推到教学的主体位置，教师则扮演教练的角色，辅助学生实现他们的学习目标。把智慧教学工具“雨课堂”作为“第三方”助力加入课程教学，旨在弱化教学双方的二元对立，促进教学相长，使传统课堂教学也有可能获得优质的教学效果。

在 2019 年发布的有关问卷调查结果显示，关于“雨课堂”的课堂课件同步功能，约 88%的学生认为他们“上课笔记压力减轻了”，约 90%的学生认为这种方式“便于课后复习和期末复习”（见图 1）。可见智慧教学工具的使用可以帮助学生缓解课程学习的压力和焦虑感。而关于作业问题，从教师角度来说，它好像不如教授新知识重要，然而问卷显示，约 71%的学生希望老师在课堂上讲解作业（见图 2）。因此，我们以作业为抓手，建立任务式教学模式，是与我院学生学情相符合的。关于学生的课堂学习效率，问卷显示，约 49%的学生认为“大部分课堂是听得懂的”，仅 11%的学生认为“开学初几次课听得懂的，后来就越来越听不懂”（见图 3），而传统的课堂教学模式中，大部分学生反应“后来就越来越听不懂”。可见新的教学模式对学生的课堂学习是有明显的正面促进作用的。

第7题： 上课中，雨课堂的课件同步功能使你感觉：［多选题］

选项	小计	比例
上课笔记压力减轻了。	160	88.4%
便于课后复习和期末复习	164	90.61%
太费流量了	4	2.21%
有没有无所谓，反正看不懂	7	3.87%
其实这样会让我经常因关注手机而走神。	17	9.39%
这为逃避课堂学习提供了可能性（课后再学也行啊）	19	10.5%
本题有效填写人次	181	

图 1　“雨课堂”课件同步功能学生使用感受调查数据

资料来源：笔者根据调查问卷整理所得。

第13题： 关于作业反馈，你希望：［单选题］

选项	小计	比例
需要老师在课堂再讲解一次	128	70.72%
老师在“雨课堂”发布作业参考，学生自行查看	53	29.28%
本题有效填写人次	181	

图 2　学生作业反馈情况调查数据

资料来源：笔者根据调查问卷整理所得。

第18题： 你觉得你的课堂学习效率是［单选题］

选项	小计	比例
大部分的课是听懂的	88	48.62%
有些主题容易懂，有些主题就不太懂	64	35.36%
开学初几次课听懂的，后来就越来越听不懂	20	11.05%
其实上课不太想学习的	1	0.55%
刚开始上课的时候听懂一些，但是到后面就觉得很累，不想听了	8	4.42%
本题有效填写人次	181	

图 3　学生课堂学习效率自评调查数据

资料来源：笔者根据调查问卷整理所得。

从学生的期末考核结果来看，新的教学模式对学生的成绩也是有积极影响的。表 1 和表 2 为 2017～2019 年使用基于“雨课堂”的任务式教学改革的改革试验班和平行班级的微积分期末统考卷面成绩平均分对比和分析。

表 1　2017～2018 学年教学改革试验班和平行班微积分课程期末平均成绩对比

学期	教学平行班	改革实验班
2017～2018 学年《微积分（上）》期末成绩（分）	73.4	70.3
2017～2018 学年《微积分（下）》期末成绩（分）	65.1	65.4
第二学期成绩下降百分比（%）	11.3	6.9

资料来源：笔者根据资料整理所得。

表 2　2018～2019 学年教学改革试验班和平行班微积分课程期末平均成绩对比

学期	教学平行班	改革实验班
2018～2019 学年《微积分（上）》期末成绩（分）	53.8	67.4
2018～2019 学年《微积分（下）》期末成绩（分）	48.9	62.4
第二学期成绩下降百分比（%）	9.1	7.4

资料来源：笔者根据资料整理所得。

因为《微积分（下）》的教学内容和难度普遍高于《微积分（上）》，因此下学期的考试成绩一般会低于上学期。但是《微积分（上）》中的教学内容有不少考点是与高中一些知识点重合的，因此，卷面成绩与学生的高中基础有极大关联，然而下册的知识点对于学生来说是全新的，而且因为内容的复杂性导致仅靠前突击基本是没法通过考试的。因此，该课程下学期的考试成绩与他们的日常学习状态是息息相关的。从表 1、表 2 中可以看到改革试验班的第二学期成绩下降百分比大概在 7%左右，而其他教学平行班数据在 9%以上。因而，基于“雨课堂”的任务式教学模式的目的在于促使学生在课堂内外学习，这使得学生有可能保持一个持续学习的状态，使他们得以避免在第二学期成绩大滑坡而导致失控的局面。可见基于“雨课堂”的任务式教学模式对学生的学习是有长期的促进作用的。

参考文献

[1] 贾生尧，王燕杰，李弘洋．基于“雨课堂”的高校课程平时成绩量化分析方法研究 [J]. 教育现代化，2019，59：68—70.

[2] 杨辉煌．微积分 [M]. 上海：上海交通大学出版社，2004.

基于OBE理念的进阶式金融实训课程体系建设研究

——以浙江财经大学东方学院为例*

胡军辉**

（浙江财经大学东方学院，浙江 海宁 314408）

摘　要：实训课程的设计和教学是实现高校人才培养目标的重要手段。本文强调了实训课程的重要性，分析了当前金融实训课程建设中存在的主要问题。以浙江财经大学东方学院为例，全面阐述了基于学习产出的教育模式（outcome-based education，OBE）理念的进阶式金融实训课程体系建设的思路和具体方案，以期提高金融实训课程的学习效果和学生的金融素养，为我国高等教育培养高素质应用型金融人才提供参考。

关键词：OBE；进阶式；金融实训；课程体系

一、引言

随着劳动力市场上的就业竞争日趋激烈，大学生的职业能力培养被提到一个新的高度，以就业为导向的高等教育教学改革受到越来越多的关注。为了培养学生的综合职业能力、实践技能和创新能力，实训课程已经被越来越多的高校列为重点发展项目。

所谓实训课程，是实践教学的一种，字面上可以理解为职业技能的“实际训练”。作为一种新兴的教育课程类型，相对于学科课程，其实质是以特定岗位的职业活动为中心设计、依据解决相关职业问题的逻辑线索组织、将有关的学科知识融合到技术应用领域的能力本位课程。因此，实训课程可以将大学生课堂理论学习与实践类的毕业实习、毕业论文、学科竞赛等相连接，通过模拟、仿真、实验、任务训练等手段，利用在校的时间，有效地提升大学生将所学专业理论知识应用到实践场景的理解、分析、评价和综合等能力，从而更加适应真实的职业环境，大大提高就业竞争力。因而，大学开设专业实训课程的意义在于：

一是可以深化课堂理论教学的质量和效果。实训是通过一定的理论知识引导学生完成的实践教学活动，可以使学生巩固理论知识、加深对理论知识的理解和掌握，可以有

---

* 基金项目：浙江省高等教育“十三五”第二批教学改革研究项目（jg20190677）。

** 作者简介：胡军辉（1975—），男，汉族，浙江慈溪人，教授，博士，研究方向：农村金融、家庭金融、劳动经济学。

效地弥补学生在实习实践中难以真正接触核心业务的不足，是理论联系实际、培养学生掌握科学方法和提高学生动手能力的重要平台。

二是可以让大学生提前适应实习和就业环境。实训可以为学生在即将进行的毕业实习打下坚实的基础，如果仅仅凭借书本上的理论知识，不结合专业的实训课程，将很难快速地融入实际的社会生产活动之中。而实训课程中模拟的环境和布置的任务，正好能够弥补这一缺陷，可以使学生将来顺利地走上毕业实习和就业岗位。

三是可以帮助学生参加相关学科竞赛和完成毕业论文的写作。通过实训课程阶段的学习，可以让学生更加深入地理解理论知识，更加敏锐地发现实际工作中存在的问题，通过分析和思考问题背后的原因，从而研究可能的解决方案。而正是这样的科学训练，才能够有效地激发学生提出问题、分析问题和解决问题的能力，提高口头和书面的表达能力，将理论与实际相结合，增强参加相关学科竞赛和论文写作的能力。

二、当前金融实训课程现状及存在的主要问题

当前，随着我国经济社会的快速发展和转型，以及日益开放的金融环境，对应用型金融人才培养提出了更高的要求。部分地方高校在向应用型大学转型的过程中，着力推动建立更加科学规范、适应金融实践需求的实训课程体系，以实现培养应用型金融人才的目标。近年来，在金融实训课程建设方面的成效也较为明显，但由于缺乏系统理论支撑和科学方法的引导，在实训课程体系和教学实施等方面仍面临诸多问题和困境，主要体现在以下几个方面：

1. 对金融实训课程的重视程度有待提升

目前，许多学校对金融实训课程的教学目标定位还不够清晰，对实训的重要性还未引起足够的重视。长期以来，金融实训课程的教学目标设定多以学科为导向，即将教育成果仅仅定位于金融专业知识内容的系统掌握，课程体系设置主要围绕学科专业而展开。人才培养目标缺乏持续改进，造成实训内容设置与金融人才需求相脱节，不少本科高校还存在重理论、轻实践的老问题，实践学分多数为传统的毕业实习、毕业论文等学分，对金融实训尚未引起足够的重视，实训课程的学分所占比重偏小。

2. 实训课程体系缺乏系统性和层次性

部分院校开设的实训类课程，如外汇交易、国际结算、证券交易实训等，课程间未建立有效衔接，缺乏系统性和层次性。有些实训内容有重复，有些则过于简单，缺少复合性技能的训练设计。

3. 实训考核较为片面

多数学校金融实训教学的考核过于注重结果，忽视了实训的过程管理，造成实训考核形式单一、评价较为片面，难以有效调动学生自主学习、自主训练的积极性。

4. 实训课程的质量保障体系还不够健全

实训课程体系、教学实施过程和教学评价机制等还不够完善、健全，如何将金融理论与金融实务工作有效对接，还缺乏深入地研究，还尚未建立对金融实训课程体系有效

的、持续的、动态的质量监控和实时改进机制，实训课程的教学效果难以充分实现。

可见，如何推动金融实训内涵要素建设，构建学生知识、能力与素质一体化为核心的实训课程体系，已成为当前金融教学改革的当务之急。

三、基于 OBE 理念的进阶式金融实训课程体系建设

培养人才是高校最根本的目标，在当前我国高校体系中，不同类型的高校所培养的人才目标层次也应该有所区分。金融人才的培养大致可分为 3 个层次，即以从事一线客户服务和金融业务操作的技能型金融人才、以从事经营管理或高质量金融服务的应用型金融人才和以从事金融领域理论研究的研究型金融人才。第一类金融人才的培养，对应的主要是金融经济类的高职院校，而第三类金融人才的培养，则主要由办学实力较为雄厚的省属重点高校及以上本科院校承担。浙江财经大学东方学院是浙江省首批设立的独立学院之一，自 2014 年起办学定位就明确为培养应用型、复合型、高素质技术人才为目标的地方高校，因此，按照差异化办学的原则，金融人才的培养目标比较合适的定位应当是第二类，即应用型金融人才。作为应用型人才培养的重要载体，建立完善的金融实训课程体系必不可缺。

以 OBE 理念构建进阶式的金融实训课程体系，既符合浙江财经大学东方学院的办学定位，又可以有效地保障应用型金融人才培养的质量，基本的建设思路如图 1 所示。以 OBE 理念为指导，结合社会需求和学校办学条件，明确应用型金融人才在知识、素质和能力上的培养要求，以此确定金融实训课程的教学目标。根据该教学目标，按照系统性和层次性原则，构建进阶式的实训课程教学体系，具体来说，可以设置初阶的《金融活动模拟体验》、中阶的《金融专项仿真实训》和高阶的《金融综合实训》教学体系。同时，通过构建持续、动态的多渠道应用型金融人才培养质量监控体系，一方面密切结合市场需求，及时修订完善人才培养目标；另一方面，则通过建立健全的金融实训课程考核评价体系，为切实提高金融实训课程教学质量提供制度保障。

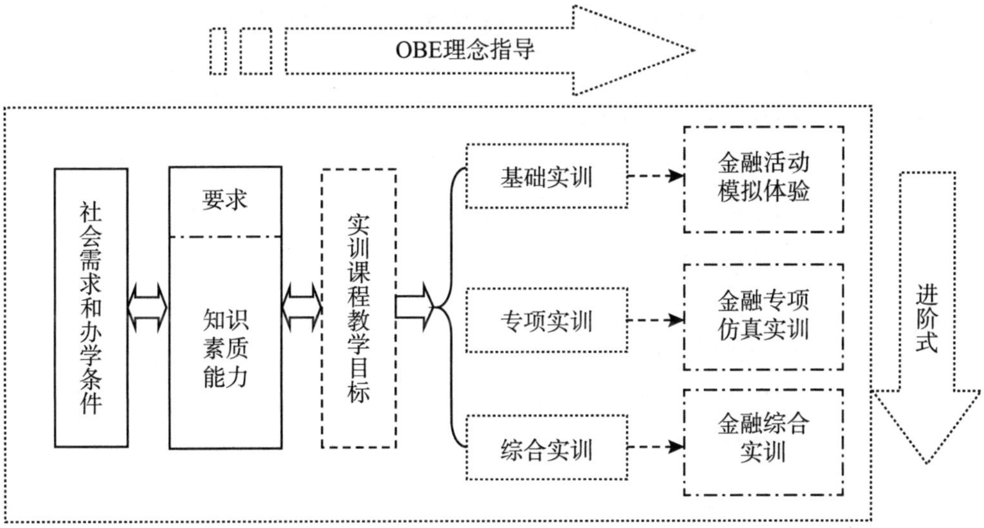

图 1　OBE 理念的基本建设思路

资料来源：笔者根据浙江财经大学东方学院金融实训课程信息绘制。

1. 以 OBE 理念明确金融实训课程教学目标

OBE 理念强调以结果或教育产出为导向，因此要求金融实训课程的教学目标必须围绕高校的金融专业人才培养目标设定。OBE 教育理念要求高校的课程设计与教学内容要聚焦于学生的最终学习成果上，因此，要求教育者必须对金融学专业学生毕业时应达到的能力及其水平有清楚的构想，并致力于设计出适合学生掌握知识、提升能力的教育结构来达成预期成果。高校应结合社会需求和自身办学定位，明确金融人才培养目标，反向推导对学生在知识、素质和能力等方面的具体要求，并以此作为金融实训课程的教学目标。

2. 构建进阶式金融实训课程体系

围绕应用型金融专业人才的培养目标，按照系统性和层次性的教学设计思路，通过构建进阶式的实训课程体系、教学引导、评价机制及成果应用等教学内容，形成系统化的课程体系和层次丰富的实训环节，以学生为主体、教师来引导，切实保障金融实训课程教学质量和效果。

（1）基础实训：金融活动模拟体验课。

浙江财经大学东方学院于 2014 年与浙江核新同花顺网络信息股份有限公司共同合作，开发了互联网大金融综合实训项目，金融活动模拟体验课作为一门通识必修课程，目前已经正式开课。该课程采用线上线下相结合的混合式教学方式，通过课程动员及培训，模拟银行业务、证券投资、期货、私募基金、外汇等场景，并结合自主开发的“学堂云”在线课程中的“金融活动模拟之初体验”，对基础知识制作了视频进行专题讲解。学生在观看视频，并完成在线测试的基础上，通过“互联网大金融综合实训平台”开展各项模拟活动。在教学实施中，采用学生自主学习、自我管理的探究式、体验式教学方式，自始至终引导学生主动地学习，积极地参与。老师主要负责发布任务和答疑，银行、证券、期货金融机构的“工作人员”全部由学生担任。学生在完成规定的任务后，有更多的时间练习自由投资和交易，关注自己感兴趣的金融产品。

基础实训的教学目标重在知识记忆和理解能力。知识记忆是指能记住基本概念和原理，知晓常规术语或典型案例，掌握该课程教授的方法等；理解能力是指能理解基本概念和原理，能口头描述材料和数据图表等，能基于已有数据进行合理预测等。通过金融活动模拟体验课的实训，可以使学生在实际操作中体验资金融通和资本增值的操作过程，使学生从模拟场景中构建金融知识能力体系，加深对金融概念、理论的记忆和理解，增强对金融活动的感性认知（见图 2）。

（2）专项实训：金融专项仿真实训。

金融活动是整个经济活动中的核心组成部分，由于商业特殊性的原因，即使学生在进入实习环节后也往往难以接触到一些关键的金融规划和决策活动的内容。因此，通过创建金融专项仿真实训项目，以及情境化的实验教学过程，可以有效地培养学生的综合能力和教师的教研水平：①实训能力，通过虚拟仿真实验项目，训练高校金融专业的学生对实际金融业务流程的熟悉程度，对操作的动手能力，对决策的分析能力，为今后工作能快速上手做好准备。②创新能力，通过引进金融大数据库、金融信息分析平台、

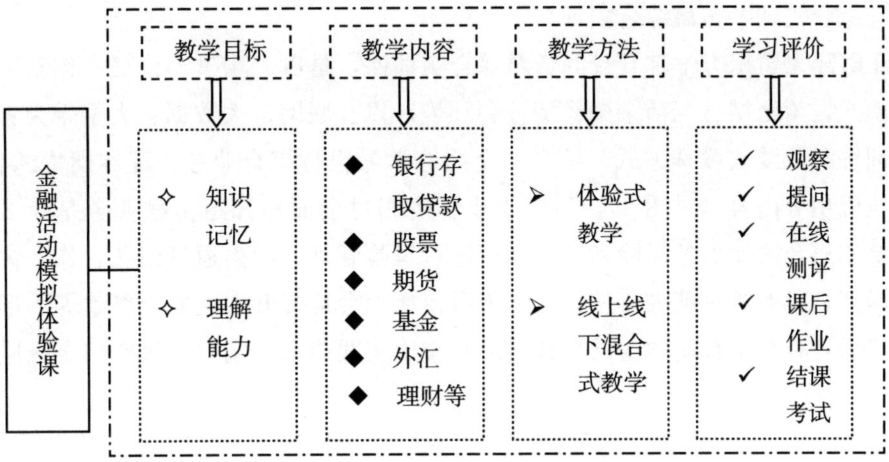

图 2　基础实训教学模式设计

资料来源：笔者根据浙江财经大学东方学院金融实训课程信息绘制。

理财产品分析系统等高端数据、资讯及工具，满足学生进一步开展金融投资组合研究、投资风险管理、金融建模设计等学术实验及金融创新活动的需要。③提高教师的教学水平和科研水平，高校金融类教师可利用金融实验室丰富金融学科的教学内容，使课程生动、形象；还可利用金融实验室资源辅助论文研究、项目研究。

在这方面，浙江财经大学东方学院拟通过自主开发、购置和共享等方式，开发金融专项仿真实训项目（见图 3）。目前，已立项院级虚拟仿真实验教学项目金融大数据下银行理财虚拟仿真实验、金融大数据下银行理财虚拟仿真实验，联系杭州融育金融科技公司“区块链技术与征信”等教学软件，共享国家级和浙江省级虚拟仿真实验平台相关项目等。专项实训的教学目标重在应用能力和分析能力。应用能力是指能在新的学习情境下应用理论知识，能在实际环境中应用理论知识和基本原理，可以证明方法或过程的有效性；分析能力是指可以辨别结论背后的含义，找出逻辑推理的错误，能评估数据间的支持程度等。通过专项实训的学习，也将大大提高学生参加“浙江省大学生证券模拟投资大赛”“浙江省大学生理财规划设计大赛”等学科竞赛的能力。

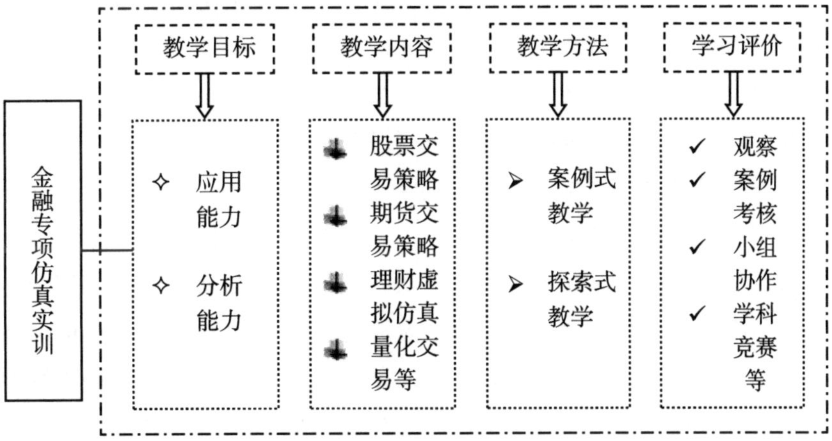

图 3　专项实训教学模式设计

资料来源：笔者根据浙江财经大学东方学院金融实训课程信息绘制。

（3）综合实训：金融综合实训。

浙江财经大学东方学院开设的金融综合实训课，是以“场景＋论证＋创新”的综合式学习模式，紧密结合当前金融经济社会环境，以互联网、大数据、大金融为背景，采用拓展训练和沉浸式教学方式，综合、全面地学习银行综合业务、证券期货综合训练、金融科技应用等内容（见图 4）。不仅要让学生相对全面地知道金融业务是什么、怎么做，还要知道金融业务的风险来源、如何进行风险管理。学生通过团队合作，树立协作精神，提高自我的管理能力。从长远上来看，能综合地提升学生的金融素养，形成统观全局的意识，有利于提高学生的综合素质和应用实践能力，实现高级专门金融应用型人才的培养目标。

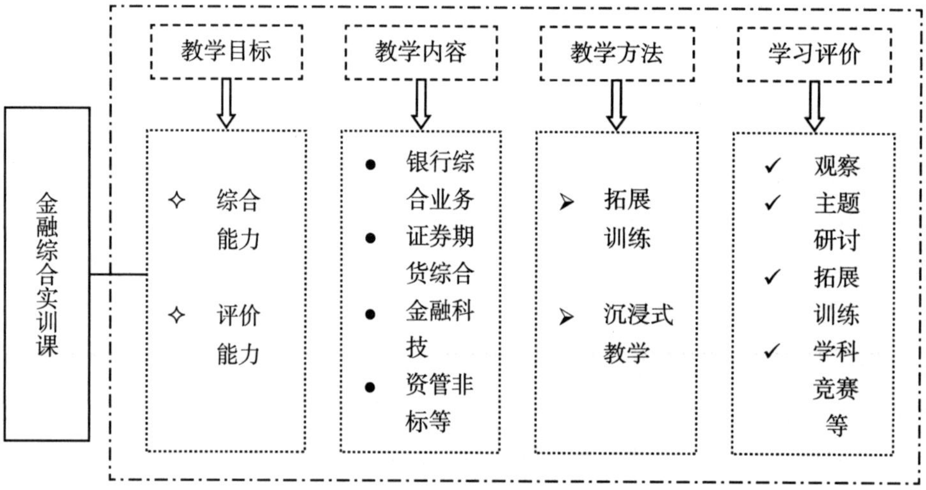

图 4　综合实训教学模式设计

资料来源：笔者根据浙江财经大学东方学院金融实训课程信息绘制。

通过金融综合实训，可以有效地提高学生的综合能力和评价能力。综合能力是指能撰写既定主题的论文，能作逻辑严谨的演讲，可以运用不同知识解决实际问题等；评价能力是指能评价文字材料的逻辑性，可以评判论据对结论的支持程度，可以运用学科内外的标准评价作品。以主题研讨、学科竞赛等形式，提高学生对金融业务的综合处理能力、科学研究能力。

3. 实训课程教学质量评估和保障

为了保障实训课程教学质量和及时地进行教学质量评估，浙江财经大学东方学院构建了持续、动态的多渠道应用型金融人才培养质量监控机制（见图 5）。市场环境变化对应用型金融人才的需求，是决定金融实训课程教学目标的核心与根本要求，通过用人单位满意度调查、用人单位座谈会等形式，可及时掌握市场需求对应用型金融人才培养的要求；金融专业指导委员会由高校专家和金融实务部门负责人组成，可以有效地保障校企间的双向信息交流，根据专家建议，及时修订人才培养方案、实训课程教学设计和教学目标；通过浙江省教育评估院组织的毕业生质量跟踪调查，可搜集毕业生对实训课程的评价，是衡量实训课程体系教学效果的重要依据；校友是重要的办学资源，结合自身的学习体验和工作实践，可为实训课程体系建设提供非常有针对性的咨询和建议。

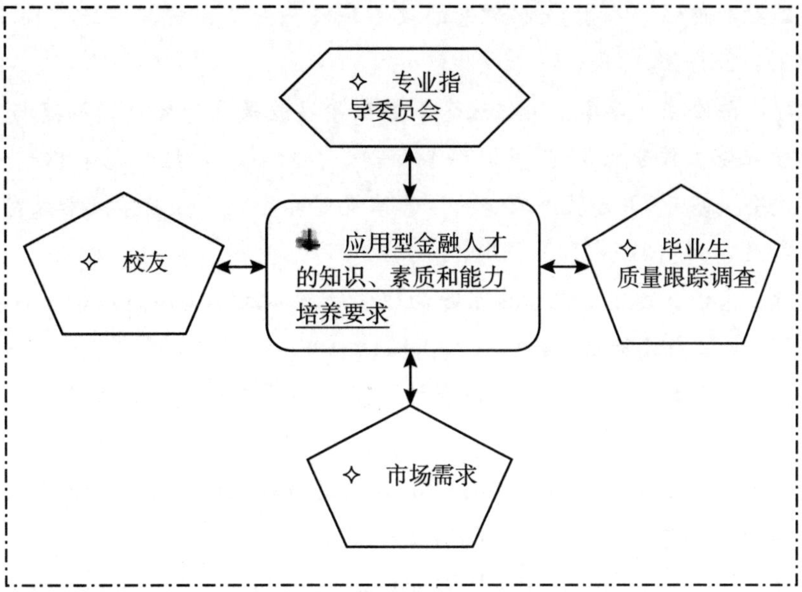

图5 多渠道人才质量监控与实训课程教学目标的回馈机制

资料来源：笔者根据浙江财经大学东方学院金融实训课程信息绘制。

通过实践需求持续修正教学目标、通过教学活动持续完善考核要求、通过学生实训成果持续推进教学模式的改革，并使之制度化、标准化和规范化，建立实训课程教学质量的保障体系。

四、金融实训课程体系建设展望

面对越来越复杂的世界格局和信息化技术的发展，如何促进我国高等教育的高质量发展成为社会各界关注的重点。OBE理念作为目前世界上主流教育理念，得到各国教育改革的重视。将OBE理念引进金融实训课程教学中，能够有利于任课老师不断优化教学设计、完善教学内容和教学方式，凸显学生学习效果的重要性，有利于提升金融实训课程教学质量，进而提升学生的金融素养和社会竞争力。而构建进阶式的金融实训课程体系，可进一步完善实训课程的系统性和层次性，有效激发学生的专业学习兴趣，保障人才培养质量。通过构建进阶式的课程体系、教学引导、评价机制及成果应用等教学设计，形成系统化的课程体系和层次丰富的实训环节，以学生为主体、由教师来引导，切实保障金融实训课程质量。

但是，OBE理念的融入，以及金融实训课程体系的建设，是一个循序渐进的过程，不能一蹴而就，需要社会、学校、老师、学生的共同参与，使整个过程和系统不断完善和优化，从而达到理想的效果。

参考文献

[1] 凤权 . OBE教育模式下应用型人才培养的研究 [J]. 安徽工程大学学报，2016 (3).

［2］付瑞红，何强．基于OBE理念的教学科研一体化探索与实践［J］．教学研究，2017，40（3）：28—33.

［3］贾冰，陈晓东，李贺．OBE理念下专业学习成果评价体系的构建与实践——以沈阳化工大学社会工作专业为例［J］．科教导刊，2017（8）：42—43+88.

［4］蒋文全．基于OBE教育理念的《营销策划实务》课程教学策略探究［J］．现代商贸工业，2020，41（27）：149—150.

［5］吕帅，朱泓，赵磊．基于成果导向理念的教育改革实践与探索——以英国邓迪大学为例［J］．重庆高教研究，2017（2）：101—106.

［6］杨英男．OBE理念下的“基础会计”课程教学改革［J］．工业和信息化教育，2020（6）：41—45.

［7］赵存有，于信伟，徐鹏．基于OBE理念的教师教学质量评价体系探究［J］．黑龙江教育（高教研究与评估），2020（8）：56—57.

［8］Spady W D. Outcome—Based Education：Critical Issues and Answers［D］．Arlington，VA：American Association of School Administrators，1994.

基于混合式模式的刑法分论课程教学探讨

蒋晗华

（浙江财经大学东方学院，浙江 海宁 314408）

摘　要：刑法分论是法学的一门核心课程，其传统教学模式存在课时少内容多、教学内容公式化、教学方法单一等固有不足，可以尝试采用线上线下混合式教学模式，采取重构教学内容体系、构建网络教学平台、注重培养学生自身学习刑法的能力等教学方式，激发学生学习兴趣，促进刑法分论课程的教学互动和教学相长。

关键词：刑法分论；混合式模式；以学生为主体

一、引言

中国刑法学是一门较为成熟的学科，在整个法学教育中起着重要的作用，被确定为法学专业的核心课程，历来都是作为专业必修课，由专业课老师在大一学生的第二学期和大二学生的第一学期，用两个学期分别讲授刑法总论和刑法分论。刑法分论的教学内容主要是关于刑法分则规定的个罪的构成特征、刑事责任、刑罚适用及其他相关问题，不仅具有很强的理论性，还具有很强的实践性。然而，在刑法分论教学中，授课教师常常面临知识点烦杂凌乱、教学时间相对较少、教学模式单一等问题。在近年来的教学实践中，笔者尝试采用混合式教学模式，以期为上述难题的破解及课程教学质效的提升提供思路。

二、传统刑法分论教学模式的弊端

（一）课时少罪名多

现行《中华人民共和国刑法分则》有 10 章共 350 个条文，共规定了 486 个罪名。知识点多，罪名多，知识结构具有很强的逻辑性。因此，从课程内容上看，其知识点不仅繁多，而且显得凌乱。刑法分论的教学时间目前只安排 48 课时，课时严重不足。可见，教学内容多与教学时间少这一矛盾，构成了刑法分论教学活动中的首要矛盾。在规定的课时内对全部罪名进行逐一分析，是无法完成的。即便选择重点罪名和典型罪名进行讲解，教师要在课堂教学中把教学大纲涉及的知识点讲完已属不易，遑论进行透彻的剖析。据此，试图通过课堂教学活动来完成所有的课程内容是不现实的。

（二）教学内容公式化

在绝大多数的刑法分论教材中，教学内容通常包括：犯罪构成情况、具体认定问题、刑罚情况。传统教学中，注重学生对具体犯罪的个性特征的正确理解和准确把握。授课教师在讲解个罪时多侧重于对其概念和构成要件的论证，对于相似、相近、竞合、牵连的罪名之间的区分认定较少关注，更少预先考虑相关犯罪在司法实务中发生冲突、重叠、交叉、转化情况时应该如何解决，尤其是在结合实务案例进行讲授方面几乎是空缺。因而，授课教师通常以教材编排的方式讲授，讲授深度远远不够，导致学生对刑法分论罪名的了解过于浅显，虽熟记具体个罪的特征，但对各罪的关联性了解掌握得不够，难以应对司法实践中丰富具体的个案，无法充分发挥教学设计的效果。

（三）教学方法单一

“在传统的刑法分论教学中，为了解决课时较少和内容庞杂之间的矛盾和冲突，最易把控的教学方式即为讲授式教学法，由此形成了教师‘填鸭式’的灌输讲授和学生被动接受的教学模式。”在教学过程中，按照刑法典中法条的先后次序讲述。这种依次讲授的方法一方面，容易使学生厌学；另一方面，导致学生接受的知识容易局限于具体各罪的具体规定，但对相似罪名的关联、区别没有领会。由于教学方法单一，缺乏师生互动，课堂气氛沉闷，学生没有主动参与讨论的积极性，无法充分发挥学生的主体作用。最终，学生们只是机械地、被动地学习理论知识，零星地记住一些罪名，不能全面地把握和理解法条，对具体刑事案件如何正确定罪与合理量刑一筹莫展，无论将来实习还是就业，一时间不能适应司法实践对知识和能力的要求，刑法教学最初的目的也难以实现。

（四）案例教学趋于形式

在当前刑法分论教学过程中，虽然案例教学法贯穿于整个教学活动中，但大多数情况下，教师只不过是就具体罪名的认定问题引用实践案例加以举例说明而已。此外，由于教学课时的限制，授课教师在选择案例时，会根据教学要求剔除案例中比较复杂的事实，保留比较清晰简单的事实，学生们往往无需思考就能判断案例中行为人的行为定性问题或者看透案例所说明的理论问题。这种案例教学方法往往沦为简单的举例法，无法充分锻炼学生分析问题和解决问题的能力。长此以往，学生会养成怠于思考的习惯，缺乏钻研刑法实务案例的主动性和积极性。

三、刑法分论教学方法改革的路径选择

（一）树立“方法培养式”教学理念，培养学生自主学习的能力

刑法分论是一门典型的“学以致用”的课程，在教学理念上，应从“结论提供式”

教学向"方法培养式"教学转变。相对于只注重结论提供的教学方式,"方法培养式"教学以培养学生解决问题、寻找结论能力为出发点,注重通过向学生推演问题的分析、解决过程,使学生领会寻找结论、解决问题的方法。在刑法分论教学中,将传授学习方法、培养学生的自学意识和能力作为教学目的之一,具有必要性和可行性。

首先,刑法分论课程内容的繁杂,决定了该课程的教学内容尤其是课堂教学内容不可能面面俱到,教学内容的不完整性与侧重性是刑法分论教学活动的基本特征。因此,线下课堂讲授活动与线上平台教学活动、教师讲授与学生自学相结合,将成为本课程教学的基本模式。在这一教学模式中,建构线上教学平台、激发学生自学的积极性尤显重要。同时,"让学生掌握刑法分论的学习方法,在一定程度上比掌握刑法分论知识更为重要。因此,在教学过程中,教师应当尽可能地讲授刑法分论知识的规律和特点、传授刑法分论学习的方法和手段,培养学生的自学意识和能力。"

其次,刑法分则只是对各个罪一般构成特征的规定,而现实中,犯罪的发生总是具体的、复杂的,而且新的犯罪方式层出不穷,法律也在不断变化,理论和实务知识的自我更新是必不可少的,掌握自主学习的方法将会使学生终身受益。

最后,学生是在前一学期完成了刑法总论课程的学习之后再开始刑法分论的学习,因此,学生具备了自学刑法分论课程的基础。只要教师能够给予科学的引导和辅助,学生通过自学就完全可以掌握刑法分论知识的基本内容。

(二)创新教学形式、丰富教学方法,加强师生互动

教师的任务和目的不是如何把准备好的东西讲完,而是为了使学生掌握知识,引导学生认识问题进而解决问题,培养他们的创造性思维和创新能力。学生既是教学的对象,又是主体,是教学活动的参与者和教学效果的实现者。一堂课,要想达到应有的效果,充分发挥学生的主体作用是非常重要的。教师应注意吸引学生对教学的兴趣并使之保持到授课结束,创造条件使其尽可能多地参与教学活动,最大限度地发挥他们学习的主观能动性。在教学中应做到师生能够围绕教学内容相互交流,充分地表达各自的观点。在案例讨论时,能够对基于自己的观点产生的法律后果有足够的认识。

随着大数据时代的到来,互联网技术使我们的教学发生了巨大的革新,我们必须改变以 PPT 形式口授为主的填鸭式教学,创新教学方式,充分利用互联网技术、数据库技术等现代网络信息技术辅助讲授教学,建构刑法分论的网络教学平台,积极引导学生参与教学,加强师生教学互动。一方面,利用互联网的便利,通过提供教学课件、课程微课、文献资料等方式,增大课程的信息量,提高教学内容的直观性和趣味性;通过在网上进行作业批改、案例讨论、观点论争等形式,使教学更为快捷、便利和高效。另一方面,改革传统教学手段,力图改进枯燥、乏味的理论讲授,采用讨论式、启发式的教学方法,通过案例研讨、观点辩论等方式,激发学生的学习热情,提高其综合分析能力、法律推理能力,以及学以致用的应用能力,使刑法分论学习变得生动、有趣,富有思维的挑战性。

（三）注重教学内容的调整，突出教学的应用性和实用性

教学内容是应用型法律人才培养目标实现的重要支点，在教学内容的安排上，不仅要重视刑法学理论知识的讲授，而且要突出刑法分论的应用性和实用性特点，增大法律实务知识的比重，适当增加实践性教学的课时投入。首先，在教学内容方面，授课教师不应局限于法律条文或者注释刑法的讲授，而应该注重增加案例教学环节的比重，以此激发学生积极、主动地思考，培养学生的创造性思维能力、逻辑推理能力和语言表达能力。其次，在实践教学方面，授课教师可以邀请司法实务部门刑法理论功底深厚、刑法实务经验丰富的行业精英结合自己办理的经典案例给学生讲解实务操作方面的内容和技巧；教师还可以组织学生到法院或线上旁听重大案件的审理，使学生亲身接触真实的案件，有利于学生把自己学到的刑法理论知识和刑事实务问题结合起来进行分析思考，锻炼学生的专业实践能力。

四、刑法分论与混合式教学的契合性

一方面，混合式教学弥补了刑法分论课程教学内容庞杂、教学时间少的缺憾。刑法分论知识点多，罪名多，知识结构具有很强的逻辑性。通常情况下，教师很难在既定的教学时间内较好地完成教学任务，达到预设的教学效果。而混合式教学顺应了“互联网＋”时代的教育信息化潮流，充分利用网络信息技术的力量，尝试通过教学方式的混合，将网络学习与课堂讲授有机结合，使刑法分论课程教学从线下的课堂教学延伸到线上的网络教学，有效增加了教学时长。通过线上线下有机融合，使学习更能满足个性化需求，不再受空间和时间的限制，精心挑选的高品质的网上教学资源更容易使学生理解和吸收知识点的精髓。

另一方面，混合式教学提升了刑法分论案例教学的成效。刑法知识体系强调专业理论与司法实践的紧密结合，而且刑法分论教学原本就是侧重对具体罪名的分析理解，特别适合通过一些热点、典型案例来说理明法，因此，刑法课历来强调案例教学，力图通过“以案说法”的方式来沟通理论知识和司法实务。基于混合式学习的案例教学设计，典型案例不再是由教师用文字或口头语言“苍白无力”地叙述案情，而是在教学平台以生动直观的形式揭示案情，增强了趣味性，便于学生真正进入到案例情境中。在教师建构的网络教学平台上，学生可以充分利用教学资源进行自主学习，学生主动参与案例教学各环节的可能性得以大大增加，丰富的信息化教学手段提高了师生及学生之间围绕案例进行研讨的互动性和有效性。

通过上述分析可以看出，积极顺应“互联网＋”时代的教育信息化潮流，运用混合式教学模式，将线上与线下有机融合，应是实现刑法课程教学质效提升的合理且必然的选择。

五、混合式教学模式下的刑法分论课程教学设计

何克抗教授是“混合式学习”的倡导者，他曾经提出，“所谓混合式学习就是要把

传统学习方式的优势和网络化学习的优势结合起来，也就是说，既要发挥教师引导、启发、监控教学过程的主导作用，又要充分体现学生作为学习过程主体的主动性、积极性与创造性。”据此，在教学设计既要强调学生的自主学习，还要强化学生和教师的互动。“教与学的相互促进和相互制约关系决定了教学工作的任何要求必须考虑学生的学习特点，要培养学生树立专业性、研究性、自主性的观念。”

（一）教学内容的设计

由于刑法分论课程内容繁多、学时有限，因此，明确教学重点、合理划分教学内容，是提高本课程教学质量的前提。按照教学内容的重要性和疑难程度，可将刑法分论的教学内容分割为两大类，一类是课堂教学内容，另一类是非课堂教学内容。其中，课堂教学内容又分为3小类：一是精讲教学内容；二是略讲教学内容；三是提示教学内容。各类教学内容占课程教学内容的比值：精讲内容占比10%，略讲内容占比20%，提示内容占比25%，不讲内容占比45%。

1. 精讲教学内容

主要包括在课堂教学过程中需要较为全面和深入讲授的罪名。这一部分内容所占比例不宜太大，一般可控制在刑法分则罪名的10%左右，约为45～50个罪名。精讲罪名的选择，主要依据重要性（在理论研究和司法实务中均有重要意义的常见罪名）、代表性（在刑法分则体系或者某一犯罪群中的典型罪名）和关联性（与诸多其他罪名具有关联性的罪名）等因素加以筛选。

2. 略讲教学内容

主要包括为节省课时，挑选出某些重点、难点罪名的部分重要内容。以故意伤害罪为例，在设计教学内容时，可以将以下问题作为课堂教学内容：①基于他人承诺伤害他人身体的行为，是否成立故意伤害罪？②伤害胎儿身体的行为是否构成故意伤害罪？③应当在何时确定伤残程度？④如何区分故意伤害罪与故意杀人罪？该罪名的其他相关内容可不列入课堂教学内容当中。这部分略讲内容一般控制在刑法分则罪名的20%左右，约为90个罪名。在略讲内容中略去的其他重点或难点问题，教师可将其列入学生自学的范围，以弥补课堂教学的不足。

3. 提示教学内容

主要包括因课时所限，在课堂教学过程中涉及但不能通过讲授来完成的罪名。对于这类教学内容，教师可以针对其中的重点或者难点，设计出若干问题，并做一定的提示，要求学生课后思考。例如，针对过失致人死亡罪，可以提出如下两个问题：①实施拳打脚踢等轻微殴打行为，导致被害人摔倒磕碰死亡或者原有病症发作而死亡的案件，如何定性？②如何判断过失致人死亡罪的主观心态？此外，教师还可以在课程题库中选择相应的习题，要求学生进行自主学习后的自测。如果学生在自学过程中对于这一部分内容仍然存在疑惑，教师必须将其中具有普遍性的问题纳入下一节课堂教学的内容加以答疑。通常可以将这部分内容控制在刑法分则罪名的25%左右，约为120个罪名。

4. 非课堂教学内容

此部分内容不列入课堂教学范围内，通常控制在刑法分则罪名的 45％左右，约为 210 个罪名。上述内容虽不列入课堂教学，但仍属于本课程教学的组成部分。针对这类教学内容，教师可以筛选出一小部分的罪名，布置给学生作为课后自学的内容。

（二）教学手段的设计

刑法分论注重学生的资源查阅能力、信息分析能力、团队合作能力、问题解决能力、独立思考能力、自主学习能力等，以此来达到教学目的。因此，本课程的混合式教学在原有课程建设和网络课堂的基础上，在课程教学上采取多元化方式，注重实效。

首先，将每章的罪名归类为精讲罪名、略讲罪名、提示罪名和非课堂教学罪名。①精讲罪名和略讲罪名采用线上线下结合的授课方式，教师课前上传课程视频和课程资料，学生进行课前预习，课中进行知识回顾和学习检测，课后布置作业进行复习巩固。同时，对于精讲罪名，课程负责人精心挑选带有争议的疑难案件，采用小班化小组讨论的方式。这些案例能引发相应的理论层面的思考，可以进行深层次的理论探讨。讨论前要求学生对案例相关的知识进行学理总结和分析，讨论后撰写案例分析报告。②提示罪名和非课堂教学罪名通过线上教学完成学习，并组织学生进行线上讨论和作业巩固。

其次，课程教学主要采取线上学习、线下讨论的合作式教学的方法。线上课程教学视频授课主要集中学习个罪的基本原理，线下小组讨论是对个罪理论的重点、难点问题，以及相关案例进行分析、研讨。为更好地体现传授理论知识与培养能力相结合的原则，小组讨论在内容安排上遵循先进行理论研究探讨，后进行案例研讨的方法。小组讨论在形式安排上采取多种教学方法的综合运用。①对于理论问题的研究探讨，主要采取以学生参与，以及师生互动型的讨论方式为主。采取教师预先布置阅读材料的任务，在课堂上由指定预习者讲授或提出疑难问题，其他学生予以解答或讨论，教师进行引导和总结的主动式教学方法。②对于典型案例的研讨，案例的选择，尤其注意应用一些有代表性的真实案例、判决，用实证的方式向学生展示个罪理论的实际应用，扩展学生的知识视野；案例的讨论，将学生分成小组进行辩论式讨论。在辩论式讨论中，既加深了学生对相关理论观点的理解，也培养了他们的口头表达能力。

在整个教学过程中，无论是线上教学还是线下讨论，都强调教师的引导和学生的主动学习，注重理论和实践内容的结合。

（三）教学阶段及环节的设计

刑法分论教学活动的整个过程可以划分为三个基本阶段：一是课前教学阶段，二是课堂教学阶段，三是课后教学阶段。这三个阶段既相对独立，又相互衔接，构成了刑法分论教学活动的完整过程。

1. 课前教学活动及环节

课前教学活动是刑法分论教学活动的有机组成部分，也是进行课堂教学活动的基础和前提。课前教学活动具有三个方面的意义：一是为课堂教学活动做好充分的准备；二是弥补课堂教学时间的不足；三是培养学生自学的主动性和能力。课前教学活动分为教师备课与学生预习两个基本环节。

（1）教师备课。

刑法分论课程的备课重点主要有以下几个方面：①确定教学内容，划分各个知识点的教学类型；②设计课堂教学的主要环节，分配课时；③根据课程内容，确定主要的课堂教学方法和手段。

（2）学生预习。

学生课前进行适当的听课准备是刑法分论课前教学活动的重要组成部分。为了避免预习的盲目性，教师应当部署指导学生进行课前预习。例如，观看教学平台相关教学资源，包括课程视频资料、案例资料和文献资料，并对关联问题进行深入思考。学生的预习内容可以灵活，形式可以多样。

2. 课堂教学活动及环节

刑法分论课堂教学活动大致可以分为以下三个基本环节：

（1）知识回顾。

本环节主要有两项主要内容：①检查线上学习效果。通过提问测试或者习题测试，保证学生在线学习的效果，产生线上和线下的互动和互补。②知识点深化。结合具体案例，教师剖析个罪的犯罪构成要件，解析认定该罪应注意的问题。学生反思自己是否掌握相关知识点，体验深究特定概念的乐趣。

通过该环节，前后课堂教学的内容得以衔接，使学生对新旧知识的学习具有连贯性和系统性；学生对本次课堂教学的内容有一个概括了解，从而形成一个较为清晰的听课思路，有助于提高听课质量。

（2）知识拓展。

本环节主要通过小组讨论形式进行疑难案例的研习与释疑。①案例选择。根据案例的课堂用途，教师通常会选择研究型的综合性案例，该种类型的案例知识点较多，既可以检验学生掌握知识的情况，还可以培养学生运用综合知识解析实际问题的能力。②学生分组。在课程开课时已经将全班分为若干小组，课前小组成员们已对需要研讨的案例进行分析研究，形成了小范围的学生之间的研讨互动。在课堂上，以小组为单位，每个组派出一两个发言人，展开全班范围的讨论，而小组的其他成员也可以根据情况适时进行补充论证，从而形成了“全员”参与性的案例讨论氛围。③指导释疑。针对案例讨论过程中出现的学生偏差离题的情况，教师可做适当的启发，引导学生回到正确的思索轨道上来；针对案例讨论过程中出现的学生之间争执不下的情况，教师要具备中立的立场和做好辅助工作，让学生们充分发挥，让他们在争辩过程中逐步找到正确的处理案件的思路和方法；针对案例讨论过程中出现的，学生存在疑惑的情况，教师要及时进行解析并讲授思维方法。

（3）课堂总结与延伸。

在本环节中，教师对本次课堂教学进行总结归纳，延伸具体法律知识运用的思维方式和学习方法，帮助学生回顾和梳理本堂课的内容，强调法律学习思维能力的培养和训练，为后续个罪的学习奠定基础。

3. 课后教学活动及环节

课后教学活动是课堂教学活动结束后进行的一项相对独立的教学活动，包括教师的课后总结和学生的课后复习两个方面。教师对于课堂教学过程中发现的问题进行归纳和思考，反思课堂教学效果，根据教学的实际情况修改或调整教案。学生根据教师的安排完成课后作业，将课堂听课和课后复习过程中遇到的疑问予以归纳和形成具体的问题，及时反馈给任课教师。

六、总结

刑法分论是一门法学核心课程。刑法学教育是一个开放的系统工程，只有在刑法学教学改革过程中，坚持以人为本，以学生为主体，真正考虑学生的发展需求，注重培养学生的法律实务能力，才能满足法学教育培养目标的要求，才能满足法治建设对刑法学教育的要求。

参考文献

[1] 陈建清．刑法分论教学的几点思考．杜承铭主编．法学教育改革与法学实验教学模式探索 [C]. 厦门：厦门大学出版社，2011：83.

[2] 樊建明．刑法分论教学改革的若干问题探析 [J]. 河南司法警官职业学院学报，2009 (12)：118－121.

[3] 何克抗．从 Blending Learning 看教育技术理论的新发展（上）[J]. 电化教育研究，2004 (3)：1－6.

[4] 李智利．刑法分论教学中法律实务能力训练的探索 [J]. 法制博览，2019 (6)：48－50.

基于网络教学平台的统计学课程考核方式改革探索与实践*

洪倩茹**

（浙江财经大学东方学院，浙江 嘉兴 314400）

摘　要： 目前，统计学课程在考核目的、考核形式、考核内容等方面都存在一定缺陷，极大影响了学生学习积极性，导致较难取得理想成绩。针对这一现状，依靠网络教学平台的优势，着力打造以围绕课程教学目标为核心的，多元化、系统化、信息化的考核评价方案。在完成课程改革前期准备工作的基础上，针对课前、课中、课后、期末测试等教学环节，逐步展开课程考核改革实践，取得了较为理想的效果。目前已形成了一套相对完整合理的考核评价方案及具体操作方法，并可向其他专业课程推广。

关键词： 统计学；网络教学平台；考核方式；课程改革

统计学课程是经管类专业学生的必修课之一，每学年授课人数超过千人，同时，这也是一门以通过率低著称令的课程。然而就教学目标而言，要求学生通过课程学习，掌握统计学的基本概念、原理和方法，尤其是定量分析方法和技能，培养学生从数据角度分析和解决实际问题的能力。基于这一教学目标，教师展开相关理论教学与实践教学，教学内容的广度、深度及难度适中。在教学过程中，学生多是由于对课程误解而产生的畏难情绪，极大阻碍了学习的积极性。因此，难以取得理想的成绩，这一状况还将随着每一轮课程教学的展开而恶性循环下去。思考如何打破这一现状，就从学生最怕的考核环节入手，通过课程考核方式改革，改变学生的学习状态，调动学习兴趣与动力，提升学习效果。

一、统计学课程考核现状及问题分析

目前，通识必修课统计学的考核由平时成绩和期末成绩加权得到，其中平时与期末成绩占比分别为40%和60%。平时成绩主要包括学生课堂出勤、课后作业完成情况，期末考试采用闭卷笔试的方式进行，允许学生携带科学计算器完成相关计算分析。在统

---

* 基金项目：浙江财经大学东方学院一般高等教育教学改革项目（2019JK43）。

** 作者简介：洪倩茹（1987—），女，浙江绍兴人，浙江工商大学硕士研究生，研究方向：国民经济核算、经济统计。

计学课程教学过程中，现行考核方式已不能很好地发挥检验学生学习情况、评估教学质量的作用，主要存在以下几点问题：

一是期末笔试成绩占总成绩比重较大。一方面，由于课程期末成绩占比达到60%，因此导致多数学生在统计学课程学习过程中不注重平时学习，抱希望于期末考前“临时抱佛脚”来通过考试。而由于统计学课程内容包含较多原理方法和计算公式，在平时学习中不注重积累，期末突击难度较大，因此，导致该门课程的期末笔试成绩偏低，课程整体通过率较低。另一方面，学生通过期末突击方式应付考试，即使通过，日后也很难将统计学的知识应用于实践中去解决实际问题，达不到课程教学的目的。

二是平时成绩考核项目单一。统计学课程平时成绩主要依据为课堂考勤和课后作业，缺乏对学生课堂活动情况的反映，不能很好地带动课堂学习气氛。同时在现有平时成绩考核项目下，由于学生人数众多，任课老师考勤次数有限、实际布置作业量较少，完成作业批改、成绩登记、作业情况分析需要花费大量时间，对教师而言工作效率低。由于考核项目单一，学生在平时学习过程中较容易应付取得高分。因此，学生的平时成绩差异不大，不能带动学生的积极性，也没有发挥出平时成绩督促学生学习和多方面考核学生学习过程的作用。

三是期末考试采用闭卷笔试的形式，学生可携带科学计算器参加考试。受制于计算能力的限制，考试内容以简单模拟数据为主，不可能采用实际数据或计算较复杂的数据。从学生未来处理数据的工作手段来看，应是以计算机软件为主，计算器至多起辅助作用。因此，从考核形式到考核内容，目前的期末考试方式与课程教学目的有差距。

四是缺乏对考核结果的准确把握与分析。对课程的总结分析多基于人工阅卷的期末考试情况展开，对试题难度和学生的掌握情况等分析多是来源于任课教师在阅卷过程中的主观感受，缺少具体数据的支撑。且以上分析总结随着试卷装订工作结束，通常也就束之高阁了，因此，在课程教学过程中没有形成有针对性的、持续的改进，实属遗憾。

二、统计学课程考核方式改革思路

针对统计学课程现行考核方式中存在的诸多问题，希望能够充分发挥网络教学平台的优势，对课程考核方式进行深入改革，将统计学课程的考核评价过程由过去的终结性评价转向有丰富内涵的全过程评价，着力打造以围绕课程教学目标为核心的，多元化、系统化、信息化的考核评价方案。

（一）考核目的多元化

根据课程教学目标的要求，学生对统计学课程的学习绝不仅是掌握统计学的基本概念和运算方法，更要注重对学生使用统计方法解决实际问题的能力和其他各种能力的培养，包括观察归纳能力、推理分析能力和创新能力等。因此，在当前大多数学生以通过考核为目标的背景下，应在考核项目和方式上积极探索，使得最终的考核评价方案充分体现课程教学目标。

（二）考核内容系统化

过去以期末笔试为主的考核方式已不能满足多元化的考核目的。考核内容的系统化包括对学生学习全过程的监督考核和着重考查学生对所学统计知识的应用能力、分析和解决实际问题的能力。对学生学习全过程的监督考核包括课前预习、课堂学习、课后作业、实验操作、期中期末测试等学习环节，对每一环节都要有具体考核标准。对学生各项能力的考查尤其要求最终的期末测试不应再局限于传统的课堂闭卷考试模式，而应转向综合考核的方式，考试内容既反映学生基本概念知识的掌握情况，更要反映学生技能的掌握情况，以及分析与解决问题的综合能力。

（三）考核手段信息化

基于对学生学习全过程的监督考核和着重考察学生的统计分析能力，传统的作业加期末笔试的方式已不能适应。因此，教师借助于网络教学平台，规划学生完整的学习过程及最终的考试内容，学生在网络教学平台参与课堂教学活动，完成各项学习任务和期末测试时，相关数据成为老师进行考核评价的依据。在此过程中，提高考核评价结果的客观性和准确性，同时也将为教师全面分析掌握教学效果提供数据基础。

三、统计学课程考核改革实践

（一）前期准备工作

1. 设计课程考核指标体系

在增加过程性考核项目的背景下，最终的课程考核指标体系分为过程性考核和期末考试两部分，各占比例为50％。其中过程性考核分为课前预习、课堂考勤、课堂互动、课后作业及实验，分别占比为20％，10％，30％，40％，占比设置与其完成难度正向关联。

2. 网络教学平台选择

在充分比较学生使用较多的网络教学工具，分析其主要功能实现效果及优缺点的基础上，结合课程教学需要，分别选定了“雨课堂”和“优慕课”在线教育综合平台（简称网络课堂）作为课程考核信息化手段工具。“雨课堂”辅助完成课前预习和课中教学活动及其记录，学生利用微信扫描“雨课堂”公众号即可使用；网络课堂可以用于完成课后作业和期中期末考试布置、批改，学生利用浏览器登录学校官网即可在学生入口栏目下快速进入使用。

3. 教学内容与教学资源建设

在教学内容组织上打通理论与实验内容，对原有课堂教学内容适当重排，将教学课件按教学内容进行拆解，将原有的一章教学内容拆分为3～4个小课件，同时，在课件中随教学内容插入相关教学资源、简单测试或讨论内容。将课程思政与教学内容相结合，以案例等方式融入课堂教学，引导学生学会“用数据说话”，培养其求真务实的精神，即辩证唯物主义和历史唯物主义一以贯之的科学精神。

4. 课程习题库建设

习题库作为平时作业的来源，期中期末考试的基础，是使用网络教学平台进行考核评价的重中之重。因此在课程考核改革实施之前，需在网络课堂完成所有习题资源设置，同时，结合新的考试形式，更新了题库。在今后的教学过程中，课程习题库还将持续进行更新。

（二）改革实施过程

1. 课前预习

教师利用“雨课堂”将课件提前 1 周发给学生，要求学生在课前完成课件预习，浏览相关教学资源，思考完成其中的测试或讨论。“雨课堂”可以记录学生是否完成所有预发课件的预习任务。在预习过程中，学生可点击页面下方的“不懂”按钮，标记自觉难度较大的课件页面，这也为之后教师组织课堂教学提供参考。

2. 课上环节

在课堂教学过程中，教师一方面，需要检查学生的出勤情况，以督促其到课学习；另一方面，需要想办法提升学生的课堂参与度，学生只有真正浸入课堂学习才能更深入理解掌握教学内容。因此，在课堂教学环节，教师首先开启“雨课堂”授课模式，学生通过扫描二维码或课堂密码加入课堂。利用“雨课堂”的随机点名功能，教师即可快速完成学生出勤情况检查。为提升学生课堂参与度，教师根据授课内容进度，适时向学生发送测试题目、投票或讨论请求，学生可在手机端即时参与答题或讨论。答题或投票结果将在计时结束后立即显示在课件中，课堂讨论中的学生发言会以弹幕形式呈现在屏幕上，教师随后即可根据学生回复结果展开点评。即时有趣的课堂互动方式能明显集中学生在课堂学习过程中的注意力，提高课堂学习效率。

课后，教师可在“雨课堂”中导出课程总结数据，包括学生姓名、学号、院系等基本信息，以及在本次课堂教学过程中的互动表现，例如，投稿次数、弹幕次数等。根据以上数据，在确定最差表现和最优表现的基础上，利用功效系数法量化每位同学在每次课上的课堂互动成绩，期末时采用简单算术平均即可获得每位同学过程性考核中的课堂互动成绩。课堂考勤采取扣分法，缺勤 1 次则在考勤满分 100 分钟扣 10 分，缺勤 3 次及以上者取消期末考试资格。

3. 课后作业

课后需通过作业或实验报告提交检验学生的学习成果，教师通常会在每章结束后布置课后作业和相应实验项目。考虑到网络课堂拥有较为完善的在线测试功能，因此，前期已在网络课堂完成习题库建设，在此通过在线测试功能即可完成作业布置，且系统可以完成客观题的自动批阅、对学生答题情况进行统计分析，获得成绩分布、试题难易程度分析等。相关实验布置和实验报告提交则在网络课堂中的课程作业栏目下完成，一方面，方便教师将实验报告打包下载；另一方面，在实验报告批阅过程中，可以充分利用优秀作品标记功能，方便教师批阅完成后进行点评共享。期末时采用简单算术平均即可获得每位同学过程性考核中的课后作业及实验成绩。

4. 期末测试

基于多元化的考核目的，应通过期末测试考查学生对统计基本理论知识的掌握、统计分析软件操作技能，以及使用统计方法解决实际问题的能力。因此，将传统的闭卷笔试方式改为通过网络课堂进行的线上测试。

从试题组织来看，传统笔试测试中，试题只能对少量的简单数据进行计算，而线上测试可以1～2组有一定规模的真实数据作为基础，介绍数据背景和指标含义，留下相关问题。从考核目的来看，除考查对统计基本理论知识的掌握外，传统笔试测试偏重的是对学生计算能力的考查，而线上测试要求学生利用统计分析软件对数据进行整理计算和分析，包括将分析结果以适合的图表予以展示，从而完成对统计分析软件操作技能和使用统计方法解决实际问题能力的考查。

对教师而言，利用网络平台完成期末测试，虽然前期在试题设置过程中将投入较多时间，但是在考试结束后，教师仅需完成主观题的批改，系统将自动完成客观题批阅、计算卷面成绩、试卷分析，包括成绩段分布、试题难度区分度分析等，在试卷批改、统分、试卷分析等环节与传统笔试相比将节约大量时间，同时，能极大提高上传教务系统的成绩准确率，对试卷分析也不再是基于教师在批改过程中的主观感受，而是有了准确的数据依据（见图1）。

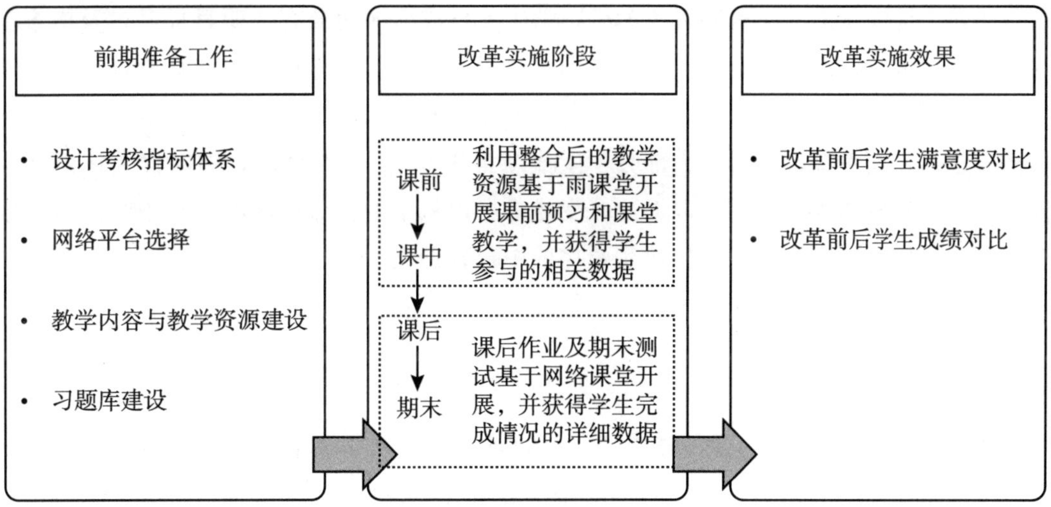

图1 课程考核改革实践流程图

资料来源：笔者根据浙江财经大学东方学院统计学课程实际改革情况整理所得。

（三）改革实施效果

统计学课程考核改革已于2019～2020学年开始选择部分班级进行试点实施，目前已完成两轮完整周期考核，共计493位学生参与。大部分学生能够较快适应基于网络教育平台的考核方式，从课程满意度调查结果来看，学生对课程的总体满意度达到96.7%，其中对课程作业分项满意度最高，达到97.8%，可以看出基于网络课堂的作业布置、及时批改和反馈获得了学生的肯定。从学评教反馈来看，学生的评价分数从改革前的91.03，提升至改革后的95.61。

由于学生在课前、课中和课后的学习互动情况均能被完整记录，同时也能较快得到教师的反馈，因此学生在完成各学习环节时，较以往更为积极认真，进而在期末测试环节表现也较以往有明显提升。表1是参与课程考核改革的两位教师所带班级在考核改革前1轮与改革后2轮学生考核成绩对比，其中2019～2020学年第1学期仅有1位教师承担了1个教学班的课程教学任务，因此，该教学班作为了小范围试点班级，实施第一轮改革。

表1　课程考核改革前后成绩对比

学期	样本量（个）	平均成绩（分）	标准差	及格率（%）	分数段分布比例（%）				
					60分以下	60～70分	70～80分	80～90分	90～100分
2018～2019－2（改革前）	327	65.38	18.8	72.17	27.83	39.14	19.57	11.01	2.45
2019～2020－1（改革后）	102	74.04	14.23	84.31	15.69	19.61	20.59	29.41	14.71
2019～2020－2（改革后）	391	76.95	14.85	92.07	7.93	9.46	30.43	37.08	15.09

资料来源：笔者根据浙江财经大学东方学院统计学课程实际改革情况整理所得。

从表1可以看出，实施课程改革后，学生考核成绩平均值有了明显提升，及格率也逐步提高。成绩标准差虽有一定缩小，但仍显示出改革后的考核方案能够较好完成对学生知识掌握和应用能力的区分。从成绩各分数段来看，考核改革前，大多数同学挣扎在及格的边缘；而考核改革后，大部分学生成绩集中在70～90分内，同时优秀比例（90分以上）也较以往大幅提高。以上这些变化都可以从学生在课程学习过程中的预习完成率、课上积极互动交流、课后作业实验完成中合理预见。

四、结语

自对统计学课程考核方式改革至今，经过前期的考核方案设计、平台选择和题库建设，再到课程考核改革的具体实施，考核改革取得了阶段性成果，形成了一套相对合理的考核评价方案及具体操作方法。在考核要求的驱动下学生更加积极认真地完成各项学习任务，考核成绩有明显提升。而考核方案改革也要求教师不断完善各种教学资源，提升课堂教学效果，反思教学不足，有助于提高课程教学质量。基于网络教学平台的课程考核方案，未来可向专业内其他课程推广，尤其适合需要使用计算机操作分析解决问题的专业课程。

参考文献

［1］刘建萍，宋琪，蔡茜．统计学原理课程形成性考核方式研究报告——“在线测试”实施情况分析［J］．北京广播电视大学学报，2006（2）：6—10.

［2］唐志．统计学课程考核方式改革的理论与实践［J］．高教论坛，2011（11）：17－19.

［3］肖振宇，赵曼，郭凡．财经类专业课课程考核与成绩评定方法改革研究［J］．广州城市职业学院学报，2018，12（4）：25－27.

［4］陶雪萍，曾健南．全过程、多元化统计学课程考核方式改革探索［J］．科教导刊（下旬），2019（2）：31－33.

［5］李卷，吕春莉．地方应用型本科院校课程考核改革探讨［J］．科教文汇（下旬刊），2019（2）：13－14.

［6］文斯，陈华，李天文，等．智慧教学背景下课程考核方式的改革——以电子信息专业的《数字电路与系统》课程考核为例［J］．课程教育研究，2019（17）：222－223.

［7］邓妹纯．基于网络教学平台的高职课程考核改革实践与探讨［J］．教育现代化，2019，6（78）：23－24＋49.

基于协同论的工程管理专业教学实习基地建设研究*

陈佳骊**

（浙江财经大学东方学院工商管理学院，浙江 海宁 314408；
浙江财经大学不动产研究所，浙江 杭州 310018）

摘　要：教学实习基地建设是工程管理专业强化教学实践环节、提高学生综合能力的重要实现手段。针对教学实习基地建设和运营中出现的问题，本文从协同论视角，在对教学实习基地参与者开展问卷调查与访谈的基础上，从基地选择原则与流程、基地类型协同等方面阐明了基地架构的新思路，提出了“课堂、实习和就业”串联、校企师资融合提升、实训方案细化等有利于提升基地运营建设质量的举措。

关键词：协同教育；教学实习基地；工程管理专业；“3T”架构；师资融合

一、引言

教学实习基地是具有一定规模的、相对稳定的、能够提供学生参加学习和实践的场所，是我院应用型高级人才培养的一个重要基地。CDIO（构思 conceive、设计 design、实现 implement、运作 operate）工程教育模式中提出，工程实践场所及其他为学生提供动手学习的环境对于提高学生的设计、建造及测试产品、过程和系统的能力都是极其重要的资源。

浙江财经大学东方学院工程管理专业在迁至长安新校区后就初步了建立教学实习基地，在运行中逐步出现了项目资源供给不稳定、企业接收意愿与学生需求不协调、实习实践教学形式粗放、实践内容与培养方案和课程教学不匹配、长期运作难等问题。笔者发现这些问题之间是互相影响的，仅从一个方面出发或者仅从学生需求一方出发提出解决措施，并不能明显提升教学实习基地的建设运行效率，无法适应工程管理专业人才培养转型提升的需求。

---

* 基金项目：浙江省“十二五”新兴特色专业建设项目、浙江财经大学东方学院院级重点课题、浙江财经大学东方学院《工程项目管理》课程群建设项目、院级应用型专业重点建设项目、浙江省本科高校 2020 年度省级一流课程。

** 作者简介：陈佳骊（1978—），女，浙江杭州人，浙江财经大学副教授，硕士生导师，研究方向：土地利用与城乡发展、工程项目管理、不动产经济等。

协同论（synergetics）是20世纪70年代以来在多学科研究基础上逐渐形成和发展起来的一门新兴学科，是系统科学的重要分支理论。由联邦德国斯图加特大学教授哈肯（H. Hake）于1969年提出。协同论主要研究远离平衡态的开放系统在与外界有物质或能量交换的情况下，如何通过自己内部协同作用，自发地出现时间、空间和功能上的有序结构。协同论认为，千差万别的系统，尽管属性不同，但在整个环境中，各个系统间存在着相互影响而又相互合作的关系。可见，协同论的基本思想和观点适用于研究教学实习基地系统。我院工程管理专业教学实习基地建设正在起步，在运行中遇到了普遍问题和本专业特有的问题及环境问题，在整个过程中不同基地之间、不同参与者之间、校外基地与校内培养计划之间等多个系统互相作用。

本文运用协同论的协作性、整体性、动态性和反馈性观点，直面工程管理高级应用型人才培养的现实需求，首先，梳理了协同论在教育研究中的应用，以及有关教学实习基地建设的文献；其次，在此基础上，寻找理论依据，并对现有和潜在的教学实习基地参与者进行需求与意愿调查，结合专业实情，在教学实习基地如何选择、架构如何搭建、实践内容如何设计等方面提出举措，推动教学实习基地系统从无序到有序的转变，从而发挥教学实习基地的整体效益。

二、研究综述及理论基础

（一）研究综述

有关教学实习基地方面的研究方法偏重实证案例研究为主，较多的文献是以某一具体学科、专业、学校、基地的做法作为研究案例的对象。这些研究成果为本研究提供了可以参考的经验，也说明任何一种教学实习基地的生长模式都需要因地制宜，本研究成果可以拓宽教学实习基地模式的案例研究库。

有关教学实习基地方面的研究内容主要围绕教学实习基地的重要性、教学实习基地的可行性，以及教学实习基地如何具体建设而展开。对于教学实习基地建设如何开展问题，佘立中、陈艳玲（2010年）提出选择工程管理教学实习基地要有代表性，适合CDIO工程人才培养模式的要求，建设领导组织、合同保障、满足学生需求等都非常重要；石振武等（2015年）在分析本校工程管理专业教学实习基地存在的问题基础时提出，加强校企联合、加强实习基地的师资建设、加强实习经费的管理和使用等改善措施；孟莹梅（2019年）认为在教学实习基地建设中，学校应该聘请一部分有丰富就业经验，对市场、企业及职业选择有深入研究和了解的人才，提高基地整体师资力量的专业性；余昭胜等（2019年）运用层次分析法对本校能源工程专业开展了教学实习基地建设评估研究。对于教学实习基地建设中功能扩展问题，沈春华（2011年）在分析了高校传统、单一的校外教学基地缺陷的基础上，从学校、学生、企业三方面探讨了实习就业相结合的校外教学基地的优势，提出了实习与就业相结合的校外教学基地建设思路；吴晓媛（2016年）提出了学校法政学院教学实习基地与就业实习基地衔接融合的思路。对于教学实习基地建设中的教学组织问题，田亚洲（2017 年）分析了野外教学实训组织的难点，从教学方式、引导学生参与积极性、改善成绩评定方式等方面提出改善实训实习效率的途径。

近年来，协同教育逐渐成为新的教育理念，校企协同推进高校育人，成为该理念落地的一个重要方面。2011 年，胡锦涛在清华大学百年校庆的讲话中就明确提出要积极推动协同创新，通过体制机制创新和政策项目引导，鼓励高校同科研机构、企业开展深度合作，建立协同教育的战略联盟，促进资源共享①。2012 年 3 月出台的《教育部关于全面提高高等教育质量的若干意见》亦作出了积极推动协同创新的战略部署。2017 年底国办印发了《关于深化产教融合的若干意见》，将此发展为产教融合的新概念。

学者们围绕校企协同育人的动因、难点、合作模式等方面开展了研究。依据著名管理学家泰吉（T. Tyejee）和奥兰德（G. E. Osland）的“战略缺口”理论，提出校企协同教育是推动高校和企业在市场竞争中结成战略联盟的重要动力，成为“填平”缺口的重要手段。在这种填平缺口的合作动力下，高校和企业依然存在目标、需求、人才观念等方面的差异性，为了推进校企协同育人，学者们因校制宜地提出了合作模式。

综上所述，校企协同育人是高校教学改革的重要方向，教学实习基地可以说是校企协同育人的重要载体，学者们从理念、模式、功能、教学组织等方面对教学实习基地建设的各项问题开展了一定的研究。如何通过协同参与来提升教学实习基地的质量是值得进一步研究的领域。

（二）理论基础

1. 协同教育理论

协同教育理论起源于由哈肯（Hermann Haken）在 20 世纪 70 年代创立的协同学。协同学除应用于自然科学领域外，还广泛地应用于心理学和教育学领域。以教学实习基地为载体，社会（企业）教育系统和高校教育系统要素相互联系与作用，产生协同效应，会影响该教育系统的功能。

2. 冰山理论

美国著名心理学家麦克利兰于 1973 年提出了一个著名的模型，所谓“冰山模型”，就是将个体素质的不同表现形式划分为表面的“冰山以上部分”和深藏的“冰山以下部分”。其中，“冰山以上部分”包括基本知识、基本技能，是可以通过表象发现的才能，是容易了解与测量的部分，相对而言也比较容易通过培训来改变和发展。而“冰山以下部分”的素质是人内在的，不太容易通过外界的影响而得到改变，但却对人员的行为与表现起着关键性的作用，比如内驱力、沟通能力、解决问题的能力等。

通过访谈教学实习基地参与或潜在参与单位，也印证了越来越多的企事业单位看重应聘者“冰山以下部分”的素质，而当前教学实习基地单纯以专业技能为培养内容已不能满足工程管理专业学生实践能力提升的需求。

---

① 新华社．胡锦涛在庆祝清华大学建校 100 周年大会上的讲话［N］.（2011－4－24）［2020－5－6］. http：//www.gov.cn/ldhd/2011－04/24/content_1851436.html.

3. T型人才理论

T型人才理论的"一横"代表有广博的知识面和素养，"一竖"代表要有某一领域深厚的专业知识。工程管理专业是一个交叉型的专业，学生需要具备知识面与素养的广度和某一专业领域知识的深度。T型人才理论为工程管理教学实习基地"职业素养+专向能力"的协同培养目标，以及架构的提出提供了理论支撑。

4. 代际理论

代际理论（intergeneration theory）描述和研究不同代人之间在价值观念、行为方式等方面的差异和冲突，及其与社会稳定和变迁关系的理论。不同代人由于所处的社会文化环境不同，在价值观念和行为方式上存在差异。20世纪90年代中叶至2000年后出生的人，被称为"Z世代人"（Generation Z）。追逐真实的自我是Z世代群体价值观的一个核心体现。据克拉克大学心理学教授杰弗里·詹森·阿奈特（Jeffrey Jensen Arnett）所著的《成年期：从青年到二十几岁的连续弯路》一书中建议："让年轻人作为个体展示自己的特点和能力。他们也许不会像你期待的那么勤勉，也不会像你一样把工作看得那么重要。但他们渴望从事可以获得享受的工作，并且希望做一些事情，让世界变得更美好。如果你能找到合适的方式进行引导和鼓励，其表现一定会让你惊艳。"

当前，工程管理专业学生即为Z世代人，研究中必然要尊重和理解这种世代差异，运用该理论开展教学实习基地创新思考，提出适合Z世代学生的举措。

三、工程管理专业教学实习基地参与者的调查分析

（一）对企事业单位进行教学实习基地合作意愿的调查分析

课题组对122个工程建设和房地产行业的各类企业开展了问卷调查，其中有19家房地产行业企业、63家建设企业、31家工程咨询企业，以及9家工程管理相关的机关事业单位，受访者主要为企业的人力资源主管或者主管。受访单位绝大多数为浙江省各个县市企事业单位，其中有11家为外省企业。

在调查企业成为本专业教学实习基地的意向时，有约22%的受访单位表示"很有意向"；有约29%的受访单位表示"有可能"；表示"暂时没有意向"的受访单位，问询部分单位原因后，主要顾虑是：对本学校和本专业综合实力了解不足、担心实习生难管理、没有多余的人力来与学校对接基地事务、距离学校较远等。

有57家受访单位表示"很有意向"或"有可能"接收本专业学生实习，约占全部受访单位的46.7%，平均可以接受实习生的数量为4.5人；希望的平均实习期为4.1个月，希望最长的是12个月，最短为1个月，3个月和6个月为希望实习期的众数。受访单位对实习生接收意向较高，一部分原因是企业采用灵活用工的方式有利于提高效率、降低成本、减少全职用工风险；另一部分原因是中国人口红利消失后工程建设行业面临吸引年轻劳动者的困境；此外，政府相关政策鼓励相关企事业单位提供实习岗位，比如杭州市较早开展了应届毕业生实习补贴政策。

在调查受访单位招聘工程管理专业实习生时对各种因素的重视程度方面，交往能力、面试表现这两个方面的因素被认为“非常重要”和“比较重要”的受访单位均超过100家；学习成绩和持有证书这两个方面的因素被认为“非常重要”和“比较重要”的受访单位分别达到或者超过90家（见图1）。

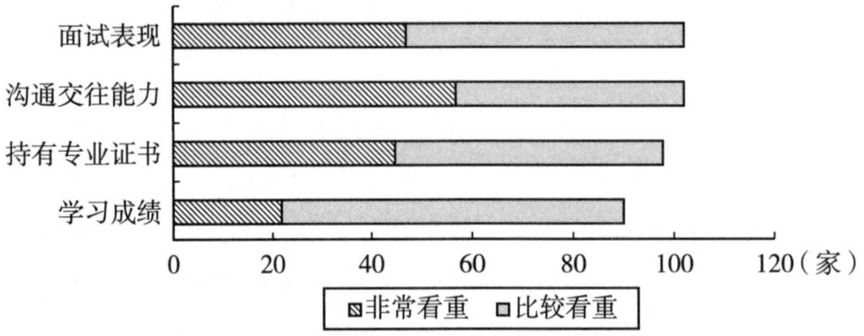

图1　受访单位招聘实习生时看重的四种因素

资料来源：笔者根据调查问卷整理。

在调查招聘应届生时是否看重专业实习经历方面，有60家受访单位表示非常看重；有48家受访单位表示比较看重；没有受访单位表示不看重。从而，可以看出企业对于有实习经历应聘学生较有好感，主要原因为：有专业实习经历的学生对于就业方向更为明确，入职后稳定性较好；专业知识和技能有实操基础，学起来更快；人际交往能力会有所提升。

在调查企业接收本专业教学课程参观的意向方面，有63家单位表示“很有意向”或“有可能”，超过了一半数量，可见企业对于课程参观的意向度较高。

有关开放式问题“贵单位认为工程管理专业实习应该涵盖的内容有哪些”，受访单位的回答中普遍提及了岗位所需的各项专业技能，同时提到人际交往沟通能力等职业素养。

（二）关于学生和企业对于实习的态度和需求的访谈分析

教学实习基地参与者的看法对于基地将来怎么建设是重要依据。笔者通过访谈学生和企业，汇集了双方关于实习的主要观点。

1.“95后”学生对实习企业的认知和希望

（1）我是谁？我想干什么？哪个方向哪类企业才适合我去实习？我对什么岗位感兴趣？

（2）我怎么样才能进心仪的单位去实习？

（3）我去实习的单位没有人关心我的发展，我做的工作非常简单，感觉学不到专业本领。

（4）我想去实习，学本领，但不想当免费劳动力，至少能够负担一定的房租和交通费用，我该怎么向实习单位提实习待遇？

（5）如果我认同公司的企业文化，我会更有归属感，会考虑继续留在这个单位。

（6）作为新人，与领导相处就像组CP，领导的为人处世直接决定了我的去留。

（7）我有较多课余时间，可不可以有机会课余去实习，而不仅仅是暑假或毕业学期。

2.企业对实习生的认知和希望

（1）实习生可以解决企业用工不足，全职用工的成本和风险，在实习窗口期考察人才。

（2）聘用实习生可以提高企业品牌和口碑，符合政府倡导的政策，企业愿意与学校建立合作关系。

(3) 较为欢迎长期实习和有就业意向的实习，一般3个月起步为佳。

(4)“95后”实习生工作态度好高骛远，较难接受从基础工作干起。

(5)“95后”实习生工作稳定性不佳，不到1个月就辞职的比例不低，对于辞职非常随意，忽视单位流程。

(6)“95后”实习生专业技能基础不错，但是职业素养较为欠缺，比如社交能力、解决问题能力、社会意识、同理心等。

(7) 请问贵专业可不可以推荐真的想干施工管理或者……（此处省略各种岗位名称）的同学来实习或者就业？我们单位工作有专业性，不想培养一两个月，人就走了。

从前面的梳理分析可见，学生与企业在实习观点上虽然体现出差异性，但应该看到共需性也很强。笔者认为，作为学校和专业一方角度，要提升教学实习基地协同效益，需要尊重各方利益诉求，引导企业与学生的实习观念，细化管理措施。

（三）对参加教学实习基地课堂实训学生的调查分析

笔者在开展工程项目管理、房地产估价参观实训中，通过课程实训报告了解学生对课堂参观实训的反馈。超过95%的学生都认为这一环节对自己学习课程很有帮助，在实地一边参观一边学习，对教材上的专业名词有了形象化的理解，学习到了教材上没有的新知识，能听到行业内一线实践专家生动的讲解，也发现了要进入这个行业工作需要努力的地方。

笔者通过随堂观察和与学生直接交流的方式，发现课堂参观实训这一教学环节需要完善的不足之处：一是规范的中大型项目或者品牌项目对教学的帮助更大，但当前的教学实习基地单位数量不足，无法满足教学项目选择需求，即项目类型需要协同；二是在参观实训时间和经费约束下，如何高效地组织学生、项目部专家开展教学活动，即教学方案需要协同；三是如何利用课堂参观实训来提升学生在专业知识外的素养，即专业知识与职业素养提升需要协同；四是借助课程参观实训的机会向接待单位展示本专业培养人才的能力，双方均获得良好的第一印象或巩固持续合作，即校企双方品牌宣传需要协同；五是如何提高课程参观实训环节的学生参与度、与基地专家互动效率，即教学环节与学习理念需要协同。

四、基于协同论的工程管理专业教学实习基地架构设计框架

（一）基于协同论的工程管理专业教学实习基地选择的原则与流程

1. 树立共同价值与务实原则，寻找志同道合的教学基地合作伙伴

以往高校教学实习基地设立从学校和学生需求角度出发较多，会优先考虑规模大的企业。通过研究与实践，笔者认为工程管理专业教学实习基地建设须转变以往的观念，注重为所有参与者创造共同价值，更多关注合作伙伴的合作意愿、企业文化、业内水平、管理能力和可供资源，以“谨慎、开放、共赢”的态度，积极拓展与广大中小型业内优质企业

或者有代表性的新兴企业的合作关系，不盲目求多求大。同时，选择实习基地的合作伙伴不盲目求快。在局部利益诉求暂时不一致的时候，抱着求大同存小异的思路，从双方愿意合作、双方基本利益可受保障的环节入手，先试水合作，再决定是否继续搭伴前行。

2. 采用“三步走、再回头”的选择流程

对有共建教学实习基地合作意向的校外企事业单位，采取“背景调查、当面交流、初访企业”三步走的考察流程，课题组洽谈过 20 多家企业，邀请意向企业参观校园或企业专家参与教学，开展互访，加深互相了解，明确合作意向，确立合作内容。在基地第一次运行期到期前，双方就合作效果进行交流，把学生的反馈和需要进一步推进的事宜进行洽谈，再决定是否续签。

（二）工程管理专业教学实习基地的类型协同

1. 契合专业能力与职业素养协同培养的需求，建立工程管理专业“3T”型架构

依据冰山模型理论和 T 型人才理论，对照 2017 级培养方案设置的“工程项目管理方向”“工程咨询与造价管理方向”“房地产经营管理方向”“土地利用工程管理方向”等四个专业方向相应建立教学实习基地单位，以此提升 T 型纵向专业能力培养的合作。与此同时，借助工商管理学院设立的校企合作学院平台——东方引路人学院平台，建立有利于培养学生 T 型横向职业素养的合作。前两者 T 型结构都是为了实现学生 T 型能力培养。本文创新提出的工程管理专业“3T”架构具体如图 2 所示。

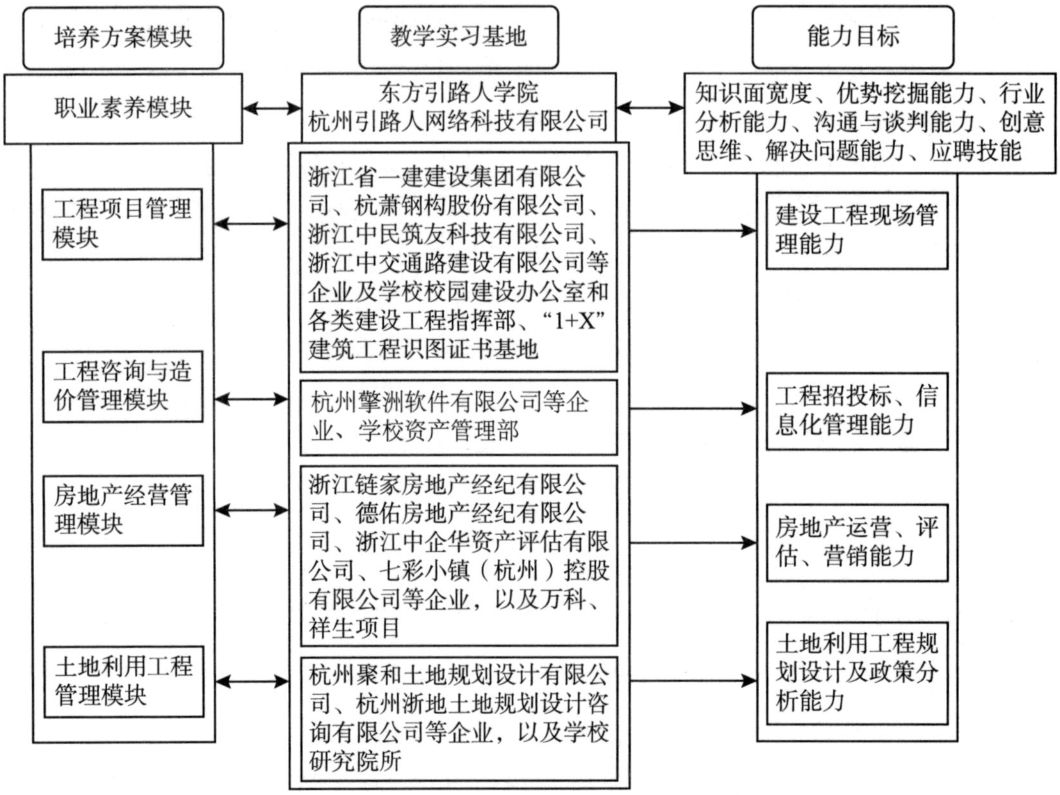

图 2 浙江财经大学东方学院工程管理专业教学实习基地“3T”架构

资料来源：笔者根据浙江财经大学东方学院教学实习情况整理所得。

2. 拓展基地外延，重新组合基地类型，以提升基地合作的可行性和黏性

重新打造的基地类型组合，从时间看可以是“常设型基地＋项目型基地”。常设型基地通常以校企合作协议为纽带，以1～2年为合同期，能为工程管理专业提供稳定的较为固定化的教学资源；项目型基地在暂时不适合签订长期合作协议的前提下，容易围绕项目展开灵活合作，优势是校企双方合作压力和风险小，可以为工程管理专业提供有亮点或便捷的教学资源。比如工程建设指挥部一般是政府派出的临设机构，负责具体管理重点重大公共建设工程，可以为工程管理专业课程实训提供高大上的项目，开阔师生眼界。比如，有工程管理专业校友任职的万科、祥生等项目部，为房地产经营管理模块的课程实训提供了多样化、高品质的资源。

重新打造的基地类型组合，从空间看可以是“校内基地＋校外基地”模式。为了满足学生课余实习的需求和充分利用新校园建设契机，课题组与学校资产管理部、校园建设办搭建了校内基地，开展了招投标岗位实习、工程项目管理浸入式课堂、采用校园建设图纸作为教学案例等多方面合作。为了检验实践教学效果，推动学生考取职业技能证书，工程管理专业成功申请成为1＋X“建筑工程识图职业技能等级证书”项目基地。

重新打造的基地类型组合，从区位看，可以是“一站路基地＋一小时车程基地”。而“一站路基地”可以是学校内校园建设工程项目部，也可以是离学校步行或公交半小时内可达的售楼部或者其他合作单位。“一站路基地”提供给学生充分利用在校零散课余时间来增加专业实践能力的机会，循序渐进，让学生在大四毕业实习之前，对今后职业岗位有更加明确的定位。

“一站路基地”对合作单位来说，既培养了学生实践能力，又多了一种解决灵活用工问题的途径。比如，工程管理专业同学参与了学校附近海宁“财富之星”等楼盘的推广营销工作。要提高工程管理专业人才素养的质量，应该尽量让学生多看多接触、多参与各种类型的工程项目和房地产项目，不能仅局限在学校附近。“一小时车程基地”能满足该需求，并兼顾课程时间和学校经费等制约条件。两者组合达到功能互补的作用，满足学生、企业和学校多样化需求。

五、基于协同论的工程管理专业教学实习基地运营建设举措

在以往的教学实习基地合作中，一般只是单方面将学生作为连接双方的桥梁和纽带，合作形式单一，只能涉及协同教育的部分目的。从工程管理专业全面提升建设质量的目标来看，双方资源、知识与信息相互流动，协同共建师资队伍，可以促进教学实习基地向更高的协同水平发展。

（一）串联课堂、实习和就业

根据课题组访谈，大多数希望建立基地协议关系的企业目的在于招聘合适优质的人才，而现实存在的问题是仅在毕业阶段招聘效果不佳，缺少学生的认同感。而对于专业

而言，大四学生实习就业应聘阶段已经属于本科专业人才培养环节的末端，人才培养作用发挥余地较小。面对多方需求，基地运营可采取串联课堂、实习和就业的方式，发挥三者协同效应。根据对“95 后”学生的调查结果反馈，“95 后”学生希望通过自由选择来认定自己的能力，学生对统一安排去基地单位实习可能会产生较大反感。浙江财经大学东方学院工程管理专业在“课堂、实习和就业”串联设计（见表 1）中充分尊重 Z 世代学生的心理需求。比如，实习环节均由学生和企业双选决定；社会调查环节提供参与的基地单位名单和方案，鼓励学生自由报名，在这个过程中，由学校教师和基地单位导师共同指导。

表 1　工程管理专业教学实习“基地课堂＋实习＋就业的串联设计”

学生年级	培养环节	基地运营内容	目的	参加意愿
大一结束	社会调查	基地企业参观，了解企业文化，学习企业课程	对学生：增加学生社会认知度，初识企业、体会企业家精神 对企业：为企业提供首秀机会、展示企业项目	必须（学生可以选不同企业）
大二至大三课程期间	专业课程参观实训	基地企业项目现场参观、专家讲解、互动交流	对学生：加深专业课程理解，感受职业环境，有前辈效应 对企业：展示企业专业实力和优质项目	必须
大二结束	专业实践 1	进基地企业实习 1～2 个月或者东方引路人学院 ON-IX 职场素能训练营纳入工程管理专业实践 1 的培养方案中，可以在职场素养这一能力方面加以强化	对学生：提升实践能力，职场初体验 对企业：解决灵活用工，初步考查学生，锁定毕业实习名单	面试，互选
大三结束	毕业实习	进基地企业实习，企业学生互相考察、双向选择	对学生：坚持至少 3 个月，明显提升职业能力，深入了解企业，明晰就业目标，结合实习撰写毕业论文 对企业：全方位观察，抢先一步确定人才意向名单，减少无效招聘	面试，互选。毕业论文专业教师和基地导师共同指导选题
从大一到大四	第二课堂、校园活动	基地企业专家或校友讲座、参与学生校园活动	对学生：认识业内人士、拓宽知识面、初认行业和企业 对企业：展示形象、赢得口碑	学校邀请、企业自愿、学生自由选择
不定期	校园活动	企业面对面等企业助力成长系列活动	对学生：获得与企业人力资源主管交流的机会、锻炼面试应聘能力 对企业：准招聘活动、展示公司品牌形象、与学生有较深入的交流	学生自由选择

资料来源：笔者根据浙江财经大学东方学院教学实习情况整理所得。

（二）融合提升师资力量

按照前文所述工程管理专业教学实习基地“3T”架构，其运营仅依托现有校内师资无法达成。无论是职业素养还是专业能力，均需要有行业内专家资源引入。浙江财经大学东方学院工商管理学院依照学校业界师资聘任管理的有关规定，引进聘任 14 位业界导师，与青年教师结对，搭建了互相学习交流平台。课题组主持人作为校企合作学院东方引路人学院创始人之一，工程管理专业积极谋划了业界导师的引进工作，本专业 4 位青年教师均结对相关业界导师。业界导师队伍中既有专攻职业素养前置教育、醉心为大学生成长指路的导师，也有在建设工程优质企业任职的资深人士。业界导师们对市场、行业动态有深入了解，校内教师对专业理论、学情和培养环节较为熟识，两者互相融合，构成了新的教学实习基地运营教师团队。此外，教学实习基地可以为学校教师提供企业挂职锻炼、提升专业实践能力的机会。教学实习基地企业举办行业会议或培训时会邀请专业教师参加，拓宽了专业教师培训渠道。

（三）细化课程参观实训方案设计

要提高课程参观实训的效果，并让企业与学生互有好感，除了挑选合适的项目资源外，还需要细化实训方案设计，调动双方积极性。

以工程项目管理课程为例，在实训方案实施早期，部分学生在实训前无所准备，实训时只是被动听讲，个别学生会开小差，由于这门课程参加人数有 90 人左右，单靠带队老师在过程中监督提醒，显然起不到良好效果。"团队协作＋任务导向型"的实训管理方式应运而生。

实训前，教师开展行前培训，把学习任务和管理任务分到小组（4～6 人为一组），小组自我管理，开展预先讨论准备问题、观看专业性的纪录片、确定分工、阅读实训安排须知并签字；同时，教师把讲解大纲，供基地企业方准备时参考，有利于在有限实训时间内有重点地讲解；实训中，以各个小组为最小单元开展活动和自我安全纪律管理；实训后，各人实训报告中要体现出各组共同完成的任务成果，在后续课堂中还会请小组谈一谈感受。

改革前，该门课程的实训目的单纯为提升学生对建设工程项目管理认知的能力，经过完善调整后，教师有意识地设置了提升职业素养、职业认知能力的教学环节，具体设计如下：行前培训中增加礼仪、企业介绍的内容；行前装备准备任务由教师全部承担转变为教师指导学生实施（比如横幅、音响、安全帽等）；实训任务中增加"采访现场某种岗位工作人员、描述职业体会"等内容；专家讲解环节则请企业专家讲述自己的从业道路和体会。为了借助课程参观实训的机会，双方均获得良好的第一印象或巩固持续合作，在实训横幅中加入双方单位的名称，实训尾声时合影留念，并在校内和企业内发布相关新闻稿件。

参考文献

[1] 曹毅．基于战略缺口假说的校企联盟动因分析 [J]．职大学报，2011（2）：111－114.

[2] 顾佩华，沈民奋，陆小华．重新认识工程教育——国际 CDIO 培养模式与方法

[D]. 北京：高等教育出版社，2009：108—118.

[3] 户廷勇，徐金益 . 构建应用型高校“准职场人”的职业指导协同教育模式 [J]. 教育观察，2018 (1)：40—41.

[4] 李锦奇 . 基于可拓——协同教育的校局合作及实现模式 [J]. 辽宁警察学院学报，2017 (2)：1—7.

[5] 梁雪松，郑雅萍 . 校企联盟培养“职业适应性”人才研究：协同教育理论的视角 [J]. 教育发展研究，2013 (9)：59—63.

[6] 孟莹梅 . 利益诉求视角下现代学徒制教学实习基地的建设与运行 [J]. 科技经济导刊，2019 (35)：120，127.

[7] 佘立中，陈艳玲 . CDIO模式与工程管理专业校外教学实习基地建设 [J]. 高等建筑教育，2010 (3)：104—107.

[8] 沈春华 . 建立实习与就业相结合的校外教学基地探索 [J]. 中国高等教育，2011 (19)：43—44.

[9] 石振武，刘丽妍，苏义坤，等 . 对工程管理专业教学实习基地的探讨 [J]. 高教学刊，2015 (18)：225—226.

[10] 田亚洲 . 如何提高野外地质实习效率——以贵阳乌当教学实习基地为例 [J]. 科教导刊（下旬），2017 (8)：20—21.

[11] 巫昊峰，梁海勇 . 协同教育理论下的高校大学生人才就业实训基地建设 [J]. 就业与保障，2020 (8)：89—90.

[12] 吴晓媛 . 高校教学实习基地与就业实习基地衔接融合的途径探索——以上海政法学院为例 [J]. 生涯发展教育研究，2016 (1)：111—118.

[13] 杨小梅 . 校企人才观异同对应用型高校推进协同教育的启示 [J]. 西部素质教育，2018 (1)：18—20.

[14] 余昭胜，廖艳芬，夏雨晴，等 . 基于层次和多指标综合评价分析法的能源与动力工程专业校外教学实习基地评价指标体系的研究 [J]. 高等工程教育研究，2019 (S1)：292—296.

面向独立院校专升本学生的Java语言程序设计教学模式研究

罗晓丹*

（浙江财经大学东方学院，浙江 海宁 314408）

摘　要：本文针对独立院校为零基础的专升本类型学生开设的Java语言程序设计课程的教学研究，提出了以Java语言基础语法为中心的高互动性的混合教学模式，旨在提高学生学习的积极性和创新性，建立起学生的编程思维逻辑，提高教学效果。

关键词：零基础；Java；面向对象；抽象

一、引言

Java语言是由Sun公司开发的纯面向对象的一种编程语言，可用于开发运行在移动设备、台式计算机，以及服务器端的软件，是广泛流行的编程语言之一。由于Java与其他编程语言相比安全性较高，且Java有一套完整的应用程序接口、可跨平台等特性，使得它在国内外很多企业中深受欢迎。每年各行业的企业都在招聘大量的Java开发技术人员，为了适应市场的需求，几乎所有的高校都开设了Java语言程序设计的课程，以提高学生就业率。

目前，各高校开设的Java语言程序设计一般是作为学生的第二门编程课进行学习的，学生先学习了面向过程的编程语言作为先导课程，如C语言，已经培养了一定的编程思维能力，再学习面向对象类的编程语言就有循序渐进的过程，便于学生更好地理解和消化。但对于独立院校专升本类型的学生而言，他们来自不同的专业，有的学生从未学习过计算机相关知识，更未接触过编程。在这种情况下，Java作为第一门学习的编程语言课程，会加大学生学习的难度，甚至会让学生产生畏难情绪。

如何让零基础的学生建立编程思维，掌握Java语法，理解面向对象的概念，并应用到实际，是需要探讨的问题。本文提出高互动性的混合模式教学，以Java基础语法为中心，结合案例教学，培养学生面向对象的编程思维，提高学生自主探究、学习的积极性和创新性。

---

* 作者简介：罗晓丹（1995—），女，布依族，贵州镇宁人，同济大学硕士研究生，研究方向：高性能大数据并行计算、神经网络等。

二、Java 教学存在的问题

（一）Java 教学模式现状

目前，大部分高校的 Java 课程教学多为讲授法，虽然随着智能时代的到来，已经从板书变为智能多媒体教学，使教学更直观、生动，但这只是教学形式的改变，而未改变教学方法的本质。除此之外，合理安排 Java 课程的课时也是一个教学重点。由于 Java 课程的内容很多，若想尽可能多的为学生灌输知识点，就得把重点放在理论课时上，使得学生没有充足的时间去实践，导致学生无法真正理解知识点，无法将理论应用于实践。若把重点放在实践课，着重锻炼学生的编程思维能力，可能导致学生忽视基础知识的细节，导致只知其一不知其二。

（二）学生基础不一致

由于独立院校的专升本学生基础不同，传统的 Java 语言教学模式无法让起点不一的学生都在课程中有所收获。对于在大专时期学习过 Java 语言的学生而言，课堂上可能只是重复的内容，让学生失去学习的兴趣和积极性；对于以前从未接触过编程的学生而言，Java 语言作为学习编程语言的第一门课程难度较大，可能会让学生产生恐惧心理，大大降低学生学习的动力。学生只有在学会的基础上，才会有往下学习的动力。

（三）培养方向不一致

考虑到专升本学生的培养目标是应用型人才，旨在通过专业课程的学习，能让学生掌握解决实际问题的能力，能适应市场的人才需求，并且 Java 语言作为后期学习数据结构、Web 开发等课程的基础，十分关键。因此，对于独立院校的专升本类型学生的教学，需要建立合适的教学模式，以调动不同基础的学生学习的积极性，培养学生良好的编程习惯和建立面向对象的编程思维。

三、教学设计

（一）高互动性的混合教学模式

传统的讲述型教学是以教师为主，为学生讲述 Java 语言的语法知识点和案例，让学生被动接受知识，缺少和学生的互动。乏味的语法教学可能会使学生的学习兴趣降低，学习主动性不强，很难使学生真正接受知识点。Java 语言的学习是一个循序渐进的过程，一旦基础的知识未能理解，就无法接受后面的课程，导致恶性循环。

翻转课堂教学模式的引入，真正体现了学生学习的主体性和教师的主导性。课前，教师上传课程相关的资料，学生可以自主进行预习，收集问题。在课堂上，学生及时提出问题，教师答疑解惑，避免学生因存在太多问题而放弃学习。课后，学生通过作业等练习巩固知识点。而在计算机软件飞速发展的今天，智能多媒体的教学让课程更加生动，可以利用有价值的教学软件来辅助教学，改变课堂的氛围，提高学生学习的积极性。

教师可以灵活利用翻转校园和“雨课堂”等智慧课堂应用来完善教学（见图 1），将教学资源上传到翻转校园，有助于学生自主学习、预习和复习；区别于传统的讲述演示文稿（ppt）的教学模式，教师在教学中加入“雨课堂”，可以在课件 ppt 中加入相应的练习题，如选择题、填空题等，学生在课堂上可以实时使用手机进行答题，不仅提高了教师与学生之间的互动性，而且也增添了学生学习的兴趣，还改变了传统的点名回答问题的模式。通过“雨课堂”统计的学生答题情况，教师可以更直观地了解学生对于知识点的掌握情况，以便调整接下来授课的重点，使得教学更贴合学生的情况，避免学生忽略 Java 语言语法细节。课后，教师可以在“雨课堂”建立讨论区，引导学生讨论问题，提高学习的积极性，同时也可以为学生答疑解惑。此外，教师可结合 Java 课程的特色，设计独特的点名方式，如利用生成随机数的例子，生成学生的学号来代替点名，既为学生展示利用编程解决实际问题，也提高了点名的趣味性，减少了学生对点名提问的恐惧。

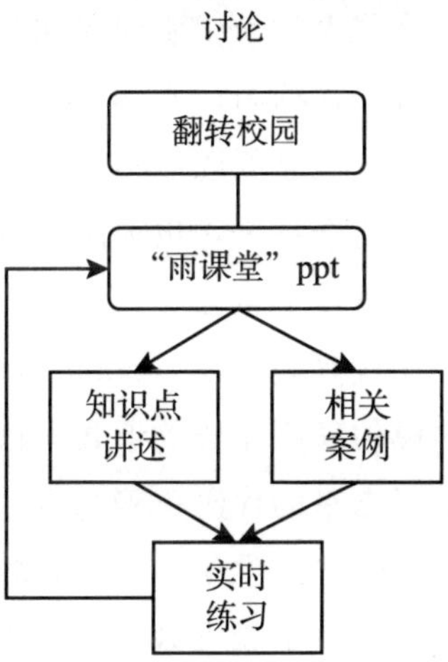

图 1　教学工具辅助下的教学模式

资料来源：笔者根据教学研究绘制。

（二）混合模式下的教学方法

单一、传统的教学模式并不适用于独立院校的专升本学生，需要采用适合的混合模式进行教学。在进行 Java 语言理论课程讲述时，对于重点和难点的部分，可以采用演示教学模式来帮助学生理解。传统的 Java 语言课程会使用已经编写完整的代码来为学生展示实例，但这对于零基础的学生而言，初学的语法加上大段陌生的代码，会更加茫然，不知从何入手，加大理解的难度。因此，教师可从学生角度出发，一边引导学生思考，一边实时编写代码，为学生演示案例从零到完整的过程，以帮助学生培养编程的思维。同时，学生通常会模仿教师的编程风格，因此，教师在实时演示的过程中可引导学生，以便培养他们从一开始就养成良好的编程习惯。

由于与普通的高校情况不同，学生没有其他编程语言作为先导课程，在直接学习纯面向对象的 Java 语言的过程中，可能会比较吃力，因此，教师可采用阶段性教学模式，逐步推进学生学习的过程。当经过了一系列 Java 的基础语法的学习，学生开始进入 Java 课程的重点和难点，学习面向对象的概念，这部分的内容相对于之前的知识点会比较抽象，学生难以理解，教师可结合实际生活的案例来引导学生。由于专升本学生本学期还有其他同时进行的专业课程，如 Web 前端技术，他们对于如何开发一个完整的网站是充满兴趣的，因此，可以结合学生实际情况设计案例，一步步增进学生的理解。如初次讲述对象和类别时，可以向学生下发设计网页使用者的用户类的题目，引发学生思考，经过讨论，与学生一同设计出最简单的用户类。随着课程的推进，用户类中的内容增多，学生可以理解用编程思维设计符合现实生活的类。由于面向对象这部分的知识很重要，关系到学生以后对于其他程序、网页设计的关键，因此教师应把握好学生的学习情况，从基本概念对象和类、继承与多态等结合学生感兴趣的实例，且让学生实际动手设计类，落实学生理解和消化知识点，并能应用于实际。

实践课程的教学对于培养专升本这类应用型人才十分关键，需要设计适合不同基础的学生的实践题目，对学生进行分层次教学。实践课和理论课是相辅相成的，学生需要先学习对应的理论知识，才能进入实践练习，不能为了让学生掌握如何利用理论知识点来解决实际问题，就在实践课上设置大量的同一类型的题目，这会使已有基础的学生对课程感到乏味，而零基础的学生可能会一个题也无法完成，且感觉课程难度过大。在此情况下，教师可设置不同难度的题目让学生在实践课上均能有所收获，且区别于普通的自由练习，学生练习的题目可在在线判题系统（online judge）的平台上提交，平台实时给出代码评判的结果，通过这种模仿编程竞赛的形式，让学生感受编程的参与感。对于学生而言，他们关心的是自己编写出来的代码正确与否，因此，当在平台上看到自己的程序正确时，是给予学生的肯定，会激发学生学习的兴趣。此外，平台会实时统计不同学生完成题目的排行榜，可以提高学生不断去做题更新排名的动力。成绩较优异的学生在面对难度层层递进的题目时，一开始觉得轻松，既增添了自信，又提高了兴趣，最后面对类型新颖又有些难度的题目时，也达到了引导他们思考和进一步提高的目的。而对于基础较差的学生，虽然实际动手编程对他们来说难度较大，但实践的题目有一些较为简单，教师可引导他们思考解题的步骤，逐步完成练习，通过简单类型的题目使学生掌握语法，为后续的课程打好基础。

对于 Java 语言程序设计的课程而言，它作为计算机课程中的重点，内容多而课时不足，课堂教学是有限的。最常见的难题是，学生掌握了 Java 语言的语法，但仍然无法完成实践的练习，抛开程序本身，学生并不是不会做题，只是缺少编程思维逻辑去编写程序，这是每门编程语言课程都会遇到的难题，这在以前没有学习过编程语言的专升本学生身上体现得尤为明显。因此，教师应注意培养学生的编程思维逻辑，在为学生讲解题目时，先和学生一起探讨解题思路，再进行编程。甚至最开始进行实践时可以要求学生编程前先画解题的流程图，以建立起学生的编程思维。同时，多利用各种合适的教学软件，增加与学生之间的互动，改善传统的讲述型课堂的氛围，提高学生学习的兴趣。此外，结合学生特点，采用多模式混合的教学方法，以帮助学生更好地学习课程，改善教学效果。

四、结语

独立院校的专升本学生与其他高校的基础情况和培养目标不同，因此，如何授课是需要不断进行研究和探讨的，并结合学生特色，找到适合于自己院校的教学方法。

Java语言的学习是循序渐进的过程，教师需逐步推进学生的学习进度，从易到难，从具体到抽象，避免学生一开始便因课程的难度过大而恐惧。本文通过分析Java语言课程的教学现状、独立院校专升本学生的基础情况和培养方向，研究了适合于专升本学生的Java语言课程教学方式，提出了高互动性的、多模式混合的教学模式，旨在建立学生编程思维逻辑、提高学生学习的兴趣，帮助他们掌握Java课程中的知识，并学习运用理论知识来解决实际生活中的问题。

参考文献

[1] 谷婷，陈雷平，张东海．Java基础课程的教学改革探索 [J]．福建电脑，2020 (1)：36—37.

[2] 李韦红．翻转课堂模式在Java课程教学中的应用探索 [J]．电脑知识与技术，2020，16 (3)：133—135.

[3] 司丽娜，刘嘉，赵进超．Java程序设计基础课实践教学中的分层教学模式研究 [J]．中国教育技术装备，2016 (20)：146—147.

[4] 杨新艳，梁宏涛．独立本科院校Java语言教学的研究 [J]．计算机教育，2009，105 (21)：73—75.

[5] 于金平．应用型本科院校Java程序设计课程教学改革研究 [J]．商情，2020 (13)：114.

设计表现技法课程混合式教学改革探索

苑英丽

（浙江财经大学东方学院，浙江 海宁 314408）

摘　要：设计表现技法课程是针对环境艺术专业的专业基础课程，实践性、操作性强。基于传统课堂授课形式的单一性和学习效率偏低的问题，作者根据慕课（MOOC）的教学设计理念，进行线上线下混合式教学设计，整合优质教学资源，结合课堂教学，取长补短，发挥不同教学环境的特点优势，建立信息接收—体验—内化完整的深度学习体系。本文对设计表现技法课程教学采用的混合式教学模式进行了分析，课程教学模式的建立主要包括：完善课程学习资源库、设计教学活动、构建多层次的评价机制。经过不断的教学实践和反思，重塑教学理念、采用多种教学方法混合的教学模式，更大程度地激发学生学习兴趣，化被动为主动，提升学习效能。同时，期望能为教学工作者提供可借鉴的参考。

关键词：设计表现技法；混合式教学；教学改革；MOOC

一、引言

以互联网、大数据、云计算、人工智能为代表的新一代信息技术，推进了社会各个领域的深层变革，信息技术的广泛应用为学习者提供了大量的学习工具和海量的学习资源，引发了人类历史上教学领域的第四次革命。MOOC、微课、翻转课堂、混合式教育、电子书、移动学习等新型的教育方式不断涌现。尤其是 MOOC 平台的建设，在教学领域已有了百花齐放的繁荣景象。MOOC 为学习者提供了便利的学习平台和工具，以及优质的教学资源。相对于传统的教学方法，MOOC 有三点突出的优势：一是大规模，学生可以根据自己的情况有针对性地选课；二是资源开放免费学习；三是学习不受时间地点限制，学习方式灵活。MOOC 的兴起及其带来的微视频学习，全新的考评方式，线上交流，在学习方式和学习内容上进一步改变了反转课堂学习者的课前学习。但 MOOC 平台的使用给国内高等院校的教学带来机遇的同时，也出现了水土不服的境况。根据笔者调查发现：一是国内的 MOOC 平台高注册率低完成率，由于其大规模授课的特征师生之间难以互动，学习效果难以评价，特别是实操性强的课程，大多数只能是完成接收信息这一步，难以进行深度的学习，瓦尔蒂（Moshe Y. Vardi）对高等教育结构的影响感到遗憾，他发现，MOOC中缺乏严肃的教育学，实际上在所有高等教育中都是如此。他批评了“简短、简单的视频块，穿插着在线测验，并伴有社交网络”的形式，这可能会阻碍高等教育行业的发展。二是MOOC制作成本高，包含时间成本与技术成本。2013年，《高等教育纪事报》（*Chronicle of Higher Education*）调查了103位教授，指出：“一般来说，一位教授在MOOC课程开始之前，通过在线录制授课视频和其他准备工作，就已经在MOOC上花费了100多个小时。”与传统课程不同，MOOC需要由摄影师、数字设计师、IT专家和平台专家提供，一门课程需要不同专业的团队合作完成。

由此，笔者认为，实践性较强的课程可以结合两种学习方式，取长补短，线上学习加传统教学。在教学实践中，组织教学资源，将基础理论的学习转移到网络平台；把操作演示制作成微课视频，增强教学的直观性形象性，提高学生的学习热情；使得学生把更多的课堂时间用到实践操练中，教师可根据学生的具体情况因材施教，实现个性化的教学，培养出具有实践能力、创新能力的应用型人才。

二、设计专业表现技法混合式教学模式研究

（一）设计专业表现技法课程特点与存在问题

设计专业表现技法是针对环境艺术专业一年级的专业基础课程。它是设计师用手绘的形式把设计思维意象转化为图的形式呈现，把构思准确地表达出来，传达给业主或深化设计的工程师，使设计师的构思愿景形象地表现在图纸上。专业表现技法是设计师必须具备的一种能力。该课程实践性较强，既包含了科学的知识点，如透视原理与几何画法，又包含艺术方面的内容，如构图、线条、观察、明暗、色调，操作性的要素主要有工具的使用方法、步骤等。该课程是学生进入设计领域，建构形象化思维的必由之路。设计表现的用途也很多，既可以帮助设计者随时记录灵感，实现眼脑手互动，帮助大脑思考，又可以与其他人交流分享想法。对于培养学生的意象思维、细致的观察与表现能力，图解分析能力起着重要的作用。

设计专业表现的传统教学分为课堂理论与操作实践两种形式。以教师讲授，演示示范，学生观察、尝试操作、临摹为主。目前，课堂教学存在这样几个问题：

1. 缺少主动学习的机制

对基础知识点的学习采用课堂讲授的形式，学生对于知识的吸收与消化相对被动，缺少主动学习的机制。再加上单元课时量的客观限制，学习效率偏低。据调查，超过90%学生不会课前预习，了解相关的课程内容。这种情况将阻碍学生专业兴趣的培养与发展。

2. 教学效能低下

该课程以熟练掌握表达技法为主要教学目的，实操性较强。有些技法的教授无法完全用课件或板书来传达清楚，现场演示由于人数较多，无法实现高质量的教学效果。

3. 学习效果难以掌控

课堂教学结束后，学生需要单独完成许多表现技法的练习，在这个过程中，有些学生能够成功地完成学习任务，但也有很多学生却无法达到预期的学习效果。

（二）建立混合式教学模式

混合式学习是基于翻转课堂（flipped classroom）的一种教学解决方案，刘梦君（2017）认为，“翻转课堂调整了知识传授和知识内化的顺序安排，改变了传统教学中的师生角色，并对课堂时间的使用进行了重新规划。”慕课（MOOC）大规模流行之前就出现了翻转课堂教学，随着数字资源质量的提升与数量的丰富，老师们开始将优秀的慕课资源通过反转课堂的方式引入课堂。混合式教学不是简单地基于网络的数字化教学，在一个获取信息知识如此便捷的时代，我们要重新思考教师在学习中所起的作用，笔者认为教师需要做以下几个准备：首先，需要做的是转变思维方式，从一个知识的传授者，转变成学习的组织者和协助者，建立信息接收—体验—内化完整的深度学习体系，帮助学生把知识内化为一种素质和能力，实现“以能力为导向的课堂有效教学”。乔纳森·贝格曼等（2018）认为，“这是一场学习的革命，教师可以根据每位学生的学习进度、接受程度进行个性化教学”。其次，是技术的准备。技术的准备包括录制课程的工具技术和熟练掌握教学平台管理系统。最后，是培训学生使用教学视频并管理系统（见表1）。

表1　混合式教学框架流程

教学时间安排	教学内容
课前	重新制订教学计划，重构课程的内容、目标
	建立线上课程学习资源库（学生自主观看视频，学习）
课中	教学活动设计（学生参与线上测试、讨论）
	教师组织学生操作练习、讨论、答疑
课后	线上提交作业、学生互评、教师评价反馈
	调整教学计划、内容、目标

资料来源：笔者根据混合式学习理念研究整理所得。

（1）根据教学任务重新制订教学计划。

重新制订教学计划包括，重构课程的内容、可视化教学目标、明确学习目标，设计充分的教学活动。

课程将“学堂在线”与“中国大学MOOC51自学网”等在线教学资源引入设计专业表现技法课程中，将线上的优质教学资源与传统课堂两种模式有机整合，使之相互渗透、取长补短，最大限度地提升教学效果。该课程单元有四周，按周做教学单元的整体设计，将章节内容重新梳理，分成小知识点，根据教学知识点拍摄短视频，上传至网络教学平台。每个视频控制在7～10分钟以内，以优化学生的学习效率（见表2）。

表 2 课程知识点安排

周次	章节	知识点
第一周	基础篇	课程范畴与目的、基本能力、手绘工具、线条训练、构图、室内外单体、材质表现
第二周	透视篇	一点透视原理、一点透视网格画法、家具高度控制、两点透视原理、两点透视网格画法、微角透视网格画法
第三周	渲染篇	马克笔使用方法、植物单体渲染、家具单体渲染、室内空间渲染、室外空间渲染
第四周	实践篇	家居空间的表现、建筑环境的表现

资料来源：笔者根据教学工作情况整理所得。

学生在网络课堂平台完成课前预习并完成自学测验，将相关的疑难问题记录下来，在线上与老师同学相互交流讨论。

（2）建立课程学习资源库。

考虑教学运行中的各个要素，根据设计表现技法课程的特点、传统教学与 MOOC 学习的特点，笔者采用两种方式与传统课堂衔接，一是将 MOOC 资源与网络课堂平台结合，形成新的学习资源推送给学习者开展课前学习。李岸龙（2019）认为，运用名师名校的课程资源，将该课程或该领域最先进的内容引入课堂中，借鉴名师的授课方式来进行教学，这些都为学校教师提升教学提供了良好的条件。二是借助 MOOC 理念，结合课程进度设计制作了教学微视频录制，通过在线平台推送给学生学习。传统课堂演示具有不可重复性，老师是无法被“暂停”的，有一些没有弄明白的可能就错过了，视频教学正好可以弥补这个缺陷，可以不受时间、地点的限制重复播放。在线视频学习结合随堂测验、平台互动（讨论）调动学生学习的主动性，提高学生的动手操作与实践能力。

（3）教学活动设计。

教学活动设计是混合式教学实现的前提，它包含线上学习与线下活动两个部分的内容。教师是活动设计者与学习的引导者，学生是学习活动的主角，可以说教师由知识传授者演变为熟悉并参透剧本的导演，学生由接受者演变为参与活动的演员。混合式的学习方式相较于传统教学来说，强调了学习的体验与知识的内化过程。线上活动主要由课程的结构框架与基础知识点的学习、随堂测验、在线讨论构成。线下活动以操作实践为主，开展小组实践与成果展示、互评、讨论交流。教师将相关内容的课件与视频传到网络课堂，提供在线学习连接，课前预留 1 周左右时间给学生学习视频内容，并完成随堂测。混合式学习的真正益处是重新改造了上课时间，与视频制作相比，课堂时间要重要得多。设计表现技法课程的教学目的是学生能够掌握用手绘的形式自由表达设计愿景，最终还是要落实到实践能力上。课上教师根据学生掌握知识的具体情况，引导学生深入探讨表现主题与方法，有针对性地辅导和点评，或者针对相关的疑点难点讲授并展开讨论。教师可以将有同样问题的学生通过组织小组讨论、同伴教学法、教师点评、项目模拟等多种形式来组织教学活动，让学生在学习中拥有更多的自主权，激发兴趣，带动学习的内化与提升。

（4）教学评价更注重学习的过程。

对比传统课堂，混合式教学分为线上线下两个学习过程，设计表现技法课程偏重于操作实践的内容，故学生线上自主学习的随堂测形成性评价作为教学评价的参考，教学评价由学生的学习过程与成果的反馈构成。对学习过程的评价主要参考线上活动的参与度（线上考前数据）、在线随堂测和在课堂上参与实践活动的程度，对学习结果的参考平时提交的课堂作业质量与课程任务考核。构建多层次的评价机制，提升评价的合理性。

三、混合式课堂教学的反思

混合式学习理论模型似乎不难理解，但真正实施起来，还是会遭遇到一些问题，经过该课程混合式教学实验之后，总结了几个问题：学生可能不会主动去看视频，或者比较被动地放视频，没有参与学习；课堂活动参与积极性不高，导致教师很难真正帮到那些有需要的学生提高；教师的信息素养、教学互动与教学管理有待提升。教师的能力与结构制约着翻转课堂实施的效果与质量。

笔者针对这几个问题，对那些有兴趣探索混合式教学的教师们提供一些建议：在课程正式开始之前，培训学生如何使用翻转课堂及在线教学资源；在视频里设计一些互动环节，提高学生的学习效率和参与度；合理分配课堂时间，组织多种形式的课堂活动，比如，小组辅导、学生相互指导、差异化教学；参加一些混合式教学的培训，提升信息化教学技能和教学活动组织能力。

四、总结

混合式教学改革无论对教师还是学生都是极具挑战性的。基于MOOC和翻转课堂，对设计表现技法课程教学进行重新建构，优化了现有的课程设置和课程内容体系，改变了传统的以教师为主的学习模式，学习者通过线上线下不同的学习环境，完成了从接收信息—体验—内化建构自身知识和经验的完整过程。在这样一个过程中，也迫使教师不得不重新思考，从而更好地组织教学内容，调整教学计划，增加课堂活动，在学生积极参与课堂与独立学习之间找到平衡点，提升信息化教学技能。无论教师和学生都投入了更多的时间和精力，但这是值得的。从教学的角度来说，教师更加关注学生的需求，有利于实现差异化、个性化教学。学生在学习的过程中也有更多的自主权和更高的参与度，作业质量也有很大的提升。

参考文献

[1]［美］埃里克·马祖尔．同伴教学法［M].朱敏，陈险峰译．北京：机械工业出版社，2011.

[2] 陈雪刚，刘平．基于MOOC翻转课堂的教学方法研究 [J]. 教育现代化，2017 (34).

[3] 郝兆杰，潘林．高校教师翻转课堂教学胜任力模型构建研究——兼及“人工智能+”背景下的教学新思考 [J]. 远程教育杂志，2017 (6).

[4] 李岸龙．基于SPOC的混合式教学模式中角色定位的探讨 [J]. 科技教育，2019 (20).

[5] 刘梦君，谭钰．基于MOOC的翻转课堂构建——以JAVA学习为例 [J]. 人文社科，2017 (1).

[6] [美] 乔纳森·贝格曼，亚伦·萨姆斯．翻转课堂与混合式教学——互联网+时代，教育变革的最佳解决方案 [M]. 韩树财译．北京：中国青年出版社，2018.

[7] 谭子会，梁东．基于MOOC的翻转课堂教学模式分析 [J]. 电脑知识与技术，2019 (3).

[8] 余文森．能力导向的课堂有效教学 [J]. 全球教育展望，2018 (1).

[9] 曾明星．MOOC时期“深度学习”教育场域建构研究 [M]. 长沙：中南大学出版社，2016.

[10] Kolowich，Steven. “The Professors Who Make the MOOCs” [N]. Chronicle of Higher Education，2013－3－22.

[11] Moshe Y. Vardi. Will MOOCs Destroy Academia [J]. Communications of the ACM，2012，55 (11)：5.

移动互联网创新创业案例分析教学实践与思考

周家地

（浙江财经大学东方学院，浙江 海宁 314408）

摘　要： 通过几年的课堂教学的实践，移动互联网创新创业案例分析课程在各方面都取得了一定成效，本文使用多种手段培养学生学习兴趣，加快课程内容建设，改进教学方法等措施进行了探讨，同时也分析了本课程教学中存在的问题，提出了未来的改进方向。

关键词： 移动互联网；创新创业；教学方法；内容

基于移动互联网的创新创业一直是近几年的一个热点，可以看到大量成功的企业，当然也有无数的创业企业失败之后继而消亡。在李克强总理“大众创业、万众创新”[①]的号召下，创新创业教育目前得到了高度的重视，各类创业比赛也是层出不穷，但是作为学校层面，系统地对学生进行创新创业教育，应该说刚刚起步。

移动互联网创新创业案例分析是一门新设的创业通识课，是对学校创新创业教学的一个有益补充。开设之初，没有现成的教材，只是完成了教学大纲和指导书的编写。几个学期以来，将教学方法、考核办法、教学内容的组织等几个方面在课堂上进行了实践，取得了一定成效，但也有诸多需要完善的地方，下面就此做一些探讨。

一、创新创业教育

（一）创新创业教育内涵

创新创业教育以培养具有开创型个性和创业基本素质的人才为目标，创新创业教育的关键在于“创”，目的是提高学生整体素质和创业能力，能力和技能为关键。创新创业教育以创新为核心，而创新是围绕创业的，所以创新教育与创业教育不是简单的叠加，而是形成系统的人才培养体系，其基本的价值取向包括精神、思维、人生哲学和创新创业行为能力的培养等。

（二）案例分析教学法在创新创业教育中的应用

在创新创业教育中，案例分析教学法是普遍被采用的。我们通常在大学生创新精

---

① 2014 年 9 月，李克强在夏季达沃斯论坛的讲话中提出。

神、意志的培养方面，在创新创业相关知识的教学中可以采用案例教学法。在教学中，案例分析法能够在激发学生学习的主动性方面起到良好的作用，因为它会使枯燥的理论知识变得生动活泼，充分调动学生学习的积极性。通过积极参与真实案例的讨论，由原来被动接受知识变为主动参与。在这个过程中，学生会积极主动地查阅有关案例事件的相关资料，努力获得正确的解决问题的办法，从而取得非常好的学习效果。

在创新创业教育中，案例分析教学方法成果显著，同学们不仅获得了从事创新创业所必备的理论知识，还提升了他们分析和解决问题的能力。另外，学生们通过讨论也增强了团队合作的意识，锻炼了总结归纳能力和语言表达能力。

（三）创新创业教学

创新创业教学是近几年随着“大众创业、万众创新”后快速发展形成的，可以说还没有形成它完整的体系。创新创业教育重在培养学生的创新精神，它不是传统教学模式的补充，而是一种新的人才培养机制，要整合学科、科研等方面的资源。对于高校来说，创新创业教学课程是建立在实践基础上的活动课程，还应加强专业实验室、虚拟仿真实验室等的建设，促进实验教学平台共享。

本课程移动互联网创新创业案例分析是对创新创业教学的一个有益补充，但是因为开设时间不长，本课程教学案例的充实、教学方法和课程考核等诸多方面还需我们去完善。

二、合理进行教学设计，改进教学方法

（一）本课程进行案例和任务驱动相结合的教学方式

本课程采用了案例教学法，避开传统教学方法的束缚，同时，与启发式教学方式相结合，极大地调动了学生学习创业知识的积极性。我们先抛出问题，让同学去思考，然后在案例中去找线索，力求找到症结所在，努力去解决问题，最后进行总结。这种启发式教学与案例教学相结合的方法，非常适合我们的创新创业教育，能够让学生的注意力集中，同时激发他们的好奇心，充分调动了学生参与创业理论知识学习的积极性。

另外，我们采用了任务驱动教学方法。我们的做法是：以 4～5 个同学的组为单位带着一个任务，围绕一个创新创业项目进行调研、创设、论证，再到项目计划书的编写。通过老师的预选，选出比较优秀的若干小组进入决赛。这些入围的小组完善他们的文档，并准备好 ppt 进行路演。由老师和同学组成评委，模拟创新创业赛事现场答辩环节，同学们兴致很高，气氛很活跃，取得了良好的教学效果。

（二）积极调动学生的学习兴趣

老师的一言堂往往让学生昏昏欲睡，本课程开展课堂提问和讨论，让学生变成课堂的主角。现在的学生表现欲往往比较强，适当组织下，他们会踊跃发言。课堂气氛活跃了，就能改变以教师为中心的教学模式，学生的学习积极性提高了，学习效果就会

更好。

本课程的内容比较新，变化快，教学课件要及时更新。我们改变了往常主要依靠ppt 的教学方式，用短视频作为强有力的辅助。通过几年的努力，我们收集和制作了许多画面精美的视频（见表 1），短视频容量大、内容生动，很受学生欢迎。这些视频，我们根据课程进度合理安排进行播放，收到了很好的效果。

表 1　教学视频采集情况

类型	列举	视频数量
技术基础	卫星通信、移动互联网	7
知名公司	亚马逊、腾讯、拼多多	10
知名人物	马斯克、乔布斯、马云	6
独角兽	今日头条、平安好医生	6
创新技术	Space X、超级高铁	10
互联网大会	2019 大会、乌镇饭局	5
移动金融	蚂蚁花呗、京东白条	6
移动医疗	久安医疗、思科远程医疗	8
移动生活	BILIBILI、趣配音	10
创业失败公司	OfO、爱投资	8

资料来源：笔者根据资料整理所得。

三、教学内容的组织

（一）课程内容建设是当务之急

作为案例分析的课程，首先确定合适的案例，目前已确定的案例大致分为三个层次：一是在移动互联网杰出的企业，如 Google，Facebook，腾讯等创新创业的成就作为案例。二是中小型移动互联网企业，如平安好医生、神州租车、挖财等。三是近几年更接地气的各类创新创业大赛的获奖作品，如近几年的国赛作品易青益农、督诗—你的掌上私塾老师、飞客无人机一站式服务平台等。

教学案例是本课程的重头戏，我们还在不断充实的过程当中（见表 2）。

表 2　教学案例分布

分类	列举	数量
行业巨头	特斯拉、亚马逊	10
独角兽	今日头条、蚂蚁金服	10
跨境电商	洋码头、考拉海购	6
移动金融	同花顺、京东金融	2
移动学习	拓词、学霸君	6

续表

分类	列举	数量
移动生活	酒店达人、易果生鲜	8
互联网医疗	丁香园、春雨医生	5
创业失败	OfO，宜贷网	10

资料来源：笔者根据资料整理所得。

（二）课程筛选

本课程不仅筛选正面的创业案例，而且还选择了一些反面的创新创业案例来进行教学。因为创业失败是个大概率事件，所以我们在进行创新创业教育时，要加大失败案例的介绍和分析。近几年，国内互联网金融的创新创业失败的比例非常高。我们面对创业的实际情况，将创业失败的经验教训通过案例分析的方法传授递给在校的大学生。我们在选取案例材料时，可以选取一些具有代表意义的创业失败案例，让学生通过案例分析，去总结创业失败的原因，吸取创业失败的经验教训，为他们的创新创业打下良好的基础。

（三）创新创业竞赛训练

本课程教学的一个特色是与创新创业竞赛活动结合起来，起到以赛促教的目的。下面就创新创业竞赛活动中，学生比较头痛的选题，以及创业计划书的写作方面做一些阐述。

1. 创新创业选题的指导

选题来自企业实际需求的项目，根据本地区或行业的社会经济发展需求特点开展能够产生社会或经济效益的创意、创新、创业项目。移动互联网下的几大创新性领域：①衣食住行。运用移动互联网给客户带来全新的感受，利用吃喝玩乐本地化特征。如大众点评网，从电脑端起步，继而走向移动端的 app，上了一个新的台阶。②健康和医疗、养老行业。③游戏娱乐行业。尽管负面的新闻不断，但不能否认这个行业的发展空间还很大。④广告传媒。⑤企业服务，这一块是空间最大的一块，大家可以从原来电脑端的升级入手去思考选题。但是现在这种机会越来越少，必须深入企业去做调研，这样的话选题是无穷无尽的，这一部分恰巧是我们学生的弱点，需要指导老师在这些方面多下功夫。

2. 商业计划书写作

写好商业计划书是我们学生必须掌握的一项技能，但大量的学生没有受过这方面的训练。很多时候，我们学生的创意很好，也很努力，但比赛时成绩不佳的一个重要原因是没有一份好的商业计划书。所以本课程也要教会学生们写一份合格的商业计划书。计划书应包含内容：执行概要、市场分析、竞争分析、商业模式（营销策略＋盈利模式）、公司与团队、财务分析、风险管理、附录。那么好的商业计划书应有哪几个要点呢？我们通过参阅有关方面的书籍，以及参考一些获得好成绩的比赛项目书得到以下几个要点：清晰的市场背景、商业模式全景图、公司全员组织架构、经营业务的市场宏观分析、核心竞争力，差异化优势、有哪些重大的市场和投资吸引点、主要客户在什么领域，有哪些已经签约的客户列表，现在到未来，开拓多少客户和用户，达到怎样的营收和利润等。

四、教学考核方式的改进

本课程考核由三部分组成：平时课堂表现，如讨论发言等，占比20%；完成平时作业情况，包括一个ppt和1～2个相关的短视频，占比20%；期末大作业或论文，评优的同学由老师和学生共同打分，占比60%。

“创新创业商业计划书”文档的标准，包括内容、格式、字数等要求如下。

1. 内容要求

创新创业项目要有名称，内容包括：目前市场中存在一个什么空白点，或者存在一个什么问题。你有什么样的解决方案，或者什么样的产品，能够解决这个问题。为什么这件事情你能做，而别人不能做？再论证一下这个市场有多大，你认为这个市场的未来是怎么样的等。其实说到底，就是一个完整的商业计划书的内容。

2. 格式等要求

正文为宋体，小四号字，行距1.5倍；A4纸共8～10页，第14周结束前参加评优小组的电子稿发到指定邮箱。

3. 路演答辩

第15周、16周课堂评优，选择8组优胜者到讲台前进行介绍、答辩，老师跟学生共同给作品打分。每组先介绍6分钟，然后答辩5分钟。

五、总结与展望

移动互联网创新创业案例分析课程通过教学改革探索，取得了较好的效果，但也存在不足之处，有很大的改进空间。

本课程施行以赛促教的方式，推动了课程的建设。我们的学生从移动互联网创新创业的角度去考虑选题，参赛的相关比赛作品取得了不错的成绩。2018年，在本课程上受到启发教育的几位同学，结合专业知识，在税收体检方面做出了创新创业的尝试，并通过层层选拔进入了浙江省大学生电子商务大赛的决赛，获得了省赛二等奖的优异成绩。

教学课件需要不断完善改进，教学案例有待丰富、充实，并增加相关的教学视频，同时创新教学方法和手段。分析的深度方面有待改进，比如作为课堂作业，有些分析非常到位，但有些应付了事，所以在奖惩制度要加以完善。

经过进一步的努力，从课程内容的进一步完善、教学方法的改进，以及考核的完善，本课程的建设水平能上一个新的台阶。

参考文献

[1] 巢虹玉，谷芝杰．翻转课堂视角下创新创业教学模式研究 [J]. 管理观察，2017 (2).

[2] 廖亚斌，罗匡．国外高校创新创业教育成功案例分析 [J]. 中国远程教育，2008 (8).

[3] 徐雪娇，赵亚奇．吉林省大学生创新创业案例及启示 [J]. 合作经济与科技，2020 (8).

[4] 张金山，孙晓放，赵容．基于“互联网+”视角的大学生创新创业教学 [J]. 中国高等教育，2019 (7).

[5] 张蕾．案例分析教学方法在创新创业教育中的应用探索 [J]. 现代交际报，2017 (3).

[6] 赵凡忱，张卫丹，马晶军．“微时代”大学生创新创业案例分析 [J]. 才智，2018.

[7] 周家地．《移动电子商务概论》课程教学实践与思考 [J]. 福建电脑，2014 (7).

区域经济与历史文化

弘扬海宁地方文化的特色空间

——仰山文苑的建设探析

李金娥

(浙江财经大学东方学院图书馆，浙江 海宁 314408)

摘　要：仰山文苑是浙江财经大学东方学院的重要文化品牌，是弘扬海宁地方文化的重要窗口，经过多年建设，取得了较好的成效。为进一步推动仰山文苑的建设，本文以海宁市文化机关、地方高校图书馆为调查对象，通过访问官网、新闻、电话访谈等形式，梳理了地方政府机关弘扬海宁文化的举措和创新亮点，调研了相关高校、高校图书馆特色空间的开展情况、活动形式、活动特点等，并由此提出了仰山文苑下一步建设思路。

关键词：仰山文苑；地方文化；特色空间；建设

一、仰山文苑的建设现状

（一）建设缘起

潮乡海宁是一颗镶嵌在杭嘉湖平原上的璀璨明珠，历史文化深厚，人文景观丰富，社会经济繁荣，享有“鱼米之乡、丝绸之府、才子之乡、文化之邦、皮革之都”的美誉，其中三大文化（灯文化、潮文化、名人文化）更是享誉海内外！这片土地孕育了众多承古启今、独具风姿、积淀深厚的传统地域文化，除了众所周知的“灯文化”和“潮文化”，还有历史源远流长的“运河文化”。浙江财经大学东方学院自 2010 年从杭州市整体搬迁至海宁市后，一直致力于融入海宁地方文化，服务地方经济社会发展。东方学院以海宁市历史上影响深远的“仰山书院”为缘起，创建了仰山文苑、仰山文化大讲堂《仰山论丛》（论文成果集）三大文化品牌，三位一体地弘扬海宁地方文化。而东方学院图书馆的职责是以海宁文化为切入点，建构海宁地域特色文化空间——仰山文苑，作为广大师生了解与研究海宁历史文化的窗口，提供专题研究、学术交流、文化推广，旨在促进校园文化和地方文化的融合发展，弘扬海宁地方特色的中华优秀传统文化，增加在校大学生对传统文化的认知度和自信度。

（二）建设成果

1. 特色馆藏资源丰富

在学院领导的积极推动下，图书馆积极整合地方资源，通过举办海宁文化传承与传播主题座谈会、海宁地方特色文献征集工作协调会，联动海宁市人民政府、中国人民政治协商会议海宁市委员会、海宁市文学艺术界联合会、海宁市档案局（史志办公室）、图书馆等相关单位，全方位、系统化采集、整合地方特色馆藏资源。

纸质资源建设方面：历经多年采集，截至2013年10月“仰山文苑”正式开放时，共收藏记载海宁文化和历代名人著作800余种，2 000余册，藏书种类涵盖海宁籍名人的著作集、古籍善本、名人手稿、相关评论和研究资料《海宁地方志》《海宁年鉴》、名家书法集、摄影作品集、绘画作品集等文献。

数字资源建设方面：文苑收集并制作多媒体数字资源“人文海宁”专辑。专辑由潮起海宁、历代名人、院士风采、潮乡骄子、奔向延安5个部分组成，目前已汇编了23GB、39小时的视频内容、2本专著和41位名人的介绍。该专辑在文苑内长期展播，还通过图书馆网站“人文海宁”专栏在线展播，并由微信平台定期推送。

2. 场馆建设别具一格

“仰山文苑”面积200平方米，整体设计装修为明式古典风格，家具采用优质红木，环境古朴雅致，于2013年10月对读者开放。同时馆藏了部分文津阁版《四库全书》。

3. 多元活动文化氛围活跃

海宁文化专题讲座：邀请研究海宁文化的专家学者王学海、吴德建等主讲的“蒋百里先生给我们的启示”“海宁人文和文化自信”等讲座内容涉及海宁文化名人、文学等多个方面。专题讲堂接地气，聚人气，弘文化，是学院的重要文化品牌。

参观展示：每年接待省市各级领导、兄弟院校、企业家、社会团体、中小学参观几十批次。2016年4月19日，时任浙江省副省长郑继伟一行来我院视察调研，并走访了仰山文苑。

馆员宣讲：紧扣主旋律，安排馆员研究、挖掘海宁优秀传统文化，于2017年底推出“海宁世家与传统文化”讲座，弘扬海宁地方特色的中华优秀传统文化。讲座每年定期开展，内容随着研究的推进不断深入。此外，还组织馆员实地参观陈阁老宅、王国维故居、金庸书院、徐志摩故居、南关厢历史文化街区等地方，近距离体验海宁名人文化。

场馆利用：文苑是我院教授学术研讨基地；定期在场馆内举办“阅读沙龙”、学生书法比赛；为海宁市文化团体书画展览、交流提供平台；举办中国传统首饰展；学生拍摄《海宁名人》等视频的取景地。

专题展览：举办海宁文化名人专题展览，如“大侠风范——庆祝金庸先生九十华诞专辑图片展”“徐志摩的传奇人生专题展”“海宁 style”主题书展等。

学术资源利用：苑内文史资料、《海宁年鉴》《海宁史志》等是我院师生做海宁地方研究的重要参考资源。

线上传播：利用东方学院图书馆微信公众号，推送“人文海宁”“影响中国的海宁人”微信专栏60余期，开展“仰山文苑”杯知识竞赛。

活态传承：“传承海宁，非遗进校园”系列活动邀请嘉兴市、海宁市非物质文化遗产传承人现场指导大学生制作粉塑、皮贴画、雕版印刷等。

（三）社会影响较为显著

仰山文苑特色空间建成7年有余，已经服务我院11届学子，让全院师生不断地了解海宁市本地的风土人情与文化内涵，感受历代海宁人的勤劳与智慧。一代代海宁人奋斗拼搏的逐浪精神使他们感到震撼，也使他们更加热爱海宁。同时，仰山文苑工作也深得海宁市各界的认可和赞誉。2016年1月，仰山文苑获批为海宁市第二批社会科学普及示范基地。

东方学院作为杭州第一所外迁的独立学院，陆续外迁独立办学的兄弟院校常来调研取经，仰山文苑作为省内独立学院探索地方文化与校园文化融合发展的先行者，为兄弟院校提供了有益借鉴。时任副省长的郑继伟同志视察我院时，在看到仰山文苑种类如此多样的、记载海宁文化和历代名人著作的藏书后，充分肯定了仰山文苑作为推广海宁地方文化窗口的作用，他表示："仰山文苑的设立很好地实现了大学为地方服务，回报当地的功能。①"

2017～2018年"仰山文苑"地方文化推广工作荣获中国图书馆学会特色人文空间三等奖、浙江省图书馆学会二等奖、优秀奖等多个奖项。

二、仰山文苑发展所面临的问题与空间

（一）自身发展面临瓶颈

现有的文苑建设以馆藏文献为主，单向推广（讲座、展览）传播为辅，取得了较好的成绩。但是，随着文苑建设的进一步深化，现有的地方文化传播方式已经不能满足发展需要，比如，地方文献资源建设已经相对饱和；单向推广地方文化，具有一定的传播效果，但是影响效力有限，并且难以检验传播效果；传播效果多停留流于知识的静态传播，而非活态的文化传承；对于2000年后的学生而言，传播形式单一，不够生动活泼，讲座活动等单向推广活动参与积极性不高，到座率走低。

（二）地方政府弘扬海宁文化工作长足发展

作为全国综合实力百强县市，海宁十分注重发展文化产业、繁荣文化活动、壮大文化事业、塑造文化品牌、推进公共文化服务。海宁市文化和广电旅游体育局是海宁文化发展的主力军，而其中的文化事业、文博事业发展则归口于海宁市文化馆（非物质遗产保护中心）、海宁市博物馆（文化遗产保护研究所）。海宁市博物馆主要负责保护历史文化遗产，开展文物研究，弘扬民族文化。海宁市文化馆负责组织开展群众文化活动，繁荣群众文化事业，同时负责全市非物质文化遗产保护和利用，推动全市非物质文化遗产

---

① 浙江财经大学东方学院官方网站．郑继伟副省长来我院调研视察［EB/OL］．（2016－4－20）［2020－2－1］．https：//zufedfc. edu. cn/info/1023/1323. htm.

传承、普及、弘扬和振兴，推进全市优秀传统文化传承发展。

历经多年的发展和积淀，海宁市文化事业、文博事业取得了长足发展。海宁市文博事业发展水平更是连续两年名列全省第1名。

1. 现有的文博、文化资源（见表1、表2、表3）

表1　文博资源

种类	数量
世界文化遗产	1处
国家历史文化名镇	1处
省历史文化名镇	1处
省历史文化街区	3处
全国重点文物保护单位	7个（9处）
浙江省级文物保护单位	17处
海宁市级文物保护单位	80处
公共博物馆	4家
非国有博物馆	2家

资料来源：嘉兴市文化广电旅游局．海宁市文博事业发展水平连续两年名列全省第一［EB/OL］. http：//www. jiaxing. gov. cn/art/2019/9/11/art_1578779_37986776. html，2019—9—11.

表2　非遗项目

种类	数量
人类非遗项目	1项
国家级非遗项目	3项
浙江省级非遗项目	12项
嘉兴市级非遗项目	31项
海宁市级非遗项目	91项

资料来源：海宁市文化体育旅游局．海宁市非物质文化遗产代表性项目［EB/OL］. http：//www. haining. gov. cn/art/2020/1/6/art_1566121_154766. html，2020—1—6.

表3　非遗传承

种类	人数
国家级非遗传承人	3人
浙江省级非遗传承人	11人
地市级非遗传承人	32人
海宁市级非遗传承人	59人
非遗代表性传承人	72人
非遗传承保护（教学、研发）基地	17个

资料来源：海宁市文化体育旅游局．海宁市非遗传承人信息［EB/OL］. http：//www. haining. gov. cn/art/2020/1/7/art_1566121_154768. html，2020—1—7.

在文化产业方面，有盐官度假区、袁花侠客小镇、横头街、长安东西街、原中丝三厂等，文化产业平台串成“彩带”，架立起海宁文化产业的“骨架”。2018 年 5 月《浙江省传承发展浙江优秀传统文化行动计划》打造浙江省文化金名片，而海宁市的三大传统文化：“灯文化”“潮文化”和“运河文化”也被列入其中。

2. 主要工作和亮点

近年来，海宁市在创新文化发展的同时，也传承发扬着特色传统文化。笔者梳理其主要工作举措包含了以下几个方面：积极开展各级物质、非物质文化遗产申报与保护工作；不断拓宽对外（省外、境外、国外）交流渠道；通过参评各类大赛争取重量级奖项，提升影响力；持续繁荣特色民俗活动。

其中，对人类非物质文化遗产项目展开了形式多样的保护形式，亮点纷呈。一是承办相关展览、演出。二是注重数字化资源（影像录制）保存。三是持续开设研究会、传习班。传习班学员涵盖村级文化管理员、学校教师以及爱好者，并由国家级非物质文化遗产代表性传承人指导授课。四是展开非物质文化遗产基础保护工作，编纂与非物质文化遗产相关的，如书籍《海宁市非物质文化遗产大观》《海宁传承人故事》。五是开展各类展览馆建设。除了现有的多个陈设性展览馆，还在积极筹建海宁市非物质文化遗产馆，它将汇集非物质文化遗产陈列展示、展演互动、传承交流、管理研究、制作工坊、旅游商贸、休闲娱乐为一体。海宁市博物馆还启动了“流动博物馆”特色品牌项目，对外推广交流，扩大博物馆展陈的影响力和传播力。以硖石灯彩为例，在硖石灯彩传承方面，海宁市成立了“硖石灯彩制作社”，以及海宁市灯彩研究会；海宁市非物质文化遗产保护中心举办硖石灯彩制作培训班；在海宁市博物馆设立“硖石灯彩展览馆”；以节庆活动为依托，每年举办灯会、灯展、灯彩一条街等活动，营造节日观灯氛围；组织参与国内外灯彩大赛，促进了对外文化交流，提升了硖石灯彩知名度。

这些举措，让海宁地方文化传承队伍不断壮大，使得地方传统文化历久弥新，得以活态传承。

（三）高校推广地方文化工作水平不断提升

传承区域特色文化是地方高校的基本功能之一，高校对该功能的研究和实践也有深入系统地探索。地方高校通过设置文化产业管理专业、开设特色文化课程、营造特色文化氛围等措施，强化学生对区域特色文化的认同，促进特色文化传播，培养更多文化产业专业人才，在人才培养、氛围营造、成果转化等方面为区域特色文化产业发展提供支持①。在此，一些高校已经取得了成效，走出了特色，浙江省高校中尤以高职院校为主体，建设了一批高校非物质文化遗产传承专业教学团队。

仰山文苑的兄弟单位浙江传媒学院桐乡地方特色人文空间，在“发现图书馆阅读推广特色人文空间”活动中荣获了浙江省一等奖，国家二等奖，该项工作走在了全国前

① 姜长宝，任东峰．地方高校传承区域特色文化的路径和机制 [J]．南阳师范学院学报，2014 (10)：65－68.

列。笔者经调研了解到，该院图书馆近年来结合学校优势学科、特色专业，立足桐乡地域文化特色和资源优势，搭建起了文化传承培养体系。具体操作上，由图书馆协同桐乡文化馆，邀请非遗传承人开设书画、印染、竹编、篆刻等非物质文化遗产课堂，以公选课、第二课堂的形式给予学分，引导大学生参与地方文化传承，形成了区域文化长效传播机制。

三、仰山文苑建设的新构想

最好的保护是传承，党的十九大报告指出，要推动中华优秀传统文化创造性转化、创新性发展，仰山文苑作为学院海宁市地方文化推广的重要窗口，大有可为。

（一）加强与地方机关的协作

加强与地方文化机关尤其是海宁市文化馆、海宁市博物馆的交流，学习他们在文化推广方面的成熟经验，进一步去了解、挖掘地方在文化推广方面的资源，共享这些文化推广资源，包括文史资源，传承人师资资源，甚至可以共同谋划一些地方文化推广的项目。比如，海宁市文化馆设有针对市民爱好者开放免费的非物质文化遗产传承班，聘请的师资都是国家级非物质文化遗产传承人，仰山文苑可以和海宁市文化馆洽谈，聘请这样的师资来校交流或者传承，甚至可以把这样的免费传承班的模式引进仰山文苑。

（二）加强活动的长效性

在现有工作的基础上，可以积极探索创新，深入开展优秀传统文化进课堂入校园活动，开设优秀传统文化第二课堂、公选课或者系列课程，切实提升当代大学生做好文化传承的责任和能力。仰山文苑近年推出的“传承海宁，非遗进校园”系列活动，是以手工制作体验和知识普及教学的形式，让东大学子在活动中体验优秀传统文化，但是活动效果差强人意。这些非物质文化遗产（民间技艺）离不开长期熏修，一次性的体验活动，可以让学生对该技艺有个模糊的初体验，可是活动效果仅仅停留在初阶练习，若要学生们对该传统技艺有系统地了解甚至掌握，需要多次的磨炼和功夫养成。此类活动在相关条件允许的前提下，可以尝试延长活动周期，增加活动次数，在经费允许的情况下开设非物质文化遗产体验系列课程。比如，皮贴画系列课程，一学期 10 次，每次 2 小时。硖石灯彩和皮影戏制作等非物质文化遗产项目都可以延请国家级、省市级非物质文化遗产传承人前来指导实践，并将手作成果纳入文苑馆藏。这样活态、系统化的传承可以让学生们融入并传承海宁市地方文化，助推非物质文化遗产的保护与发展。

（三）加强特色文化研究与教育

仰山文苑是搭建校地双方文化交流的桥梁，同时肩负着践行党的十九大的“坚定文化自信，推动社会主义文化繁荣兴盛”精神的重任。“影响中国的海宁人”如海宁查氏、陈氏这些绵延五六百年、世代簪缨的名门望族，历史显耀，功勋卓著，家风、家训、家学深厚，文化价值深远丰厚。文苑可以依托海宁名人文化资源的优势，加强名人文化的研究与教育，挖掘和发挥“修身齐家治国平天下”的海宁文化名人在德育和思想政治教育方面的示范功能，以此提升当代大学生文化传承的责任和能力。

参考文献

［1］蒋静然．新媒体环境下高校图书馆对地方文化推广实践——以金职院图书馆推广婺文化为例［J］．传媒论坛，2018，1（24）：6－7．

［2］李青，孙静．非遗文化融入高校图书馆阅读推广建设实践与探索——以临沂大学图书馆为例［J］．山东图书馆学刊，2019（2）：70－75．

［3］沈炳忠．影响中国的海宁人［M］．杭州：浙江人民出版社，2008．

［4］张微微，龚景兴，姚锦芳．高校图书馆特色人文空间建设研究——以湖州师范学院图书馆基于名人捐赠的特色专库为例［J］．大学图书馆学报，2019，37（5）：53－60．

宁波市手工红木家具产业供应链金融新模式研究

戴钰慧　葛子豪*

（浙江财经大学东方学院，浙江 嘉兴 314400）

摘　要：在这个“现金为王”的时代，市场的竞争不仅是产品和企业内部管理竞争，更是资金流的竞争，供应链金融因其灵活的融资模式近年来备受关注。宁波市传统手工红木家具行业是一个传统的非物质文化遗产产业，行业内企业发展大多受到极大的资金缺口的制约。本文探究以宁波市传统手工红木家具产业为基础，进行供应链金融模式创新调研，以产业集群和供应链管理的思想，通过信息系统建设，风险控制等手段，构建“天网”“地网”协同发展的宁波市传统手工红木家具产业的供应链金融新模式。

关键词：供应链金融；信息系统；风险控制；非遗产业

一、引言

企业间的竞争格局随着时代变迁也发生了显著变化，供应链竞争已经成为新的竞争趋势。在这一背景之下，供应链管理的关键意义逐渐凸显出来。截至 2019 年 3 月 31 日，我国规模以上工业企业应收票据及应收账款金额达 15.9 万亿元，约占同期 A 股总市值的 30%。中小微企业占据了我国企业数量的 99%，却由于规模较小、信用体系的缺失，始终面临“信贷配给”。2018 年全球保理行业规模比上年同期增长 6.5%，达到 2.77 万亿欧元，其中，欧洲 1.83 万亿欧元，占全球的 66%，中国大陆为 4116 亿欧元，发展潜力巨大。

近年来，宁波市经济发展仍保持迅速稳定增长态势，奠定了较为坚实的软硬件基础，也是浙江省极具投资价值的区域。纵观宁波市场行业环境，可知当前该地区最具优势的是传统红木家具行业，且该行业区域品牌价值逐渐形成，并有着良好的发展势头。宁波地区从事与传统红木家具有关的企业有 100 多个，相关就业人员接近 1 万人，可以说宁波是传统红木家具产销的主要地区。

---

* 作者简介：戴钰慧（1982—），女，浙江湖州人，浙江财经大学硕士研究生，研究方向：企业盈余管理、物流成本管理等。通讯作者：葛子豪（2001—），男，浙江宁波人，浙江财经大学东方学院在校本科生。

从传统家具制造企业本身出发，家具本身有价值大，不易保存等特点。再加上家具制造企业中，大多数企业仍然处于传统的经营模式中。通过供应链金融可以增加企业的流动性，促进企业及整个供应链的"流动性"和企业"活力"。

二、宁波家具产业集群现状

（一）宁波传统红木家具产业集群

家具产业集群是以特定地理区域为依托而形成的，该集群包括家具生产、家具物流等企业及家具研发、行业协会等组织，进而通过多方协作、共同组织逐渐完善起来的极具地方特色的家具产业链，并且该产业链具有长远发展的可能性。家具产业集群主要由家具原材料提供、家具生产制造及仓储、运输物流、产品销售等构成。

7000多年前的河姆渡文化，开启了浙东的文明史，干栏式建筑创造了卯榫工艺，也证明了宁式家具的渊源所在。宁波市的建筑、家具等制作水平在唐宋时期就受到社会的肯定与青睐。清朝末期至民国时期，随着海禁开放，贸易的逐渐兴盛，大量宁波风格的家具作品远销全国乃至海外。可以得知此时的宁波市已经有相当规模的家具制作作坊和工厂。中华人民共和国成立后，建立宁波市工艺美术厂，大量优秀的人才汇聚。在相当长的一段时间内，宁波市工艺美术厂有当时宁波最先进、最完善的家具生产线，这一时期也是宁波市传统红木家具产业发展的顶峰时期。

随着国企改制，宁波市工艺美术厂解散。大量从业人员外出创业，建厂或开设生产作坊。经过几十年的发展，宁波市传统家具行业逐渐形成几家龙头企业，以及数十家乃至上百家各类的家具企业（见图1）。同时，又出现了现代商城、第六空间等多处本土家具市场。

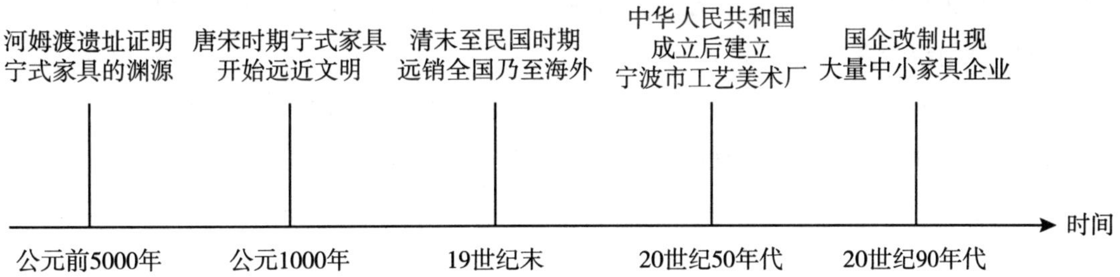

图1　宁波家具产业发展历程

资料来源：笔者根据资料整理所得。

（二）宁波市传统红木家具产业发展定位

宁波市红木家具产业尚处于起步发展时期，可是当前行业前景及区域优势是十分明显的，也就是说，推动家具产业集群化发展的优势条件是充足的。因此，可以借助现有的资源优势及条件，大力发展家具产业集群化，强化产业间的协调力度，为上下游产业链的沟通创造良好的环境，打造红木家具产业核心集群点。

通过资源整合，将原本分散的小作坊、小厂家聚集起来，进而建立产销一体的产业中心，将本地的生产及销售资源归拢起来。除此之外，还可以根据产业特征创设具有特色的红木家具体验中心，这样家具厂家可以据此来生产销售家具，并且可以将红木家具的优势凸显出来。而且产业群具有规模化的特征，因此，各大厂家间能够分享资源，有效节约时间与成本，同时也避免了恶性竞争的发生。宁波市是甬式家具的发源地，甬式家具主要的魅力来自于骨木镶嵌。立足手工艺非物质文化遗产的传承和创新，推动红木家具产业走向大众的视野，进而迈向国际舞台，从而坚定行业发展方向与目标。将宁波市打造成为浙江省传统手工红木家具的产业集群基地。

三、宁波市传统红木家具产业金融模式创新

（一）基于产业集群的创新金融模式

产业集群是指某一个行业内竞争性企业及这些企业互动关联的合作企业、专业化供应商、服务供应商、产业工厂和科研机构聚集在某特定地域的现象。浙江省是传统红木家具产业集群的发源地和蓬勃发展地区。传统红木家具产品的生产包括以下步骤：购进原材料、处理板材、设计家具、镶嵌木雕装饰家具、家具结构组装、打磨油漆。产品完成后，还需要仓储作业、销售作业、运输作业等步骤。大量家具生产企业会将非核心的工序外包，成品选择经销商进行销售。这种模式使得各个企业在生产销售等环节中产生很强的关联性，家具产业发挥产业集群的优势非常明显。

此外，传统家具制造行业生产销售过程繁杂，每一个环节又需要投入大量的资金，中小型家具制造企业很难负担高额的费用，资金需求的缺口较大。宁波市家具产业同根同源，生产流程和工艺相通，为创新的金融模式实施提供可行性。可以从以下三个方面构建供应链创新金融模式。

第一，在集群内建立统一的共享数据库。对将集群内各企业产能、库存、材料进行统一的评估，确定一个统一的标准，在共享数据库中实时更新。使得集群内各企业的多余产能、库存、材料能在一定程度上互相共享，实现产能、货物、资金的流动，减少家具企业在各个环节上的成本和资金压力。

第二，在产业集群中，建立一套完善的担保网络。鼓励集群内的龙头企业牵头，向集群内的小微企业提供担保帮助。建立合作的企业也可以互相担保，探索担保方式的创新。根据相关事实及理论可知，集群中的中小企业更容易获得担保支持，因此，其融资难度要明显小于孤军奋战的中小企业。

第三，政府部门及行业协会应当制定集群内企业的专项担保计划。一方面，为企业提供资金支持，为集群内企业提供动产抵押贷款的可能性；另一方面，政府和行业协会积极与金融机构合作，提供信用背书，放宽银行等金融机构对于家具产业动产抵押贷款的要求，一定程度上缓解小微家具企业融资难的问题。

（二）基于供应链管理的创新金融模式

供应链是指生产和流通过程中，涉及将产品或服务提供给最终用户活动的上游与下游企业所形成的网链结构。宁波市传统红木家具产业供应链牵涉范围广，包括上游的林业、伐木业、板材加工业等，中游的家具设计生产、油漆五金配件等，下游的经销商、家居综合商超等，此外，还有政府、行业协会等组织参与，可以说家具产业链基本上涵盖了多种类型的产业类型。基于家具产业的供应链管理的思想，从采购管理、生产管理和销售管理三大环节着手，构建创新的金融模式，降低企业融资和运营成本。

在采购管理方面，行业内多数家具企业的原材料，以及相关配件的采购渠道复杂，很少批量化模块化采购。导致采购的原材料及相关配件和耗材质量参差不齐，同时成本也不能降到最低。而如果以产业集群为单位，将需要采购的材料进行模块化分类，统一寻找各个领域优质的上游供应商，降低采购成本，提高原材料及相关材料的质量。大批量采购的原材料在产业集群内一定程度共享，缓解小微家具企业因采购而导致的资金紧张问题。

在生产管理过程中，大多数企业在做某一工序时会选择增量生产，以降低单件产品的成本。而这一部分在产品的库存也在一定程度上增加企业的负担。如果将这些在产品的库存在整个家具生产的供应链中流通起来，转化为现金流，则可以增加企业的资金流动性。

在销售物流方面，对接签约专业的家具销售公司，将销售“化整为零”，行业内大量企业的高产能，稳定的供货，能够提供一定的担保，为行业内的企业融资提供新的思路。下游最重要的一环就是运输物流，集群内的企业共享运输资源，也可以通过引入第三方物流缩短交货周期的方式降低物流成本。

（三）构建“天网”“地网”协同发展

在产业集群背景及供应链思想的引导下，构建一套“天网”“地网”协同发展的创新金融模式，是宁波市传统红木家具产业供应链金融的最终模式。

“地网”是指基于产业发展的企业革新、完善的仓储设施设备建设、完善的物流体系发展下本产品的实体部分（见图 2）。通过积极推进建设企业内生产管理、库存管理的革新，引导行业内各企业运用更优的库存管理方法，完善各企业的仓储库存，实现库存管理可视化。同时构建完善的物流体系，设置基层物流网点，并与大型仓储物流企业以集群优势达成战略合作。完善各项基础设施建设，为“天网”的构建打好基础。

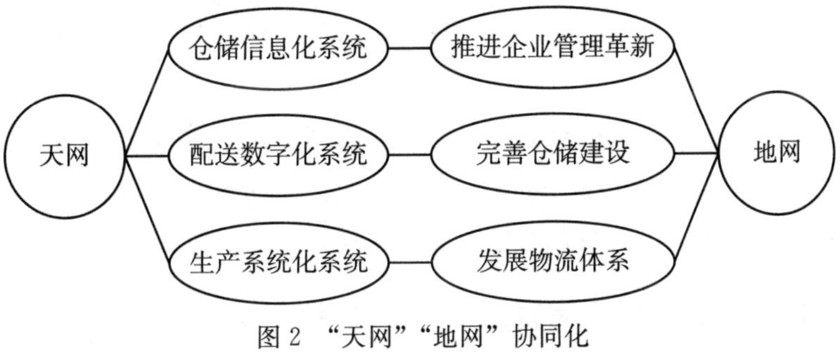

图 2 “天网”“地网”协同化

资料来源：笔者根据资料整理所得。

在一整套“天网”“地网”积极协同发展后，整个集群的生产和销售都将迈上新的台阶。

“天网”是指基于供应链的仓储信息化、配送数字化和生产系统化的网络信息管理系统融合（见图 2）。这是在“地网”基建的基础上组合建立起一整套信息共享系统，构成信息系统，这套系统与集群内每一家企业的管理系统均可互相兼容，使得集群内各企业的多余产能、库存、材料能在一定程度上互相共享，实现产能、产品和资金的内部瞬时流动，减少家具企业在各个环节上的成本和资金压力。

四、创新供应链金融模式的实施保障

（一）实现产业集群内供应链信息化管理

第一，实现仓储管理的信息化。仓储对于传统家具企业来说是非常重要的一个环节，仓储主要包括了家具生产过程原材料，以及相关的配件和耗材。通过调查走访发现，并不是每一个企业都有明确的仓储管理记录，大量传统手工家具企业处于小作坊阶段，缺乏基础的仓储管理。此时，建立一个行业内统一的仓储管理系统具有必要性和迫切性。可以采用 ABC 库存管理法，将各企业的原材料及相关的配件和耗材进行统一的编号和分类，也可以进行集中管理。行业统一的仓储管理系统建立后，可以帮助大量企业改进自己的仓储管理模式，同时，将数据联网实时更新共享。集群中某企业缺少某件原材料或配件，又或是某件规格相似商品销售紧俏，都能通过共享的仓储系统查询到集群内其他企业的现状，积极地实现资源共享和资金互通。

第二，实现生产系统化。作为手工家具产业最关键的环节，生产过程包括采购原材料、处理板材、设计研发、镶嵌木雕装饰、家具结构组装、打磨油漆等作业环节。产业内企业采用订单式生产模式，当订单较少的空档期，企业偶尔会出现工人机器空闲的情况，这种情况对于企业来说会造成极大的浪费，一般都会不间断的生产，从而增加库存商品。若生产过程实现了信息化，集群内的每家企业的产能情况都能够在集群中共享，可以充分调动集群内的生产力，使得每一个企业都实现了产能最优化、利益最大化。宁波市传统红木家具同根同源，各企业生产工艺水平差距较小，建立统一的生产信息管理系统具有必要性和可行性。

第三，实现配送数字化。运输配送问题是家具产业销售过程中的一个重要环节，产品的体积和重量较大，越是高档的产品做工越精美，运输配送的要求越高，企业采用自营物流比重大、成本高。行业里每家企业都有自己的运输部门，为客户提供单独的送货服务，物流运输的资源浪费严重。通过建立统一的物流配送系统，集群内各家具企业都将要运输的产品及地址共享在平台上，平台智能规划出配送路线，自动向企业分配物流配送任务，物流资源实现了合理的配置。也可引入优质的第三方物流公司，对集群内家具企业进行统一配送管理，能够大大缩短交货周期，并且降低物流成本。

（二）多主体出发，构建完善风险控制体系

第一，完善法律法规体系。当地政府是供应链金融风险控制的思想引导者。进一步

强化法律体系的完善，划清参与者权力责任的界限，净化市场环境，解决供应链金融融资过程中可能会发生的冲突与摩擦，创设健康稳定的市场环境。同时，加大有关法律宣传与落实的力度，提高融资活动的合法性与有序性。

第二，完善金融保障体系。宁波市家具行业协会基于“地网”“天网”的协同发展，构建一套完整的风险管理控制体系，健全风险评估机制，实现产业集群的信用风险控制管理工作日常化。在实践的过程中，切实结合实际，积极地做出调整。另外，需要尽快建立专项基金会，在建立过程中要提高社会参与的广泛度，为传统红木家具企业融资等提供更为便利的支持，社会力量是辅助家具行业发展的重要力量，能够为传统红木家具企业发展提供更为全面、深入的帮助。提高信用担保体系建设的速度，同时补充健全已有的征信融资体系，从而促进中小型企业信用数据库的完善，提高融资等工作的效率。

第三，发挥管理机构的风险控制作用。组建中小企业融资的专项机构进行风险专项工作的责任制管理，一方面，深入了解中小企业发展过程中所需要的资金等帮助；另一方面，结合国家政策和地方融资政策进行风险控制与管理。当传统家具企业在融资过程中遇到审核困难的问题时，专项管理组织可以通过完善企业信用数据库、精简程序，实现快速审核；银行也能借助数据库更为直观地了解企业发展和资金需求情况。

传统红木家具企业的发展不仅拉动了地方经济水平的提高，还为当地群众创造了许多就业机会，是区域经济发展不可或缺的中坚力量。但是环保政策逐渐收紧，传统红木家具企业的发展已然到了一个瓶颈期，产能落后、结构失衡等都约束了企业发展，融资难、融资贵是当下最为关键的难题。通过法律体系、金融保障体系、行业管理体系的建设，解决企业发展的资金问题，加大企业固定资产投入，更新设施设备，增加员工管理方面的投入，提升员工技能及素养，从而促进宁波手工家具产业的良性发展。

五、研究总结

宁波市传统家具制造企业作为传统的制造业，供应链金融模式创新的空间较大。利用产业集群内企业和供应链管理思想进行资金的筹集和资金的内部流通，可以在很大程度上缓解各企业资金紧张的问题。

本文基于产业集群和供应链思想，从实现仓储信息化、配送数字化和生产系统化入手，构建产业集群和供应链内的信息系统建设，从当地政府、行业协会、专项管理组织主体出发，提出供应链金融的风险控制措施，建设“地网”“天网”融合协调发展的创新供应链金融模式。

参考文献

［1］聂利洁．A家具公司供应链成本控制研究［J］．中国管理信息化，2020（13）：40－41.

［2］冉京，陈景同．供应链金融风险控制理论的发展研究［J］．中国商贸，2013（33）：9－60＋63.

［3］王黎明，鲁守博，李凯．金融创新与中小企业产业集群融资模式探索［J］．山东理工大学学报，2018（6）：11—15.

［4］徐子涵，杜昊瑾．中小企业供应链融资模式研究［J］．办公室业务，2020（20）：68—69.

［5］许海峰，戴向东，章运，王菊雅，陈一中．浙江东阳红木家具产业发展的历史与现状分析［J］．家具与室内装饰，2019（1）：18—19.

［6］张开真．供应链金融融资模式及风险控制探究［J］．企业改革与管理，2020（17）：131—132.

［7］郑万春．发展供应链金融以创新方式支持实体经济提质增效［N］．金融投资报，2020—09—24（2）.

青森睡魔祭与《水浒传》

吴蓉斌

（浙江财经大学东方学院，浙江 海宁 314408）

摘　要：日本北部地区传统夏日祭典“青森睡魔祭”中高频率出现《水浒传》题材作品，睡魔祭水浒题材的高人气和《水浒传》作品本身，以及青森的地域背景都有关联。日本青森县的睡魔祭民俗活动中融入大量《水浒传》英雄人物这一事实，有力地说明了日本民间的民俗活动是除了书籍以外促成《水浒传》在日本广泛传播的重要传播渠道之一。

关键词：水浒传；青森；睡魔祭

一、引言

日本本州岛最北端的青森县和北海道隔着津轻海峡，该地区自古以来称为津轻地区。青森县青森市有一个非常有名的传统夏季祭典，称作“青森睡魔祭”，该活动是目前日本东北地区三大祭之一，日本最著名的夏日祭典，也是日本重要的民俗文化财产和保护对象。“睡魔祭”最初起源于中国的“七夕祭”，相传是当地为驱赶夏季繁重农活带来的困乏而举行的传统民俗活动。就是在这个睡魔祭上，常常能看到诸多中国元素的题材作品，其中，中国的古典名著《水浒传》和这个传统民俗节日有着密切的关联。

“青森睡魔祭”的举办地在青森县县府所在的青森市，时间大约是 8 月初。巨型武者人物造型的山车是睡魔祭的标志性观赏物。山车是以竹条和铁丝制作骨架，糊上纸张制成的巨大的人物造型灯笼。山车的骨架内部可以点起灯火，每年的睡魔祭上，山车会被众人推着在夜色中巡回游行。被称为灯笼师的传统艺人会用几个月甚至 1 整年的时间来制作灯笼，从选定主题到打草稿、制作灯笼骨架、糊纸张、上色等，总共要经历 10 道工序才能完成。大型的睡魔作品尺寸可以达到宽 9 米、高 5 米、厚 7 米，立体感强烈，站在山车下部观看山车能感受到无穷的魄力。相传七夕祭的 7 月 7 日晚上，为了将污秽流入河流或者海洋，祈祷健康平安，人们会把纸、竹、蜡烛制成的灯笼流入大海。因此，现在的青森睡魔祭除了大型灯笼山车的陆上游行之外，还会把山车载在船舶上，实施海上运行。

二、青森睡魔祭的《水浒传》主题作品

“青森睡魔祭”的山车主题往往会选择一些传说、歌舞伎或者历史人物。巨型山车

的主题一直以来主要包含为六个部分，分别是日本、中国、青森、歌舞伎、宗教、其他。其中，中国主题大致是第二多的选题题材，进入20世纪后大约平均保持着20%的比例。中国主题的山车的内容主要由《水浒传》和《三国志》构成，此外《西游记》《东游记》《封神榜》等神话素材，秦汉历史故事等也有出现。中国题材当中《水浒传》主题可以说是题材“大户”。如果翻阅日本的睡魔祭网站，可以看到2001～2020年的20年间，除去2020年因新型冠状病毒影响“睡魔祭”活动取消外，总计19个年头中有15年都推出了中国水浒题材的巨型山车。从水浒人物来看，入云龙公孙胜出现4次，鲁智深出现3次，张顺出现3次（和李逵有重合1次），李逵出现3次（和张顺有重合1次），林冲火并王伦出现3次（2006年题名“水浒传”实际内容是林冲火并王伦），晁盖、武松出现2次，其他宋江、李俊、凌振，洪太尉等1次，燕青，樊瑞等在也都和其他英雄共同出现过1次。近年，水浒主题山车呈现出大小年的现象。比如最近的2018年不约而同地出现3台中国水浒主题相关的山车（另有《水浒传》改编作品日本的《元禄水浒传》题材的山车1台），而到了2019年则是1台都没有。

单看《水浒传》故事中的人物的话，睡魔祭中以鲁智深和史进组成的人物题材的巨大山车出现的频率最高。依据阿南透的统计，在1946～2010年间，“九纹龙史进和花和尚鲁智深”在睡魔祭上反复出现，达到11次（见表1）。加上2017年、2018年鲁智深的再度出现，花和尚鲁智深可谓是名副其实的《水浒传》高频题材人物，鲁智深豪气云天，爱打抱不平的性格备受日本民众喜爱，而纹身巨汉的视觉形象冲击力强劲，也特别符合睡魔祭那种富有魄力的表现方式，从而被日本的山车制作者所青睐。

表1　2001～2020年中国《水浒传》题材的大型睡魔祭山车

年份	运行团体	题名	制作者
2001年	サンロード青森	水浒传　天伤星武松	千叶　作龙
2001年	青森市役所睡魔实行委员会	武松打虎退治	穐元　鸿生
2002年	NTT集团睡魔	张顺破水门	福井　祥司
2003年	青森Maruha侫武多会	入云龙　公孙胜	竹浪　比吕央
2004年	青森县板金工业组合	托塔天王　晁盖	北村　莲明
2005年	县厅睡魔实行委员会	水浒传　天魁星宋江	穐元　鸿生
2006年	青森县板金工业组合	水浒传　九纹龙史进	北村　莲明
2006年	睡魔爱好会	水浒传	爱好会一同
2007年	大和运输睡魔实行委员会	黑旋风李逵和浪里白条张顺	大白　我鸿
2008年	MARUHANICHIRO侫武多会	黑旋风李逵	竹浪　比吕央
2008年	大和运输睡魔实行委员会	花和尚鲁智深	北村　隆
2009年	青森自卫队睡魔协赞会	水浒传　轰天雷凌振	有贺　義弘
2009年	日立连合睡魔委员会	水浒传　樊瑞战公孙胜	北村　莲明
2010年	Panasonic睡魔会	水浒传　混江龙李俊	北村　莲明
2011年	东北电力睡魔爱好会	水浒传　林冲和王伦	穐元　和生
2011年	Panasonic睡魔会	水浒传　洪信误走百八魔王	北村　莲明
2011年	消防第二分团睡魔会・朝日啤酒	入云龙起魔风	千叶　作龙
2012年	无	无	无

续表

年份	运行团体	题名	制作者
2013 年	青森市 PTA 联合会	林冲伐王伦	内山　龙星
2013 年	青森山田学园	水浒传　燕青和李逵	北村　隆
2014 年	无	无	无
2015 年	NTT 集团睡魔	张顺、湧金门之勇姿	北村　春一
2016 年	无	无	无
2017 年	县厅睡魔祭实行委员会	花和尚　鲁智深	大白　我鸿
2018 年	东北电力睡魔祭爱好会	花和尚　鲁智深诞生	京野　和鸿
2018 年	县厅睡魔祭实行委员会	托塔天王　晁盖	大白　我鸿
2018 年	青森市民睡魔祭实行委员会	入云龙　公孙胜	北村　麻子
2019 年	无	无	无
2020 年	受新冠肺炎疫情影响睡魔祭取消举办		

资料来源：依据 https：//www. nebuta. or. jp/archive/nebuta 制作。

巨型灯笼的山车都有自己的主题名字，《水浒传》也不例外。有的题名比较具体，如 2013 年的题目“林冲伐王伦”一听讲的是林冲火并王伦的故事，而有的题名则比较宽泛模糊，如 2006 年的大型睡魔山车题名就是“水浒传”3 个字，乍一看都不知道它描绘的是什么场景的故事，而实际内容却仍然是林冲火并王伦的场面。

此外，大型山车都有自己的运行团体，通常也是最主要的赞助方。运行团体包括县市政府机构、知名企业、工会、学校、自卫队、消防、市民团体、睡魔祭运营团体、发烧友俱乐部等，参与面非常广泛。

睡魔祭的大型山车大多是由专业的灯笼师制作，但也有例外，比如 2006 年的水浒传主题，制作者就显示是“爱好会一同”，不是某个灯笼师的名字，可见它是由一批睡魔祭发烧友团队制作的。日本灯笼师艺人在山车制作上往往有其自己的选题倾向，有的灯笼师多倾向使用日本题材，有的多倾向青森地方题材，而有的艺人则喜欢用中国题材，比如知名的北村莲明，已故的鹿内一生等人就是比较喜欢用中国题材的日本手工艺人。由于灯笼师是一种传统传承的民间艺人，有名的制作人士往往屈指可数，睡魔祭灯笼山车又是每年都要制作，所以艺人在漫长的制作历程中基本都会或多或少制作过中国题材的灯笼山车。灯笼师在选题上都是依据自己的个人倾向，直到睡魔祭推出山车之前其主题都不会公开，因此，某些年的睡魔祭上会产生主题撞车事件，比如，2001 年千叶作龙和穐元鸿生都选择了武松作为山车主题，结果在当年的睡魔山车游行上，就出现了两组武松打虎的作品。

三、《水浒传》题材高人气的原因

《水浒传》题材在睡魔祭反复出现也和同为津轻地区出生的作家建部绫足有一定的关系。《水浒传》传入日本后曾出现过众多有名的改编小说，比如曲亭马琴的《南总里见八犬传》、山东京传的《忠臣水浒传》等，其中，《水浒传》代表性的改编小说里就有建部绫足的《本朝水浒传》一书。建部绫足的《本朝水浒传》出版于永安二年（1773），这部作品在构造上模仿借鉴《水浒传》，内容上结合日本8世纪的动乱史实，以虚实结合的方式创作，书写上则采用拟古的和语方式来撰写。作品是近世日本文学上罕见的津轻地域（日本北部）作家的作品，特别是在《水浒传》众多改编作品中可以说是唯一一部津轻地域作家的作品。《本朝水浒传》是初期读本的代表作之一，在江户时期的日本社会具有一定的影响力，受众较多。考虑到建部绫足的《本朝水浒传》的文学影响，至今在建部绫足的老家，日本青森县举行的睡魔祭上，常常能大规模地看到《水浒传》题材的巨大灯笼山车也就不难理解了。而事实上，青森的睡魔祭里除了来自中国的《水浒传》故事的山车外，还有诸如“元禄水浒传”“南总里见八犬传”等日本题材的《水浒传》改编作品主题的大型山车。

《水浒传》题材的高频出现与描绘过水浒人物画的浮世绘师歌川国芳的影响也有关联。青森县除了青森市举办的“青森睡魔祭”外，在青森县的弘前市还有一个有名的“弘前睡魔祭”，举办时间也是8月初，基本和青森睡魔祭是同时。弘前市历史悠久，过去曾是弘前藩的城下町，是津轻地方的中心都市，也是《本朝水浒传》作者建部绫足的出生地。同“青森睡魔祭”上的大型的武者灯笼山车不同，“弘前睡魔祭”有很多扇形灯笼，扇形睡魔灯笼属于称为镜绘的平面画，内有照明，制作上比人物造型要简单，因此，弘前睡魔祭山车数量也较多，体现在《水浒传》题材上的作品也相应众多。比如2009年的镜绘睡魔，就出现了鲁智深7辆、史进4辆、扈三娘3辆、孙立2辆，林冲、武松、花荣、公孙胜、李逵、解珍、白胜各1辆山车的场面。2009年弘前睡魔祭灯笼合计82个，《水浒传》题材居然占了23席。可见《水浒传》在本州北部这个偏僻的青森弘前地区，扎根深厚，从手工艺人到普通群众对以《水浒传》为首的中国小说中的人物谙熟于心。2018年，《东奥日报》报导，弘前市立博物馆曾对弘前睡魔祭40年的镜绘题材作过统计，从1974年起，40多年间的2 885台镜绘中，水浒传英雄独占前4名，分别是九纹龙史进（167台），一丈青扈三娘（155台），花和尚鲁智深（155台），黑旋风李逵（130台），可见《水浒传》的影响力非同一般。这与弘前睡魔祭和描绘过水浒人物画的浮世绘师歌川国芳的影响是分不开的，文化年间歌川国芳《通俗水浒传豪杰百八人》出版后，绘画师选取了其中的武者绘像，将其融入“睡魔祭”绘画中来并延续至今。因此，不论是“弘前睡魔祭”，还是“青森睡魔祭”的作品中，都出现了众多水浒题材作品，作品风格体现出了强烈的北齐风格。

青森睡魔祭里众多的《水浒传》题材的山车反复出现，更重要的一个原因就是《水浒传》一百零八将人物具有的魔鬼属性，他们每一个人物都代表着一个魔君。睡魔祭的人物都是和鬼神相关的人物，因此在中国题材中出现的人物都是和鬼神主题密切相关的，比如中国题材钟馗就是睡魔祭高频率出现的人物之一，而水浒的魔君和钟馗有着相似的属性。《水浒传》开头内容就是洪太尉误走妖魔一章，文章中表示洪太尉放走的不是普通人物，而是殿内镇锁的三十六天罡星，七十二地煞星，共一百单八个魔君。不论是花和尚鲁智深这种爱打抱不平，受人喜爱的英雄，还是像轰天雷凌震这样的不太出名的梁山好汉，他们自身都带有魔君光环，非常符合睡魔祭妖魔的主题。而即使不是列入一百单八将的人物，那么也或多或少和妖魔有着种种关联，比如，托塔天王晁盖（2004年，2018年曾两次出场），睡魔祭上的灯笼造型是晁盖高举宝塔驱鬼的场面。这故事就是源自水浒传第十四回，《水浒传》原文总描述为，“当初这西溪村常常有鬼，白日迷人下水，聚在溪里无可奈何。忽一日，又个僧人经过，村中人备细说知此事，僧人指个去处，教用青石凿个宝塔，放于所在，镇住溪边。其时西溪村的鬼，都赶过东溪村来。那时晁盖得知了，大怒，从溪里走将过去，把青石宝塔独自夺了过来东溪边放下，因此人皆称他托塔天王。”故事虽然讲的是托塔天王的来由，却和驱鬼主题是密切相关的。

四、结语

青森县尽管地处本州最北端，交通位置可以说是比较偏僻，但青森县青僧市每年的“青森睡魔祭”都能吸引200万～300万人以上的观光客参与盛会，影响力非同寻常。以日本北部地区“睡魔祭”为代表的传统民俗祭典中融入的《水浒传》英雄人物和故事，开辟了《水浒传》通过书籍传播以外的另一个渠道，它将中国的经典故事融入日本的祭祀文化节日当中，极大地推动了《水浒传》在广大群众中的普及。拥有悠久历史的青森睡魔祭，甚至是弘前睡魔祭都拥有众多的水浒题材作品，这些水浒题材的山车是《水浒传》在日本源远流长传播的一面镜子，无论从时间上还是空间上，都说明了《水浒传》经典小说在日本传播之久，传播范围之广，是中国经典小说融入日本传统民俗的优秀示范。

参考文献

[1] 阿南透．青森ねぶた祭におけるねぶた题材の変遷［J］．情報と社会，2011(21号).

[2] 渡辺さやか．『本朝水滸伝』と弘前祭礼［M］//稲田篤信．『水滸伝』の衝撃——東アジアにおける言語接触と文化受容．東京：勉誠出版，2010：125—131.

[3] 冯雅．《水浒传》在日本的传播研究［D］．长春：东北师范大学，2017.

[4] ねぶた鏡絵题材——水滸伝が上位独占——再多は豪傑九紋龍史進［N］．東奥日報，2018—6—15.

桐乡蓝印花布传统纹样艺术发展研究

余正龙

（浙江财经大学东方学院，浙江 海宁 314408）

摘　要： 中国传统纹样发展历经数千年不断嬗变、积定，赋予了中华民族特有的艺术价值，并牢牢根植于我们的生活之中。蓝印花布是延续千年的民间传统纺织染整工艺，是中华纺织业中的一大瑰宝，具有非常大的文化意义与实用价值，流传至今。除了染色的本身意义以外，蓝印花布中的图案纹样也是具有非常大的文化价值。桐乡蓝印花布产生的独特地理位置、文化环境，创造了独具特色的传统纹样艺术形式和内容。研究其文化寓意和艺术表达形式，以丰富新时代设计内涵。

关键词： 桐乡；蓝印花布；传统纹样；艺术价值；新时代

一、引言

中华民族传统纹样历经不断传承、发展，有着深厚的历史印记跟文化内涵。蓝印花布作为传统纹样艺术发展中的一个重要的载体，对于传统纹样艺术的弘扬起到了巨大的推动作用。通过对桐乡地区蓝印花布传统纹样的艺术发展考察，深刻、细致地挖掘其纹样艺术对于蓝印花布发展的重要影响。从动植物、人物、几何纹样等角度研究；从传统纹样艺术形式和表达的角度入手；从根本上研究蓝印花布的历史发展变化；为桐乡地区蓝印花布的创新发展探索新的突破口。

二、桐乡蓝印花布传统纹样的发展、历史溯源

蓝印花布，是中华民族一种古老的传统民间镂空染印织物。是用模板印染的印花技术，主要流传于中国广大民间称“蓝靛花布”，又俗叫“药斑布、浇花布”等，对于传统服饰文化，尤其是历代民间服饰的发展产生了深远的艺术影响。蓝印花布的起源于可追溯到秦、汉时期，历经数千年的变化发展延续至今。在唐、宋时期得到大规模发展和传播；在明、清时期发展最为繁荣、昌盛。

（一）桐乡蓝印花布传统纹样艺术的发展背景

作为蓝印花布的灵魂及核心要素，“纹样”在蓝印花布的发展中有着及其重要的文

化内涵与艺术价值。通过对桐乡地区具有代表性的两个传统的蓝印花布生产基地“丰同裕染坊”和“桐乡蓝印花布有限公司”的调研中发现，在纹样设计上，传统纹样以吉祥纹样为主题，以真、善、美为设计方向。笔者根据调查与民间走访了解到，桐乡地区蓝印花布的传统纹样原始设计种类相对有些单一，主要是以龙、凤、牡丹、仙鹤、石榴等为主要种类。但是随着它不断地发展，又逐渐加入了一些如兔子、熊猫等小动物元素，使桐乡蓝印花布的纹样种类得到不断丰富与发展。这些意义非凡的民族纹样设计，真实地反映了当时该地区百姓生活中喜闻乐见艺术的元素，承载了人们深厚的文化艺术积淀。

桐乡蓝印花布中的纹样设计主要是以浙江地区的民俗、民风为背景，不仅仅是一幅简单的图案，同时也赋予了该地区人民对美好生活的向往。相较陕西省、山西省等地区的印花纹样具有不同的纹样特点和艺术表现手法，桐乡地区由于自身地理位置的特点，纹样设计上相对于北方地区，纹样特征上更加细致、精美。纹样的元素提取上也是江南地区的风情风貌，通常是鱼、小鸟、花、草等小型动植物，朴素、自然、柔和。陕北地区纹样设计则粗犷、大气、纹样元素主要是山川、树木、老虎、狮子等动植物。

桐乡蓝印花布纹样设计相对于少数民族地区的扎染、夹染、蜡染等图案纹样设计不同，桐乡蓝印花布纹样跟模版是提前设计好的，可以保存并重复使用。在纹样印制的过程中可根据需要改变纹样的色彩效果，具有一定的可控性，不像其他纹样制作过程中的变化性大，且为一次成形。

蓝印花布传统纹样艺术作为民间文化艺术的一个载体，纹样本身就体现了一定时期该区域的民俗文化与审美艺术。结合对桐乡蓝印花布传统纹样的艺术探究，挖掘纹样中的文化蕴意和价值。以文化传播的艺术角度为切入点深入挖掘，为桐乡蓝印花布的传承及发展提供了一定的帮助。传统纹样图案是群众生活情感的艺术表达，与该阶段的民俗生活等息息相关，以布为载体，单一可变的靛青为颜料，绘制的一幅生活情境图。成本低，制作简单，表达随意容易普及化，可以为广大群众接受。

（二）桐乡蓝印花布传统纹样的艺术特征

1. 纹样特征的构成形式

桐乡蓝印花布跟其他地区传统印花布的印花方式大致相同，采用“刻花版”刮浆印花的方式。在纹样的构成设计上，主要是以对称性为主，还有四方连续、二方连续、中心形式等。还有单独的动植物纹样设计，许多纹样形象都是就地取材，以桐乡地区比较有特征的动植物为原型设计图案纹样。在风格表现方式上吸收了桐乡地区的人文地域特色，桐乡蓝印花布塑造了一个淳朴、自然的艺术氛围，影响着人们的生产、生活，且早已远传国内外，影响着数千年的人文发展。

2. 传统纹样的文化特点

浙江省嘉兴地区历史上就是繁荣富饶之地，有着丝绸之府、鱼米之乡的美名。在文化发展上先后出现了金庸、矛盾、王国维、丰子恺等名家大师。整个嘉兴地区的文化氛围十分出众，政治、经济、文化开明，桐乡自然也是受到了非常大的影响，形成了桐乡蓝印花布的不同表现新形式。驰名全国的百年老店“丰同裕”染坊就是著名画家丰子恺祖传的蓝印花布染坊。桐乡还是养蚕丝绸生产基地，在不同程度上也对蓝印花布纹样起到了一定的影响。丝绸、绣花纹样丰富发展的同时，也刺激着印花布的纹样设计和变化。

（三）纹样绘制方式

传统纹样在图案设计上，首先在纸上绘制图案，然后把绘制好的图纸放在模板上。纹样设计的形式，通常采用点、短线、块面组成图案效果。设计好纸样之后，进行模板制作，倒模的过程看似简单，实际上是一个工艺、技巧、艺术等相结合的制作过程。

第一，制版。要把设计好的纹样用刻刀镂空成底稿，然后把底稿覆盖在用特殊材料制作的坯制版上，再用墨汁等有色颜料刷纸版上的纹样。这时候镂空的地方就留出图形，再用刻刀雕刻有颜色的纹样。完成后用桐油反复油漆，晾干数次，使模版变硬且不漏水或者油墨就可以了。这跟现代的丝网印花的原理基本相同，只是材料与手段上现代的丝网印花更加科技方便，电脑就可以完成纹样设计，模版一次性成型。

第二，印花。先把白棉布平铺放在工作台上，把制作好的桐油模板放在白棉布需要印花的位置上，模板与白棉布之间接触要平整无间隙。用制作好的浆料刷在模板上，刷浆要均匀、平滑厚薄适度，不透底布也不能太厚。把刷好浆的布晾干，最后放入染缸浸染。

（四）桐乡蓝印花布传统纹样的传承与创新

桐乡蓝印花布本身就底蕴深厚，其中纹样图案的设计更是意义深远。在西南地区，每一个不同的少数民族都会有自己的图腾崇拜或者说吉祥图案。他们为了体现出对图腾崇拜和吉祥的向往，通过艺术的手法，用简单的图案纹样表现。把心中的图腾通过印花、刺绣、蜡染、扎染等不同的手法表现在服饰及生活中。不同年龄、男女老幼都具有其代表性的纹样作为对美好生活的祝福与表达。

桐乡蓝印花布传统纹样历经千年蜕变发展、积淀，构成了独特的艺术风格特征。经过唐、宋时期的政治、经济、文化的快速发展，使得印花技术不断完善，印花的纹样和图案也得到了不断丰富、发展，并逐渐壮大，使用到生活中的各个角落。在敦煌壁画中的服饰、屏风、唐三彩、唐勇等都可见蓝印花布传统纹样的身影。

三、桐乡蓝印花布传统纹样的白、蓝艺术构成形式

镂空留白是艺术设计的一种重要的表现方式，看似简单的构成形式，但是可以产生强烈的视觉对比效果（见图 1、图 2）。对比更加简洁、明了，让人印象深刻。蓝印花布就是通过这样简洁的形式，用蓝、白互为底、面，通过不同的纹样设计作品给人留下深刻的印象。

图 1　白底蓝花

资料来源：笔者自主设计。

图 2　蓝底白画

资料来源：笔者自主设计。

（一）传统纹样的艺术构成元素

蓝印花布在色彩和整体的设计视觉效果上是蓝、白相互衬托，元素的提取主要来自动植物和几何纹样等。整个色调给人朴素、淡雅的感觉，与嘉兴市、桐乡市的民俗文化相契合。图案纹样形象生动、变化多端，各种具象的、抽象的纹样设计合理巧妙地组合在一起。纹样线条流畅、自然，点、线、面互相变化搭配，图案喜庆吉祥，既美观又实用。

在科技化、信息化的今天，蓝印花布在纹样设计上，设计元素更加丰富多彩，内容的选择性也越来越多。色彩上也已经不再是以往单一的蓝色了，虽然一直延续着传统工艺，但是在色彩上逐渐加入了其他的颜色。像石榴皮、藏红花、姜黄等也逐渐成为染料，使得织物染色更加丰富，纹样整体视觉效果上更加的丰富多彩。相比现代化的印花方式，传统蓝印花更加环保、自然、符合现代人们天然环保、舒适安全的要求。

（二）传统纹样的结构设计

桐乡蓝印花布中的传统纹样艺术表达受到地区、民族的影响。相较少数民族，桐乡地区多以汉人为主，所以纹样设计上也颇具有汉族文化特点，尤其是受到道家文化的影响。道家的天法自然、天人合一、天圆地方等主流思想对于传统纹样的结构认识及纹样内容都起到了极大的影响（见图 3）。

图 3　天圆地方理念的结构设计

资料来源：吴元新．中国蓝印花布纹样大全［M］. 上海：上海人民出版社，2005.

受到传统印花工艺特点的影响，因此蓝印花布传统纹样的构成形式和设计多数都是由点的变化、大小、疏密、长短等变化构成的（见图 4、图 5）。纹样的造型及构成形式受到中国阴阳五行的思想影响，传统纹样在基本元素或图形构图上讲求均匀、平衡、中心、凹凸互补、刚柔并济，从而达到和谐统一的艺术效果。

图 4　点的元素构成纹样设计

资料来源：吴元新．中国蓝印花布纹样大全［M］. 上海：上海人民出版社，2005.

图5 点的构成形势及变化

资料来源：吴元新．中国蓝印花布纹样大全［M］．上海：上海人民出版社，2005.

蓝印花布传统纹样除了上述构成形式，在纹样的设计构成中还有“骨骼”，骨骼是用来管理组织基本形状在图形中的基本结构的框架。蓝印花布的骨骼基本上可以分为两种，一个是中心骨骼，另一个是线性骨骼。中心骨骼是以闭合的图形，以一点为中心，在这个骨骼下设计变化。另一个是根据线的运动轨迹，纹样元素根据线的骨骼方向分布排列。

四、少数民族及其他地区的传统纹样艺术特色

文化的传承与发展方式有很多渠道，其中最主要的有文字描述、图案纹样、雕刻建筑等。在中国古代社会时期，受到政治、经济、文化的影响，普通劳动人民很少有机会读书识字。但是他们又需要记录自己的生活及表达自己的情感。在这样一个环境背景下，绘画艺术走进了普通群众中，并得到发展。它不需要太多的文字积累，也没有具体的标准，普通百姓就可以完成。以自己的服装饰品等为平台，通过纹样设计来表达和记录自己的生活及对未来的美好祝福。相对于文字来说，纹样、图案的艺术可以传达文字无法描述的丰富内容，艺术文化的表达更加强烈，同一作品不同人看见会有不同的心理感受。

（一）云南省、贵州省少数民族传统纹样的艺术特色

中国西南少数民族地区的服饰图案纹样基本上都是通过蜡染、扎染、等工艺在服饰面料上面成形，其原材料也都以天然植物“蓝靛”通过发酵等方法制作成染料。在纹样图案的设计上没有像桐乡蓝印花布纹样是提前设计好的，通过模板印制在面料上，可以重复表现同一个纹样。蓝印花布在整个过程中历经了元素提取、纹样设计、版式设计、模板制作、刮浆印花等。

古代少数民族地区的图案纹样主要来源于图腾崇拜。在纹样的设计上没有固定的模板，每一个图案都是通过制图者自己对纹样的理解随心所绘制（见图6）。受到制图者自己的理解方式、制图手法和技艺、生活环境等影响，可以说每一个纹样、每一次的制图，都会出现不同的艺术效果，这也正是其价值的珍贵所在，随时随地表达自己的想法。

图 6　拍摄于大理白族

资料来源：笔者摄于云南大理白族。

少数民族的图案纹样在特征上也有其独特的不同之处，在纹样的种类上有飞禽走兽的动物，也有天然的花草树木等植物。少数民族对于图案纹样的表达上并不追求一模一样的形似，而是追求精神情感上的神似。在图案的设计绘制中力求简洁、明了、容易表达。通过一系列的图形联想，运用物体之间的相似、对比、结构重构，运用几何的表现样式呈现心中的创作。既有拆分也有组合，每一个图案纹样都有独特的寓意。

（二）日本地区蓝印花布纹样的艺术发展特征

日本蓝印花布最早可追溯到“奈良时代”，是中国的唐朝时期传入日本的。在此时期内，日本通过唐朝从印度、伊朗等国家接触到了各种新的文化，为日本此后相关文化的发展奠定了重要基础。受到诸多各国文化因素的影响，蓝印花布在传播的过程中也逐渐变化，衍生出了各种不同的纹样设计与印花工艺技术等。在纹样设计上呈现出不同特征，第一，日本蓝印花布呈现小纹、细纹、精纹等特点（见图 7）。第二，日本纹样及印染比较严谨、细腻，从远处观看很难发现其中一些小的细纹跟图案（见图 8）。

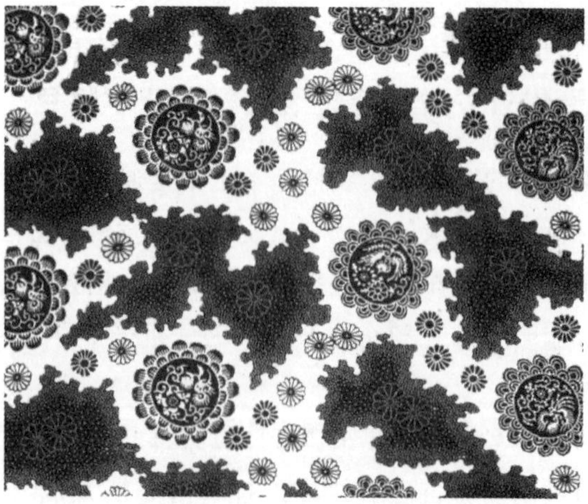

图 7　日本蓝印花纹样特点

资料来源：《人间国宝》专栏，徐艺乙摄。

图 8　日本蓝印花纹样服饰

资料来源：《人间国宝》专栏，徐艺乙摄。

五、桐乡蓝印花布传统纹样的艺术发展方向

桐乡蓝印花布作为国家非物质文化遗产之一，拥有浓厚的民族文化特色。出于传统工艺、设备、技术等影响，蓝印花布的纹样设计基本是通过点、线、面这些基本元素构成的。在艺术表现形式与纹样设计方面深刻反映了传统图案美学和创作手法。虽然蓝印花布的研究已有许多，但是对于具体研究桐乡蓝印花布传统纹样艺术发展还涉及较少。通过对桐乡蓝印花布传统纹样的构图形式、传统意义与艺术发展进行研究，以期望给桐乡蓝印花布的构图和纹样设计艺术表达上注入新的生命力。

（一）传统纹样的现代艺术价值

桐乡蓝印花布，在桐乡地区的传统服饰文化中有着悠久的发展历史，是浙江地区传统服饰中的一颗明珠。纹样设计更是蓝印花布的灵魂所在，是推动和维持桐乡蓝印花布发展的核心与血液。蓝印花布的传统纹样通过白、蓝互为底色，呈蓝底白花或者白底蓝花。通过一块块淡雅、朴素的老土布，美丽生动的纹样图案，映射出桐乡地区人民群众文化生命的活力和风采。凝聚了桐乡地区劳动人们的辛劳与睿智，折射着人们的情感与寄托，承载着文化精神与信仰。同时，也说明了桐乡蓝印花布传统纹样有着巨大的艺术魅力与文化价值及手工、绘画、雕刻技艺的价值，更是珍贵的精神、文化财富。

由于有些纹样需要大面积的印染，因此会出现一些“冰裂纹”这也形成了蓝印花布纹样的独特艺术风格。除了在纹样的色彩、形状上展现独有的艺术风格，尤其是在纹样寓意的表现上也更加深入传神，寄托着人们对美好生活的向往与追求。

（二）传统纹样的现代艺术发展

传统纹样的绘画和构图方式体现了古代桐乡地区群众“和谐统一”的思想文化。传统纹样元素也表现出“和合”的生活方式与文化情感，极具实用价值和观赏性与文化价值。在现代服饰产品设计中可以将这些元素运用到礼服、旗袍、表演服、饰品、装饰布置等设计中。打造出既蕴含桐乡地区传统文化的精神，又富有浙江地区古典女性特点的服饰形象。具备现代时尚美感发展需求，促进桐乡地区传统纹样艺术的时尚化与现代化。

蓝印花布传统纹样要想得以更好的弘扬发展，很重要的一步就是创新发展，融入现代生活。从服饰发展的方面来看，近些年的服饰时尚品牌“非墨亦墨”在传统纹样创新方面做出了非常优秀的表现，成功把中国传统纹样推向时尚舞台并走向国际。“非墨亦墨”在对于传统纹样的设计上，精选具有代表性的中国元素为主题，通过解构、重组，创新中国元素的文化、艺术活力和几何图案的张力。中国传统纹样最初是开始于一些壁画、青铜器等记载，纹样设计的形式上主要是以几何形式来体现。给人的感觉是比较坚定、平稳，且张力十足。

从该品牌的发展来看，蓝印花布的传统纹样艺术要想更好地发展，也可以借鉴或者尝试以服饰为载体这个角度去创新发展模式。

伴随现代社会的迅速发展，人们的各种需求和文化观念也都衍生了新的嬗变。在纹样的设计上和文化表达方面也逐渐产生新的形式。传统纹样的设计多是普通劳动人民的生活再现和对未来的期盼。现今则更多的是新一代年轻人群体掌握纹样的发展方向和需求导向，因此，新的纹样设计与文化寓意也发生了转变。

在桐乡蓝印花布传统纹样设计方面，著名艺术家丰子恺的漫画作品开始逐渐成为蓝印花布的纹样设计元素。丰子恺先生的漫画作品，通过水墨的表现方式展现了趣味的生活。虽然都是对人们生活状态的刻画、描写，但是通趣味的人物场景，温和明快的色彩对比，画面简洁有趣，更加符合现代快时尚社会的需求。画中无论是男女老幼、花草树木，在简单线条描绘其特征的基础上大块的色彩填充，生动地展现了各种人物的举止，花草的生命。简单的几笔线条、色块对比，勾勒出生动活泼的景物主要特征，这对于蓝印花布今天的纹样设计风格来说，也正好符合当下消费群体要求。简单的几笔描绘传达出内心情感，给观赏者更多的情感想象空间。丰子恺先生漫画在弘扬传统文化的同时，更加注重现代年轻人对图案纹样的文化设计需求和对艺术的表达。

桐乡蓝印花布传统纹样艺术设计应结合时代元素、潮流趋势文化，向当今时尚品牌吸取符合自身有利的经验，大胆融入新的纹样设计思想。不能仅仅局限于单一的蓝印花布这里，需要跨界合作，寻找新的突破口。学习和借鉴日本与服饰设计，结合共同发展的方式，以服饰文化为载体；印花工艺上结合现代科技与制版工艺，跨界合作运用到产品、家具设计等方面。

参考文献

［1］黄钦康．中国民间织绣印染［M］．北京：中国纺织出版社，1998.

［2］井浩淼．中国蓝印花布团的文化内涵［J］．南通大学学报（社会科学版），

2016，32（4）：95—99.

［3］李丹．民间传统服饰蓝印花布图案浅析［J］．山东纺织经济，2015，（11）：61—63.

［4］吴元新．中国蓝印花布纹样大全［M］．上海：上海人民出版社，2005.

［5］周梦．民族服饰文化研究文集［M］．北京：中央民族大学出版社，2009.

以“约”为核，逐“绿”而行

——基于约束理论的浙江省M公司绿色供应链优化研究*

戴钰慧　谢枝丽　王雅馨　陈比安

（浙江财经大学东方学院，浙江 海宁 314408）

摘　要：作为全球纺织行业中最大的生产、消费和出口国，中国的纤维加工总量持续保持在世界第1位。与此同时，由于纺织服装业是一个重污染的行业，这使得国际与国内的相关环保法规、社会各界舆论等，都促使纺织业朝着可持续方向发展，加强环境、社会领域的责任能力建设。为了适应时代发展要求，减少对能源、资源的浪费和对环境的破坏，服装纺织业急需建立起绿色高效的供应链。本文对浙江省M纺织印染科技有限公司的绿色供应链建设从时间和空间两个方面，细分了生产链、消费市场，以及时代背景3个角度进行具体分析。依托TOC约束识别，建立DBR缓冲管理模型，从约束理论的层面对绿色供应链进行研究，将约束理论的管理思想和模式方法融入绿色供应链管控体系建设的实际案例中。从新的角度探究了加快绿色供应链建设的方法，具有一定理论和实践推广意义，期望本文可以为相关企业在绿色供应链建设上提供借鉴、学习和参考。

关键词：纺织印染产业；绿色供应链；约束理论；案例研究

一、引言

当环境日益受到严重污染、资源不断被浪费，以及生态不平衡现象成为全世界关注焦点问题时，作为重污染行业的服装纺织业，每年产生的废水和其他污染物高达25亿吨，是仅次于污染最为严重的石油业的行业。传统供应链已不再适合当今资源节约型与环境保护型的发展理念，纺织服装业的绿色供应链建设迫在眉睫，绿色供应链在原供应链的基础之上应运而生。在企业生产经营管理中，供应链是保证生产有条不紊地进行的基础条件。供应链的链条组成部分是从原料供应开始，经过原料供应商、产成品制造商、分销，商最后到达零售及顾客手中，每一链条部分都是有机整体的组合。绿色供应链正是基于供应链理念之上的一种具有环保意识的供应链管理体系。在市场需求变化莫测、资源日益短缺和全民低碳经济，绿色意识逐渐增强的情况下，每个企业在制定经营战略时，都不可忽视的问题是怎样才能取得长久的经济效益。

在全球经济都受新冠肺炎疫情严重影响的背景下，全球绿色发展，尤其是供应链绿

* 本文数据资料由笔者前往该公司进行实地调研交流所得，后面不再赘述。

色发展面临巨大挑战。与此同时，产业链格局的构成为绿色化创造出窗口期，全球各国的经济复苏举措为供应链绿色化提供更多资金、技术与资源①。本文将约束理论（TOC）的主要思想和方法融入绿色供应链中，用约束缓冲、整体最优的思想来研究绿色供应链管理问题，从新的角度提出了加快绿色供应链建设的新方法。期望对纺织制造业的绿色供应链建设起到指导和借鉴作用，具有一定的理论、现实意义。

二、文献综述

（一）绿色供应链的国内外研究综述

绿色供应链管理发端于20世纪70年代的美国，主要研究基础是在物流管理中增加环境因素的研究。80年代以后，随着物流研究热潮的兴起，人们认为物流对环境的影响不能只简单考虑运输和储存的物资种类，视野应更广泛些。21世纪以来，绿色供应链进入衍生阶段。

我国绿色供应链的研究起步较晚，基本上是在2000年才开始进行理论探索与实践，主要成果集中于绿色供应链理论的发展、内涵、特征、战略模式和结构体系等方面。牟伟明（2016）提出绿色供应链金融强调生态文明，倡导新型绿色环保生产。封红旗等（2019）基于路径依赖理论和系统动力学的因果分析，探讨了政府在绿色供应链可持续运营中扮演的角色，提出政府对行业绿色供应链建设起关键性的鼓励和督促作用。江世英（2020）以一个制造商和一个零售商组成的二级绿色供应链为背景，建立了考虑产品绿色度的四种绿色供应链博弈模型。

（二）约束理论的国内外研究动态

高德拉特（1984）提出约束理论是指，把企业作为一个完整的系统，其中利益最大化是企业的发展目标，在企业的生产、销售等各个环节出现的限制性因素便是约束条件。高德拉特提出了有效产出、库存与运行费用的3种评价指标，并且认为供应链中的最薄弱环节（即短板）的最大可用能力制约着系统的最大化产出。约束理论是对企业目标的定义、衡量，以及企业独特化的管理与企业运营状况的指标体系，此外还提供了一系列的识别和消除短板瓶颈的技术工具②。张晓文等（2016）基于约束理论，建立了一种串/并联生产线产能和维护成本联合最优的机会维护模型。陈子顺等（2018）基于TOC、技术创新理论（TRIZ）与精益生产工具集成的快速识别并解决真正约束问题的

① 刘婷，刘雨青，董鑫，陈明．全球供应链绿色发展挑战和机遇并存［N］．中国环境报，2020－7－15（9）．

② 艾利·高德拉特（1947～2011），男，以色列物理学家、企业管理大师，“TOC制约法”的创造者。他的第一部作品《目标》大胆借用小说的笔法，说明如何通过近乎常识的逻辑推理，解决复杂的管理问题。继《目标》之后，高德拉特相继出版了《绝不是靠运气》《关键链》《仍然不足够》三本企业管理小说以及数本“TOC制约法”理论专著，在全球各地引起了强烈反响。

过程模型，形成了识别系统约束，确定如何最大限度地利用约束、调节系统的其他部分支持约束、打破约束、约束循环的 TOC 五大核心步骤集成创新模型。

（三）文献评述

综合国内外现有的研究成果可以看出，21 世纪以来，对绿色供应链深度、广度方面的研究获得了国内外学者的关注。研究方法与手段主要依赖于实证研究，更多研究关注某一行业如何进行绿色供应链管理。强调将环境因素加入供应链管理中，而没有在运作上区别绿色供应链与一般供应链的深入研究。强调从集成的思想、系统工程的角度来实现供应链的整体优化。在约束理论的研究与应用上更多倾向于库存管理方面，从约束理论切入对供应链的研究较少。

三、M 公司绿色供应链发展及现状

（一）公司简介

浙江省 M 纺织印染科技有限公司（以下简称“M 公司”）成立于 1993 年，是一家集棉及多纤维印染面料研发、生产和销售于一体的科技型公司，主导产品为灯芯绒、纱卡、亚麻及其多纤维染色印花和风格、功能性服装面料。浙江省 M 纺织印染科技有限公司拥有自主开发的雕印印花技术、冷轧堆染色技术、多功能面料涂层整理技术、湿蒸染色技术等核心技术。公司产品质量，环境体系建设先后通过了 ISO9001 质量体系认证、ISO14001 环境体系认证、生态纺织品标准认证、纺织服装全球回收标准认证、知识产权管理体系认证、Intertek-CCFA 产品碳足迹和白名单管理体系认证。被中国纺织印染协会确定为全国最大的灯芯绒印染生产企业及出口企业，M 公司在全棉灯芯绒企业里的销售收入和出口创汇均排名第 1 位，自 2004 年起连续 15 年保持“中国印染行业二十强”荣誉。2020 年 9 月 10 日，M 公司在“中国民营企业 500 强”排名第 340 位、“中国制造业民营企业 500 强”排名第 191 位。

（二）绿色纺织供应链介绍

绿色纺织供应链是在传统纺织供应链扩展的基础上重点突出供应链的“绿色”度。如图 1 所示，是以主要参与企业为节点来构建绿色纺织供应链结构模型。

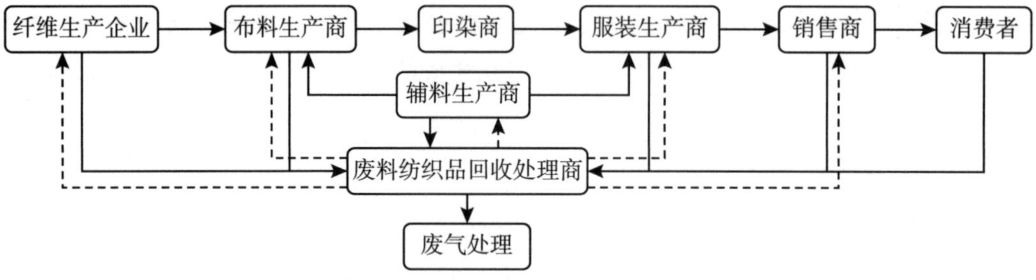

图 1　绿色纺织供应链结构模型

资料来源：笔者根据调研资料整理所得。

服装纺织行业的绿色供应链较传统供应链有以下特点：①强调对整个服装纺织生产经营的绿色管理及运作；②要求减少不必要的中间环节和浪费，重视信息价值；③注重对环境保护和资源利用效率的提升，强调企业在注重自身利益的同时，降低对环境产生的负面影响；④具有“闭环”特性，使供应链中的废旧纺织品通过处理能够回收再利用，再次进入绿色纺织供应链中。

（三）M公司绿色供应链管理体系建设现状

M公司成立至今，拥有合格供应商221家，其中，核心供应商103家。上游供应商主要涉及坯布、染料、助剂、机物料等，下游供应商主要为分销商、物流公司及固体废弃物回收、利用、处置公司等（见图2）。

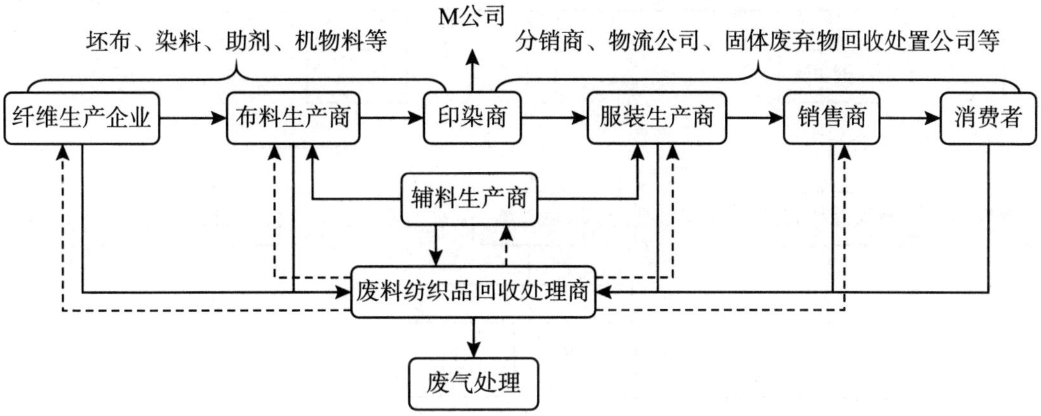

图2 M公司绿色纺织供应链结构模型

资料来源：笔者根据调研资料整理所得。

目前，M公司主要围绕着集团智慧云平台，构建信息化的绿色供应链管理体系，如图3所示。力求通过敏捷的信息管控系统，将公司内部各个部门，以及外部上下游供应商紧密的联系起来，从而实现资源利用的最大化，带动整个纺织链的绿色生产。

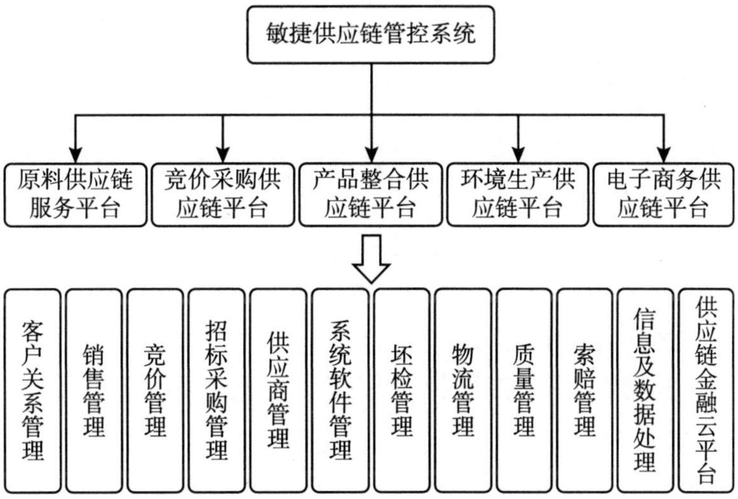

图3 M公司敏捷供应链管控系统

资料来源：笔者根据调研资料整理所得。

四、基于 M 公司的 TOC 约束识别与 DBR 缓冲管理办法

本节首先，简要介绍了 TOC 约束识别和 DBR 缓冲管理这两个具体方法。其次，依托这两个方法从时间和空间两个角度切入，对 M 公司绿色供应链建设进行具体分析。时间上，从绿色供应链发展现阶段的时代背景约束进行分析；空间上，分为内部生产链与外部消费市场两个方面进行分析，并对目前 M 公司的具体问题与解决办法进行总结分享，分析思路如图 4 所示。

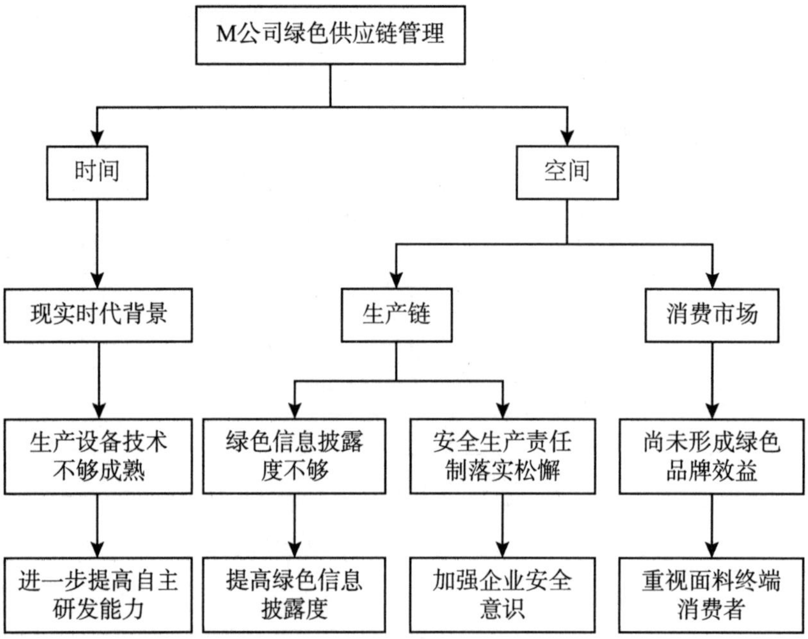

图 4　M 公司基于约束理论分析思路

资料来源：笔者根据调研资料整理所得。

（一）TOC 约束识别与 DBR 缓冲管理办法

1. TOC 约束识别步骤①

（1）识别系统约束。

在一个企业中制约发展的因素有很多种，需要将这些因素按对整体产出的影响程度进行排序，构成一个完整的体系。

（2）确定如何最大限度地利用约束方法。

挖掘在约束中存在的还未发现的潜能，将其最大程度地合理利用。

（3）调节系统的其他部分支持约束。

即使牺牲资源利用率也要支持约束，因为约束事关大局，应当统筹兼顾，以大局利益为重。

① 陈子顺，檀润华，张建辉 . TRIZ 和 TOC 理论在六西格玛中的应用［J］. 机械设计，2008，25（10）.

（4）打破约束。

如果未能解决约束，那就另寻途径，放弃这一过程，懂得舍去，在更多的资源获取中结束约束。

（5）约束循环。

每当新的问题被发现解决过后就会有其他新的问题不断出现，一定要重视新问题，积极采取合理措施应对，避免人的惰性成为系统的约束。

2. DBR 缓冲管理理论

DBR（drum-buffer-rope，鼓一缓冲一绳子）drum 即瓶颈，指资源的产能等于或少于它的需求；buffer 是在瓶颈之前设置的时间缓冲或库存缓冲，设置缓冲就是为了防止整个供应链系统不平衡现象的出现；rope 意味着通过绳子能够保证整条供应链上的其他所有环节能够保持与瓶颈环节的节奏一致。如图 5 所示鼓为瓶颈的处理方式。

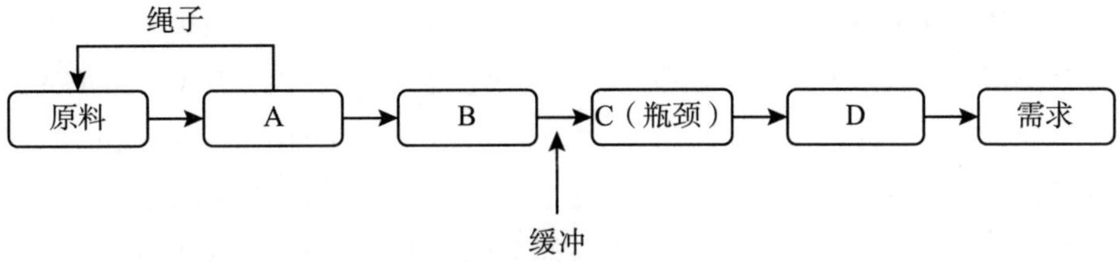

图 5　鼓为瓶颈的处理方式

资料来源：笔者根据调研资料整理所得。

DBR 缓冲管理本是基于 TOC 的聚焦五步法，本是为实现系统的低库存、有效产出最大化及生产提前期尽量短而在系统内部进行相应的调整设置。应用至企业绿色供应链管理建设中，为实现系统的整体优化，缓解经济效益与绿色效益现阶段的矛盾，促进绿色供应链建设进程，有效缓解绿色供应链构建约束。

（二）M 公司 TOC 约束识别

1. 现实时代背景的约束识别

就目前绿色供应链的建设正处于一个摸索阶段，在现时代背景下给绿色供应链建设带来了较大压力，具体约束有以下几点：一是生产设施设备的不成熟；二是高效合理可复制的建设管理办法并未形成；三是现国际形势下国际间的绿色生产贸易交流有一定阻碍；四是现阶段的绿色供应链建设的环境基础不够夯实。就现实角度而言，上述约束最大的挖掘潜能便是生产设施设备的不成熟，在短期内会带来较高的生产成本，对于部分企业而言绿色供应链建设的性价比不高。由此降低了其主动进行绿色生产的积极性，绿色供应链进程缓慢。

基于时代背景下，M 公司受到的约束主要体现在绿色生产设备技术不够成熟。M 公司在固体废弃物的处理方面有所欠缺，废弃产品回收，资源回收利用的效果不佳，总体而言与国际先进水平还存在一定差距。在绿色供应链建设中引用云平台，构建的信息化供应链管理系统还需进一步提升相关功能，未能充分发挥 M 公司敏捷供应链管控系统的作用。

2. 内部生产链的约束识别

在生产上，企业一方面，面临低端纺织业的产能过剩，竞争压力巨大。另一方面，资源匮乏凸显，纺织业生产对环境造成严重污染。企业活动追求自身利益的本质也导致了其对经营活动中造成的环境污染不负责任，不重视产品消费后残余部分的处理，这也造成了中小纺织业压缩投入，形成了高污染、低效益的恶性循环生产怪圈。M公司初期为了获得利润，趋向于将内部成本转化为外部成本，从而减少自己的成本开支。导致其内部资源利用率不高，企业绿色增值效益缓慢，企业绿色供应链发展受阻碍。

基于内部生产链下，M公司的主要约束体现在两方面。一方面，公司绿色信息披露度不够。M公司未在其官方网站上披露的节能减排信息，高、中风险供应商审核率及低风险供应商占比。在对供应商年度绩效评审后公示的评审结果中，企业社会责任报告，重点供应商的环境信息等披露信息不全面，部分数据信息较为笼统。有关企业绿色信息数据较少，披露度不够。另一方面，安全生产责任制度落实松懈。2020年6月13日浙江省湖州市吴兴区M印染公司工人因清洗反应池发生硫化氢中毒事故，造成4人死亡、5人受伤。本次事故打破了M公司近3年内无重大安全事故的局面，企业安全建设是绿色供应链管理建设的基本要求。安全事故的发生说明了M公司在安全生产上的松懈，应急救援预案编制和应急演练落实不到位，部分作业人员未能掌握有限空间中毒施救的正确方法。

3. 消费市场的约束识别

有效产出是通过销售获得的，而供应链管理的普遍思想也认为，生产出来的产品只有在销售终端被顾客买走，才算真正销售出去。绿色供应链末端的市场销售水平决定着有效产出的多少，销售是关键。而消费者是销售的承担者，消费者愿意为绿色产品买单的多少决定了绿色制造的程度。

随着社会的发展，越来越多的消费群体开始注重环保，消费者对产品标识的认知度越来越高，在未来，绿色产品势必会横向的逐渐渗透到生活的方方面面，消费者可能纵向的去挖掘一个产品整个供应链上的绿色制造。可是就目前市场上对产品绿色制造的宣传却较少，消费者未能真正意义上了解绿色制造，就目前整个大市场而言，环保的执行力度主要还是依靠政府硬性约束。绿色产品在市场中差异化不明显，企业绿色增值收益缓慢，导致企业绿色供应链发展缓慢。

基于消费市场下，M公司受到的约束主要体现在尚未形成绿色品牌效益。M公司的淘宝面料企业店铺，页面设计简易，完全没有突出绿色产品的特点，页面产品种类样式少，更新速度慢，店铺粉丝数不到400人。M公司品牌在消费者终端市场的绿色产品差异化并不突出，与其合作的服装品牌在宣传时可能会宣传面料，而不会宣传M公司，说明M公司的绿色印象并没有深入大众。而世界著名的高科技材料戈尔特斯（GORE-TEX）面料在2007年就在应用其面料的品牌服装中附带一张顾客信息卡，使消费者成为戈尔俱乐部会员，消费者可以就面料提出的建议或问题。跳过品牌商直接与戈尔特斯联系，从而直接从消费者手中获得一手资料。M公司对绿色供应链的末端关注度不够，忽视了面料最终拥有使用者。

（三）M公司DBR缓冲管理

1. 时代背景下的DBR缓冲管理

通过上文TOC约束识别分析出，绿色供应链建设处于起步阶段，绿色生产设备技术不够成熟，导致企业绿色供应链进程缓慢。大环境下绿色生产设备技术不成熟就是DBR缓冲管理的瓶颈，其约束了企业的绿色供应链管理建设。如图6所示政府的支持就成为了企业发展绿色供应链管理，促进阶段约束的缓冲器。一方面，通过调研M公司在推动绿色供应链建设时受到了政府的大力支持，分担了绿色供应链的建设风险，促进企业积极研发绿色生产。政府的大力支持极大地缓解了M公司绿色供应链的建设压力。另一方面，政府及社会各界对绿色意识的逐渐强化，也促使绿色意识这根绳子，加强了从市场端对产品技术研发的调控。

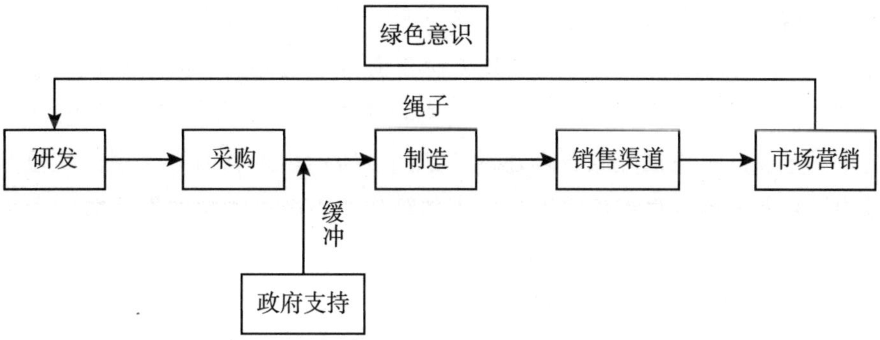

图6　M公司阶段性现实DBR缓冲管理模型

资料来源：笔者根据调研资料整理所得。

2. 生产链DBR缓冲管理

通过上文TOC约束识别，分析出M公司在生产链方面的制约因素是企业内部资源利用率不高，导致企业绿色供应链发展受阻碍。那么资源利用率不高就是DBR缓冲管理的瓶颈，它约束了企业的绿色供应链管理建设。如图7所示构建绿色利益共同体，加强与上下游供应商的联系，提高信息共享水平就成为了企业发展绿色供应链管理的基石，是促进资源约束解决的缓冲器。

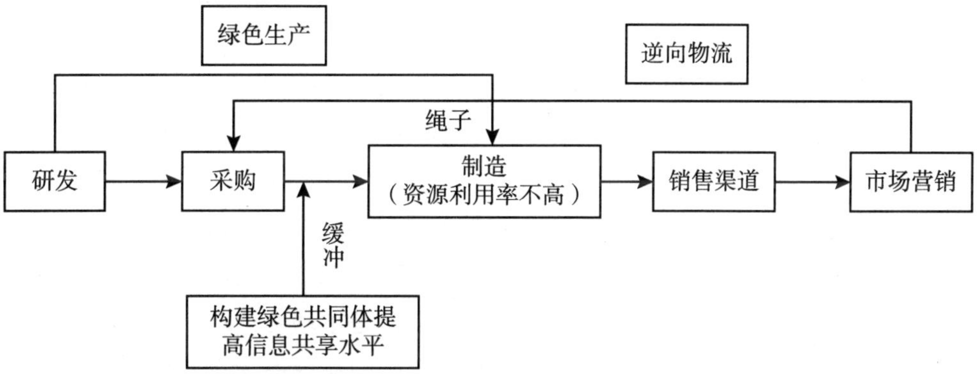

图7　M公司内部资源DBR缓冲管理模型

资料来源：笔者根据调研资料整理所得。

绿色生产和逆向回收物流就像两根助推企业绿色供应链建设的助推绳，源源不断地为整个供应链提高向前的动力。M 公司绿色生产从研发助推产品的绿色制造，研发顺应市场趋势的“绿色创新，生态纤维”面料，引进先进生产技术与方法，注重自主研发，逆向物流。一方面，在产品回收上直接提高了资源利用率；另一方面，为企业创造价值，节约成本。但目前 M 公司未建立起全面的面料产品回收体系，这也与我国纺织业处于产能过剩阶段有关，市场中缺少针对逆向物流回收的专业人士与企业。

在构建整个完善的绿色供应链管理体系的初期，需要的是大量资金的投入，而对企业的环境效益在短期内并不是显而易见的。资金投入大、效益回报慢，这对以营利为目的、注重经济效益的企业而言是需要承担巨大的风险的。而 DBR 缓冲管理在企业内部供应链上抓住了资源利用率这个约束，通过缓冲的办法降低企业风险，助推企业绿色供应链建设，让经济效益与绿色制造的投入矛盾得到有效缓解。

3. 消费市场 DBR 缓冲管理

通过上文 TOC 约束识别，分析出 M 公司在消费市场方面，由于绿色产品市场差异化不明显导致企业绿色增值收益缓慢。那么产品差异化不明显就是 DBR 缓冲管理的瓶颈，它约束了企业的绿色供应链管理建设。如图 8 所示，扩宽销售渠道，注重绿色品牌形象就成为了企业发展绿色供应链管理，促进市场约束解决的缓冲器。M 公司应该重视起网上零售业这个市场，一个面料供应商是很容易被取代的，而一个有大面积受众的品牌是不容易被取代的。M 公司应该抓住扩宽销售渠道的缓冲，逐步提升品牌形象。

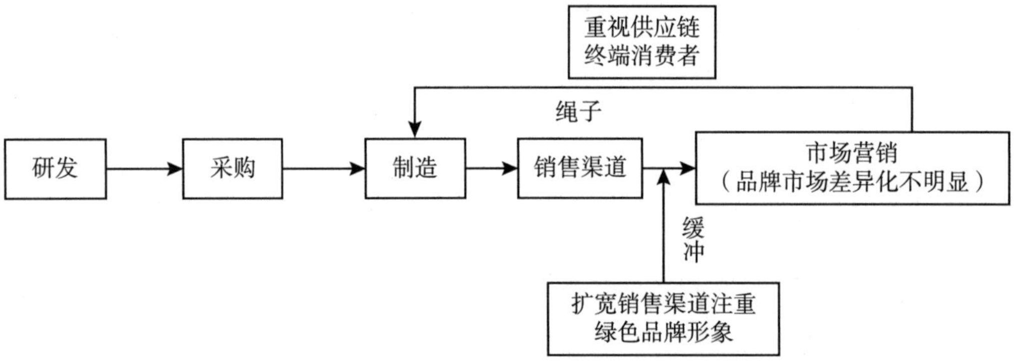

图 8　M 公司市场消费者 DBR 缓冲管理模型

资料来源：笔者根据调研资料整理所得。

重视供应链终端消费者，用绿色产品培养消费者的绿色意识，同时消费者的反哺又助推了绿色产品的生产制造，只有相互促进才能源源不断地为整个绿色供应链的建设提供向前的动力。M 公司除了加强与其长期合作的品牌商的联系，积极掌握市场动态，积极改良创新外，更应该尝试着去开发与终端消费者的联系，注重终端市场的需求。

伴随着社会的发展，主流消费者文化素质水平和经济收入的提高，消费者群体也悄悄发生着改变，他们不满足于你有什么我挑什么，而是主动要求产品要质量、要环保、要个性。M 公司面料走绿色科技路线，观察与其合作的品牌商大多是中高端时尚品牌，其消费群体具有较高的文化水平，从而使得面料的环保得到重视。而消费者有了解面料的意愿，且具有较好的学习能力，能在短时间内加强绿色面料意识，从而提升 M 公司绿色品牌印象。面料产品应该下放，让消费者接触了解，这对绿色纺织供应链建设不论是生产端还是消费端，都能起到极强的助推作用。

五、总结与展望

近些年，生态环境问题得到了政府、国民的高度重视，绿色供应链建设始终围绕着经济效益与环境效益展开。经济效益与环境效益在绿色供应链建设过程中既存在矛盾，又相辅相成、相互促进，绿色供应链建设对于企业而言是一把“双刃剑”，是挑战也是机遇。

本文通过对浙江省M纺织印染科技有限公司绿色供应链的优化研究，希望可以为同类型的纺织企业在绿色供应链管理建设中提供有价值的参考，为相关企业实施绿色供应链改造提供模板，帮助其健全绿色供应链管理体系。从约束理论的角度提出需要，在企业、政府、公众的共同促进下，使得绿色供应链建设进程加快，减小企业建设风险，从而促进生态文明建设，顺应时代发展。

在当代时代背景下，越来越多的企业重视绿色供应链管理建设，通过优化信息化的供应链管理系统，促进整个供应链的绿色环保，建立起完整的绿色供应链管理机制。

参考文献

[1] 封红旗，吴芸芸，熊亮亮．政府激励下的绿色供应链运营因果关系探讨 [J]. 商业经济研究，2019 (20)：20—29.

[2] 顾庭瑜．基于企业利益相关者视角的绿色供应链绩效评价体系构建 [J]. 现代经济信息，2020 (1)：12—13+15.

[3] 刘婷，刘雨青，董鑫，陈明．全球供应链绿色发展挑战和机遇并存 [N]. 中国环境报，2020—7—15 (9).

[4] 阮平，曹细玉．基于约束理论的集群内产业链升级 [J]. 科技管理研究，2016 (11)：162—167.

[5] 吴克平．约束理论在现代物流企业管理中的运用 [J]. 滁州学院学报，2017 (1)：15—18.

[6] 肖桂秀，张桂涛．基于绿色供应链理论的B2C企业供应商选择与协调 [J]. 商业经济研究，2020 (3)：15—16.

[7] 张晓文，蒋祖华，胡家文．基于约束理论的多阶瓶颈/并联系统的机会维护 [J]. 哈尔滨工程大学学报，2016 (9)：1275—1280+1286.

[8] 张璇，马志军，田东红．企业绿色供应链管理实践的影响因素研究 [J]. 中国人口·资源与环境，2017，27 (12)：183—195.

中国唐宋时期对日本茶文化的影响

单　珊　周春霞

（浙江财经大学东方学院，浙江 海宁 314408）

摘　要：本文首先，介绍了在唐朝文人墨客的引领下，茶文化逐步从贵族走向民间，直至中国宋朝时期，茶文化逐步达到历史高潮。其次，分析了中国唐宋时期茶文化向外辐射，推动了日本的茶道形成，并顺着历史发展轨迹，在各个茶学大师的推动下，茶道从简单的喝茶娱乐的形式升华成了艺术、哲学和宗教的融合体，也为日本茶文化注入新的生命力。最后，比较了两国茶文化发展背景差异、发展前途差异及精神差异，为中国的茶文化未来的发展提供借鉴。

关键词：唐宋茶文化；日本茶道；茶文化异同

一、前言

茶，从古到今，历经千年而不衰，文人墨客无一不爱品茶，中国人对于茶总有一种独特的感情。中国人的基因里已经渗透了茶的精神，深深地影响了中国的文学、宗教等领域。茶文化的形成，与中华民族血脉相连，对周边国家乃至世界的影响也是意义深远的，其中，对日本的影响最为深刻。唐朝时茶叶由中国传入日本，经过长期的发展和演变，茶文化在日本生根发芽，形成了具有浓郁民族特色和风格的民族文化，同时显示了中国茶文化的巨大影响力。本文把中日茶文化对比和中国茶文化对日本茶道的影响作为研究目标，研究重点是唐宋时期中国茶文化对日本的茶道产生和发展的推动及渗透作用，并深入分析了在历史发展轨迹中，中日茶文化的发展前途差异和精神差异，对中国茶文化的发展具有积极的借鉴意义。

二、中国茶文化的发展与鼎盛

茶的故乡是中国，作为茶叶的原产地，茶叶被发现至今少说也有 4000 多年的历史。但茶真正脱离其物质形态，以文化的面貌出现是在魏晋时期，当时天下骚乱，文人无以匡世，渐行清淡之风，饮茶之风也在文人中逐渐兴盛，而茶逐步脱离其物质形态，逐渐显现其精神境界。但是在魏晋时期，饮茶的基本上都是贵族阶级。直至唐朝，茶叶才走入寻常百姓家，一方面，是因为唐朝政治开明，天下安宁，疆域辽阔，对外交流频繁，这种环境加快了茶文化形成的速度。另一方面，由于唐朝初期的统治者信佛，僧居佛院遍布全国各地，不仅产生了别具一格的寺院经济，而且让僧人逐步脱离劳动，为茶禅文化的形成提供了物质基础。佛教禅宗盛行，讲究禅定入静，要求过午不食，茶可以提神养心，促进思考，有利禅修。“茶道”二字最早是由禅僧提出，意为“饮茶可得道，茶中有道”，这便直接提升了饮茶的精神高度。加之唐宋佛寺盛行兴办茶宴，茶文化随着佛教的传播越发盛行。

以茶会友、以茶作诗、以茶咏志是唐朝的诗人最普遍的活动。文人的思想与茶融合在一起，寄托着他们的情思，饮茶成为唐朝文人们生活方式中至关重要的一部分。文人墨客常常通过品茶吟诗来修身养性，这也丰富了茶道文化的内涵精神。在文人骚客的引领下，民间也纷纷效仿，由此民间饮茶的风气逐步变得浓厚。

至宋朝，茶文化迎来了鼎盛时期，此时社会经济高度发达，科技发展，农业生产力也得到了前所未有的提高。当时茶叶种植区域日益扩大，产量不断增加。张择端在《清明上河图》中描绘了沿着汴河从郊野到汴京城内的景致，描绘的建筑有百余座，有茶楼酒肆、寺院楼阁、药铺布店、官府民居等（成燕，2014）。此外，宋朝重文轻武，文人地位提升，儒学空前复兴，三教合一的思想充斥着学术文化领域，“外儒内佛”成为宋代文士普遍的精神追求，饮茶成为了宋代文人参禅悟道时排解苦闷烦恼、寻求心灵慰藉的普遍的生活方式，在这种文化背景下，茶文化达到极致。

和唐代的煎茶法不同，宋朝的点茶更重视它的娱乐性，这时不再直接将茶放入釜中熟煮，而是先将饼茶碾碎，置碗中待用。以釜烧水，微沸初漾时即冲点碗中的茶。斗茶始于唐代，在宋代达到了空前的兴盛，并逐步走向全国。分茶又称茶百戏、水丹青等，是一种让茶汤纹脉幻化形成各种物象的技艺。不仅能使茶汤形成丰富的泡沫，还能在茶汤中形成文字和图案，更加提高了点茶的艺术性和娱乐性，同时也提高了斗茶活动的观赏性。斗茶的出现对于宋代制茶技术的提高和茶业的发展起到了重要的推动作用，这标志着中国茶文化逐步达到历史高潮。

三、中国茶文化对日本茶道的影响

在茶文化开始兴起的同时，唐朝的茶文化自然也避免不了向外流传辐射，像日本现在的茶道即在佛教东输时，随遣唐使带回日本的茶叶和饮茶方法发展而来的。随着历史的发展，中国传统文化哲学思想与日本本土神道思想逐步融合，日本的茶道把饮茶与宗教、哲学和美学融为一门综合性的文化艺术活动，并逐渐达到修身养性的功能。

平安时代（794～1192 年），此时是中国茶文化的鼎盛时期，日本天台宗的创始人最澄禅师将茶种从中国带回日本播种，当时在位的嵯峨天皇推崇唐朝的文化，唐朝文化中最高雅的文化要属茶文化。所以，在嵯峨天皇的大力支持下，日本的贵族争相模仿中国品茶，这段时间也被认为是茶文化的黄金时代，并被后世称为弘仁茶风，但随着嵯峨天皇的退位，弘仁茶风也随之衰退。平安时代是日本茶文化的启蒙阶段，只有僧侣和一些贵族饮茶，并没有扩大到民间。饮茶形式上基本上和《茶经》一样，没有完全形成日本的风格。

平安时代（794～1192 年）末期至镰仓时代（1185～1333 年），被称为日本的禅宗之祖和“茶祖”的僧人荣西两度入宋，回日本后荣西得到将军源赖的支持，根据自己在中国的所见所闻，写下了日本的第一部茶书，即《吃茶养身记》。书中详细记叙了中国宋朝最流行的点茶饮法，并把茶叶的功效加以推广，自此饮茶之风迅速普及。1191 年荣西回国后，在九州地区播种茶树，并扩展到京都，推广了茶文化。荣西宣传茶的功效，传播茶叶制作和饮用方法，扩展了茶树种植面积，提高了茶叶产量，促使饮茶习惯逐渐由贵族和僧侣阶层扩展至武士及下层民众百姓。使一度中断的日本茶文化得到了复兴（张皓，2018）。自荣西之后，饮茶活动以寺院为中心，逐步向民间普及，这也成为了镰仓时代茶文化的主流，这段时间是日本茶文化的繁荣发展时期。

日本文永四年（1267 年），南浦绍明禅师从中国宋朝返回日本时，获赠茶具“台子”（茶具架）和茶典，回国后，开始在日本“茶道”中使用（王燕，2013）。这是日本茶道礼仪的开山之作。时至今日，在日本的二十四禅宗流派中，有十八所全部来自径山寺。通过日本的茶道礼节，我们仍然可以窥见中国宋代饮茶文化底蕴。

在室町时期（1336～1573 年）的初期，受中国宋朝、元朝的点茶的影响，模仿宋朝的“斗茶”出现具有游艺性的斗茶热潮（赵丹红，2019）。及至中叶人们开始疲倦、并厌弃城市奢华和喧嚣，逐渐兴起追求“侘（わび）”（对奢华、张扬、精致的美的否定，而追求自然、简朴、枯寂的美）的审美意识，很多人会寻找一块僻静的住处，过起避世隐居的生活，享受质朴的田园生活乐趣，并追求精神上的安宁。

在这种大环境下，日本的茶道文化也逐步转变，首先，是站立式的禅院茶礼变成了纯日本式的跪坐；其次，饮茶环境也从奢靡嘈杂也逐步向安静严肃转变，最后形成了把唐宋艺术品与日本式房室完美地结合在一起的“书院式建筑”，也标志日本的茶道由娱乐型的斗茶会发展成为宗教性的茶道，初步实现了大唐文化与大和文化的完美融合。

此时的代表人物——日本草庵茶道的始祖村田珠光（1423～1502 年）提出了“敬虔，尊重，纯净，沉默”的精神，并将禅宗思想注入茶道，形成了别具一格的草庵茶风格。茶在与宗教结合，特别是与禅宗思想结合被其理念统一之后，发生了质变，产生了大的飞跃（千宗室，1992）。茶禅的结合意味着日本茶道实现了本土化。珠光把茶道从简单的喝茶娱乐的形式升华成了艺术、哲学和宗教的融合体，也为日本茶文化注入新的生命力，他认为，茶道的根本在于清心，这也是禅道的中心。可以说是完成了茶与禅，民间茶与贵族茶的结合。这种美的意识被村田珠光等人引进“茶汤”中来，使“清静、寂寞”之美得到广泛的传播。

继珠光之后，对日本茶道影响较大的是一名连歌师武野绍鸥（1502～1555 年）。他将歌道引入茶道，充实了茶道的艺术范畴，还进一步将珠光的美学、禅学思想沿用在茶道上，将“和敬清寂”的茶道宗旨又往前推了一步，比如，进一步简化茶事的过程，改良茶室的内部，把日本茶道进一步本土化和规范化。

武野绍鸥最著名的徒弟是千利休（1522～1591 年）。有“茶圣人”之称的千利休，是日本茶道之集大成者，也是最著名的茶道大师。千利休提倡的茶道是以“无中万般有”“一即是多”的禅宗思想为根底，追求简单朴素的情趣。他首先改良茶室的茶具、建筑，包括煮茶方法、吃茶礼仪等，删繁就简，进一步将茶和禅融合在一起，把茶道的精髓发挥到了极致，俗称“空寂茶”，千利休完成了从书院式的茶道到草庵式的茶道的转变，千利休之后，日本茶道完成“借中国之形式，融日本之文化”，成为了当今日本最重要的文化名片。

四、中国茶文化和日本茶道发展异同

作为世界茶文化的发源地，日本茶道师承中国，但是为什么中国没有形成茶道文化，一直深受热议。毋庸置疑，中国也是有茶文化的，可以说日本茶道是从中国传统的茶文化中演变出来的一个分支。茶文化在两国发展有以下差异：

一是传播途径不同，中国茶文化是从其食用价值逐渐上升到精神层面的，中国作为茶叶的原产地，茶叶从最初的药用价值到后来的饮用价值，自宋朝起，茶文化深入市民阶层，具有广泛的群众基础，其最突出的代表是大小城镇广泛兴起的茶楼、茶馆、茶亭、茶室。在这种场合，士农工商都把饮茶作为友人欢会、人际交往的一种手段，从而使“茶”成为生活本身的内容。而日本则反其道而行，即先确立其精神文化，而后普及至实用。茶引入日本之后是作为一种高级文化形态首先在皇室贵族之间流传，长期为统治阶级所专享，后来才逐渐传播到民间，上行下效，原已成熟定型的饮茶方式和清规戒律也为民间所全盘接受，形成社会共识。茶文化也成为一种贵族文化的代表，具有较强的文化色彩，成为一种文化精神的体现。

二是因为中国和日本对茶的态度不同。中国茶道重点在品茶，而日本茶道重点在仪式，这是因为日本历代茶师都认为“佛法存于茶汤”，通过茶道就可以参悟禅机洞悉人生（岳远晟、毛姚欣，2019）。中国茶文化崇尚淳朴自然、不矫揉造作，这也符合我们大道至简的精神，我们只将茶视为一种生活的享受与放松。而日本则试图将茶上升到精神、宗教的层面，并从中得到“道”。日本人将饮茶上升到一个严格化、理想化的礼仪，以此达到克制自己，实现自我修养的目标。尽管中国以礼节闻名，但它从不拘泥于礼节，并相信世界是没有束缚的，礼节的最高境界是随心所欲但是从不逾越规矩。

三是中国茶文化倡导雅俗共赏，不管是阳春白雪还是下里巴人，信仰不同、地位不同、文化层次不同的人都可以饮茶。作为中国文化的载体——茶叶，本身就是世俗的产物。中国的茶文化像春雨一样润物细无声地走进寻常百姓家，茶作为中国人生活中的日常必需品，中国人喝茶更自然，也更有生活气息。日本的茶道，更像是美学，品茶道的同时也是对自己心性的一种磨炼。日本人的茶道影响力较大，但是民众基础稍弱，现在日本的茶道已经成为日本文化的典型代表，在全世界中都具有一定的影响力。相较而言，中国的茶道更具有广度，而日本的茶道更具有深度。

五、总结

中国茶文化是源，日本茶道是流，中国茶文化是美的产物，而日本茶道是美的哲学。但是两者都是以茶为载体，实现茶与文化的有机融合，都取茶的提神醒脑、清心净气等优点，应该说都是健康向上的。时代在不停地改变，茶文化也在悄然进行自己的改变。从远古时期的“煮茶”，到开水泡茶，再到工业化生产的茶饮料，再到将茶水与各种饮品混合的现在，都是茶文化一路延伸过来的自然产物。而新式茶饮的繁荣，又何尝不是体现茶文化的独特生命力、创造力和发展力呢？

中国茶文化应该以开放、包容、乐观的眼光看待世界和茶文化本身的发展，提升文化自信，寻求茶文化创业产业的突破，为经济发展、文化事业的发展贡献力量，让茶文化焕发出更强大的生命力。

参考文献

[1] 陈丹妮．禅宗视域管窥千利休“侘茶道”的形成过程［J］．中国茶叶，2019，41（10）．

[2] 陈永华．禅文化：中日文化交流的一种载体——从中日茶道的渊源、特点谈起［J］．西北师大学报（社会科学版），2003，40（5）：46—50．

[3] 陈宗荣．中国茶道与文化自信的探讨［J］．福建茶叶，2018，48（8）：4—5．

[4] 成燕．从风俗化风格和空间性叙事艺术看“清明上河图”［J］．芒种，2014（2）．

[5] 邓红霞．日本茶道精神对日本人的影响［J］．青年文学家，2020（2）：183．

[6] 井利．茶道的中国性和对日本民族精神的影响［J］．历史哲学，2011（9）：88．

[7] 刘舒．从“平家物语”中看日本平安末期、镰仓初期的佛教［D］．文史哲，2010（5）B949．

[8] 刘笑非，段克勤．“和、敬、清、寂”的日本茶道［J］．北京林业大学学报（社会科学版），2003（2）：78—80．

[9] 千宗室．茶经于日本茶道史上的意义［M］．京都：日本淡交社，1983：78—85．

[10] 千宗室．茶经与日本茶道的历史意义［M］．天津：南开大学出版社，1992．

[11] 史修竹．茶禅一味——论中国的禅茶文化［J］．消费导刊，2009（21）：231—232．

[12] 苏广新．浅析日本对外来文化的吸收与本土化——以日本茶道为例［J］．教育教学论坛，2020（25）：80—81．

[13] 汪海鹰，刘勤晋．千利休及其茶道思想［J］．中国茶叶，2004，26（1）．

[14] 王燕．宋代斗茶的民俗学研究［D］．农村与区域发展，2013（10）．

[15] 韦一．茶文化对日本茶道文化的影响探究［J］．福建茶叶，2018，40（7）：435．

[16] 叶佳鑫．关于日本茶道历史发展的研究［J］．商情，2020（15）．

[17] 余飞．唐宋茶文化的兴盛原因及其人之心性修养的研究［J］．福建茶叶，2018，40（6）：430．

[18] 岳远晟，毛姚欣."茶禅一味"——论中国禅宗思想对日本茶道的影响 [J]. 福建茶叶，2019，41 (7).

[19] 张博. 中国茶文化对日本茶道的影响 [J]. 农业考古，2018 (2)：44—48.

[20] 张皓. 论日本茶道文化推广对中国的启示 [J]. 边疆经济与文化，2018 (3)：94—96.

[21] 张忠良. 中国世界茶文化 [M]. 北京：时事出版社，2006：62—70.

[22] 赵丹红. 中国茶文化和日本茶道的比较研究 [J]. 北方文学，2019 (8)：197.

[23] 竺秉君，竺济法. 最澄传茶日本文献探微 [J]. 农业考古，2017 (2)：246—251.

后　　记

本丛书在征稿、评审、校稿过程中，受到了学院领导、校内外专家、广大投稿者的大力支持，在丛书出版之时，谨向关怀丛书编写工作的各方人士、为丛书提供稿件的来稿者、参与丛书稿件评审的校内外专家表示衷心的感谢！

由于时间短促，丛书在内容取舍与阐述上难免存在不足，错漏和不当之处在所难免，敬请广大读者不吝赐教和斧正，如您对丛书的相关栏目有独到见解欢迎邮件来稿（dfyslc@163.com）探讨。